中华人民共和国海船船员知识更新培训教材

海船船员适任证书知识更新

（船长、驾驶员）

中国海事服务中心组织编写

大连海事大学出版社

图书在版编目(CIP)数据

海船船员适任证书知识更新：船长、驾驶员／饶滚金，
赵月林主编. — 大连：大连海事大学出版社，
2017.4
中华人民共和国海船船员知识更新培训教材
ISBN 978-7-5632-3465-3

Ⅰ.①海… Ⅱ.①饶… ②赵… Ⅲ.①船舶驾驶—技
术培训—教材②海船—船长—技术培训—教材③海员—技
术培训—教材 Ⅳ.①U675

中国版本图书馆 CIP 数据核字(2017)第 069980 号

大连海事大学出版社出版

地址:大连市凌海路1号 邮编:116026 电话:0411-84728394 传真:0411-84727996

http://www.dmupress.com　E-mail:cbs@dmupress.com

大连住友彩色印刷有限公司印装　　　　大连海事大学出版社发行

2017 年 4 月第 1 版　　　　　　　　2017 年 4 月第 1 次印刷
幅面尺寸:185 mm×260 mm
字数:374 千　　　　　　　　　　　印张:15
　　　　　　　　　　　　　　　　　印数:1~5000 册

出版人:徐华东

策　　划:徐华东　　　　　　　　组　　稿:李明阳
责任编辑:张　华　　　　　　　　责任校对:宋彩霞　董洪英
封面设计:解瑶瑶　　　　　　　　版式设计:解瑶瑶

ISBN 978-7-5632-3465-3　　　定价:45.00 元

前　言

为全面、有效和充分地履行《STCW公约马尼拉修正案》，保障海船船员适任证书及培训合格证书再有效工作的顺利开展，依据《中华人民共和国海船船员适任考试和发证规则》(简称《11规则》)和《中华人民共和国海船船员培训合格证签发管理办法》(简称《合格证办法》)等相关规定，2016年12月19日交通运输部海事局发布《交通运输部海事局关于中华人民共和国海船船员适任证书及培训合格证书再有效有关事宜的通知》(海船员〔2016〕685号，以下简称《再有效通知》)，就《STCW公约马尼拉修正案》履约过渡期结束后，海船船员适任证书、培训合格证书的再有效做出了相应安排。《再有效通知》还对适任证书和培训合格证书知识更新培训大纲以及适任证书失效或者没有足够有效服务资历者再有效所需的模拟器培训大纲进行了明确。

为了更好地指导培训工作，突出培训重点，提高培训效果和质量，保障海船船员培训合格证书再有效工作的顺利开展，中国海事服务中心组织教学和培训经验丰富的专家编写了"中华人民共和国海船船员知识更新培训教材"，并组织实践经验丰富的海事管理机构专家和船公司的指导船长、轮机长对教材进行了审定。教材编写过程紧密围绕《再有效通知》中知识更新培训大纲的要求，编写过程力求概念清楚、理论正确、重点突出、条理清晰、知识点全面，注重理论和实践相结合。本套书可以作为海船船员参加培训合格证再有效培训的参考教材，也可作为我国船员教育和培训机构、海事管理机构、航运企业、船舶、船员及相关管理人员的参考资料。

本系列教材共8本，包括《海船船员适任证书知识更新(船长、驾驶员)》《海船船员适任证书知识更新(轮机长、轮机员、电子电气员)》《海船船员专业培训合格证书知识更新》《客船船员特殊培训知识更新》《高速船特殊培训知识更新》《油船货物操作高级培训知识更新》《化学品船货物操作高级培训知识更新》《液化气船货物操作高级培训知识更新》。

《海船船员适任证书知识更新(船长、驾驶员)》由辽宁海事局教授级高工饶滚金、大连海事大学赵月林主编,长江海事局林承志主审。具体的编写分工如下:第一章第一节、第四节由邢永恒编写,第二节由刘惠亮编写,第三节由徐晓嫚编写,第五节由付松悦编写,第六节由刘惠亮、徐晓嫚编写;第二章由徐东、张霖编写;第三章第一节由饶滚金编写,第二节由高杰编写,第三节由王彬彬编写;第四章第一节由关魏编写,第二节由李邵喜编写,第三节由薛满福编写;第五章由赵月林编写。

本系列教材在编写过程中得到了各海事机构、航运院校、船员培训机构、航运企业以及相关单位的关心和大力支持,特致谢意! 由于时间仓促,书中难免存在错误和疏漏,欢迎广大读者和专家批评指正。

中国海事服务中心

2017 年 3 月

目 录

第一章 国际海事公约

第一节 国际海事公约基础知识

国际海事公约(International Maritime Convention)是国际海事组织(International Maritime Organization,简称 IMO)制定的有关船舶和人员安全、防污染、海上运输、避碰等公约、规则、议定书的统称。而国际海事组织(IMO),前身为"政府间海事协商组织",成立于 1959 年 1 月 6 日,是联合国负责海上航行安全和防止船舶造成海洋污染的一个专门机构,总部设在英国伦敦。该组织于 1982 年 5 月更名为国际海事组织,其宗旨是在与从事国际贸易的各种航运技术事宜有关的政府规定和惯例方面,为各国政府提供合作机制,并在与海上安全、航行效率和防止及控制船舶对海洋造成污染有关的问题上,鼓励和便利各国普遍采用最高可行的标准。截至 2017 年 1 月 1 日,IMO 共有 172 个正式成员和 3 个联系会员。

一、国际海事公约体系和立法程序

截至目前,国际海事组织已通过了 51 个公约、议定书,主要包括三个方面:一是涉及海上安全的公约,如《1974 年国际海上人命安全公约》《1972 年国际海上避碰规则公约》《1978 年海员培训、发证和值班标准国际公约》《1978 年国际海上搜寻救助公约》等;二是涉及防止海洋污染的公约,如《1973 年国际防止船舶造成污染公约》《国际控制船舶有害防污底系统公约》《2004 年国际船舶压载水和沉积物控制与管理公约》等;三是涉及责任和赔偿、便利海上运输、船舶吨位丈量、制止危及海上航行安全非法行为和海上救助等方面的公约。公约的制定和生效有着严格的程序要求。

(一)制定程序

国际海事组织现有六个主要机构参与公约的制定和实施工作:大会是主要机构,还包括海上安全委员会、海上环境保护委员会、法律委员会、便利运输委员会和技术合作委员会等五个委员会。其中的任何一个机构都可以提出修改现行公约的建议和提议制定新的公约。在通常情况下,其中的一个委员会提出建议,如有必要,则需将建议提交给理事会;必要时,还要送外交大会。如果大会或理事会赋予其权利,相关的委员会就可以继续开展工作,详细考虑这一议题并最终起草公约草稿或公约修正案草稿。如果提交的是新公约草案,就需报告给理事会和大会,并建议召开一次会议考虑正式通过这一草案。

另外,联合国和与IMO有正式关系的组织也应邀派观察员参加会议,向各国政府代表提出建议。在大会召开以前,公约的草案须在将要出席大会的政府和组织间传阅和讨论。公约草案将和评论一起被详细地审核和做必要的修改,形成能被全部或大多数出席国接受的草案。由此正式通过的公约由IMO秘书长负责将约本交给各国政府。公约开始对各国开放以供签字,开放签署期一般是12个月。

（二）生效程序

IMO公约的起草、通过到生效、修正是一个连续的过程。公约、议定书、修正案的生效都有严格的条件。缔约国需以"明示接受"的方式加入公约或议定书。明示接受是指各缔约国向IMO承诺、正式递交文件表示同意接受公约的约束。公约的生效是指公约对缔约国开始产生约束力。公约必须满足一定的生效条件才能生效。国际海事公约的生效通常规定在有了一定数量批准书或加入书,且批准国所加起来的某一方面的经济总量要达到一定的指标后,经过一段时间方能生效。例如,《1973年国际防止船舶造成污染公约》正文第15条（生效）规定:（1）本公约应在不少于15个其商船总吨位不少于世界商船队总吨位50%的国家按第13条成为本公约缔约国之日起12个月后生效。（2）任选附则应在本条（1）所规定的条件就该附则而言得到满足之日起12个月后生效……议定书的生效有两种情况:一种是与其母公约一并生效,例如MARPOL 73公约产生时附带的2个议定书;另一种是独立存在的议定书,如《MARPOL 73公约的1978年议定书》,需要单独加入。后一种议定书的生效与公约的生效大致相同,一般包括:若干个国家接受本议定书、船舶合计总吨位超过一定数量、一定时间之后生效。

（三）修正程序

所有的IMO公约都有修正条款,这对于技术性公约尤为重要,尤其是航海科技发展迅速,必须对公约进行修订,以适应这种需要。修正案的接受通常是采用"默认接受"（tacit acceptance）程序,即在修正案被通过之后的一段时间内,若没有一定数量的成员国提出反对意见,则默认该修正案被接受。在修正案被接受之后一段时间,该修正案就自动生效（entry into force）。至于修正案从通过到接受,再从接受到生效的时间间隔,以及相应的条件,各个公约会有专门的规定。修正案的生效时间在形式上基本相同。

二、国际海事公约制定原则和理论

长期以来,国际海事公约及其修正案的产生和通过往往是在重大海难事故发生后才着手开始的,这就是基于海难事故驱动的被动式国际海事公约制定原则。但自20世纪90年代初,IMO开始应用风险管理理论来主动制定国际海事公约或其修正案。通过危险识别确定可能对系统或环境产生影响的危险,然后对这些危险的可能性和后果进行分析,确定其风险水平,然后提出有针对性的风险控制措施,再根据确定的标准对这些风险控制措施进行评价,从而得到风险控制方案,直到达到预期的风险管理目标。风险管理理论的方法主要包括三个方面:一是包含危险识别、风险分析、提出风险控制方案、费效评估和提出决策建议五个步骤的综合安全评估(FSA)方法;二是基于目标型标准(GBS)的方法论;三是基于目标型标准安全水平法(GBS-SLA),其主要是通过设定目标并验证对目标的符合性的方式来制定船舶建造标准,是对传统的"规范式"标准的变革。

第二节 国际海上人命安全公约(SOLAS)

一、SOLAS 公约的发展历程及主要框架

1. SOLAS 公约的发展历程

1912 年 4 月发生的泰坦尼克号豪华邮轮沉没的事件,引发了人们对于海上安全标准的质疑和思考。在英国的推动下,由 13 个国家代表参加的会议于 1914 年 1 月首次通过了《国际海上人命安全公约》(即 SOLAS 公约),公约主要针对人命的安全制定,对客船的水密和防火舱壁、救生设备、消防设备等做了严格的规定,并针对泰坦尼克号的遇险信号未能被他船接收的情况,要求所有 50 人以上的商船须配备无线电报机,24 h 有报务员值班,该公约还建立了北大西洋冰区巡逻制度。由于第一次世界大战爆发,公约未能于原定的 1915 年 7 月生效,但公约中许多条款被一些航海国家采用。

1929 年来自 18 个国家的代表在伦敦召开了第二次国际海上人命安全会议,制定了新的 SOLAS 公约。新公约在 1914 年公约的基础上,更新并增加了新的条款,并把经修订的国际海上避碰规则作为其附则之一。该公约于 1933 年生效,但由于第二次世界大战的原因未能充分实施。

随着航运业的逐渐发展,人们越来越认识到提高海上作业安全行动的重要性,如在国际层面上开展,将比各个国家单方面的、不与其他国家协调的行动更为有效。在这种背景下,联合国在 1948 年召开的一次会议上通过了一项决议,建立了政府间海事协商组织(国际海事组织 IMO 的前身,简称 IMCO)。有感于 1929 年 SOLAS 公约在许多方面已落后于技术的发展,IM-CO 在伦敦召开了第三次海上人命安全会议,再次修订了 SOLAS 公约。该公约在许多方面做了改进,如客船采用水密分舱结构、稳性标准、重要应急设备的保养以及结构防火等,对避碰规则做了修改。谷物、危险品和爆炸物品的运输规则在公约中自成一章,并第一次要求总吨位 500 以上的货船须持有国际设备安全证书。1948 年公约于 1952 年 11 月 19 日生效。

1960 年,IMCO 再一次召开了有关海上安全的会议,与会代表来自 55 个国家,并通过了新的《国际海上人命安全公约》。1960 年,SOLAS 公约对许多技术要求做了修改,涉及旨在改进航行安全的管理措施,包括:分舱和稳性;机电设备;防火、探火和灭火;救生设备;无线电报和无线电话;航行安全;谷物运输;危险品运输;核动力船舶。

1960 年 SOLAS 公约于 1965 年 5 月 26 日生效,并取代了 1948 年公约。即便在技术发展上后继乏力,但 1960 年公约可以说是真正的国际公约,在其生效的 15 年左右的时间里,对于推动国际海运技术实践和海上安全的发展,起到了巨大的作用。

1974 年 IMCO 在伦敦召开有 71 个国家参加的会议,我国应邀派代表团出席。会议通过了 1974 年 SOLAS 公约,其内容包含已通过的 1960 年公约的所有修正案和其他必要的改进意见,从此 SOLAS 公约不再被新公约取代,而是在其框架下不断修订完善。与 1960 年公约相比,对

客船和油船的安全要求普遍有所提高,对散装谷物的要求更趋合理,特把避碰规则作为单独的规则独立出来。1974年公约于1980年5月25日生效。

然而,就在1974年公约尚未生效期间发生了多起重大油船事故。1978年在美国倡议下,IMCO在伦敦召开了油船安全和防污染会议,会议采纳了1974年SOLAS公约和1973年MARPOL公约的一系列修改意见。因会议召开时1974年SOLAS公约还未生效,因此不可能对它进行修正,于是会议采纳了一项议定书,即1974年SOLAS公约1978年议定书。1978年议定书实质上是对1974年公约的修正。按议定书第五条第一款规定应至少有151个国家批准6个月后生效。这项议定书于1981年5月1日生效,我国于1982年12月17日接受。

在SOLAS公约不断发展扩大的同时,IMO制定的其他公约也不断地产生、发展与壮大。特别是载重线公约、MARPOL公约同SOLAS公约一样,规定了很多证书和相应的检验,这些证书有效期和检验周期不尽相同,与船级检验中的特检周期也不一致,船东们不得不经常调整船舶运营计划,以便安排相应的检验。而每项检验都可能会使船舶停航一天或数天,每年安排这些检验会使船舶损失很多船期,对于船舶运输很不方便。为方便船舶的检验和发证,IMO于1988年制定了SOLAS 1974公约的1988年议定书,推出了检验和发证协调系统(HSSC),使相关证书的签发和定期的检验均协调在同一时间内进行,大大提高了检验和发证的效率。

20世纪末,国际海运界发生了一系列重大的海上事故,造成了重大的人员伤亡以及对海洋环境的污染,在国际社会产生了极大震动。在对这些重大海上事故的调查中发现,80%的船舶事故是由于人为因素造成的,再完善的设备,如果操作的船员不能较好地管理和操作,一样会导致事故。而现有的SOLAS公约,对于与船舶海上安全相关的技术要求已经相对完善,但涉及安全管理特别是船公司安全管理的要求甚少,鉴于此,IMO于1993年通过了国际船舶安全管理规则(ISM)。该规则包括了船舶管理的各类要素,要求公司和船舶加强管理以促进安全。该规则由SOLAS公约的1994年修正案纳入第IX章,并于1998年7月1日生效。

20世纪80年代初至90年代中期,根据IMO的数据统计,大约有140艘散货船沉没,导致超过1 000名船员丧生或失踪。这些散货船的沉没大多数与散货船的设计与构造有关。为进一步加强散货船运输安全,IMO在1997年11月27日举行的缔约国大会上通过了SOLAS/CONF.4/25决议,新增SOLAS第XII章散货船附加措施。

2001年9月11日发生在纽约的世贸大厦恐怖撞机事件,给世界带来震撼,也给海运界带来巨大的变革。在美国的推动下,IMO于次年制定了《国际船舶和港口设施保安规则》(ISPS规则),旨在加强船上保安和船对船或船对岸的保安能力。该规则纳入SOLAS公约新的XI-2章强制执行,并于2004年7月1日生效。

IMO自成立以来,为确保海上安全及防治环境污染已经通过了近40个公约和议定书,其他规则和建议书更是不计其数。显然要达到这些强制性文件和建议书的目的,所有缔约国的履约能力是至关重要的决定因素。但实际上各IMO缔约国的履约能力参差不齐,为促进成员国在履行IMO有关海上安全和海洋环境保护公约时的协调性和一致性,IMO在2003年11月7日通过了A.946(23)决议,推出了IMO成员国自愿审核机制,以期通过履约审核,帮助成员国提高履约能力,达到海上安全和环境保护的共同目标。2013年12月4日,IMO又通过了经修订的《IMO文件实施规则》〔A.1070(28)决议〕和《IMO成员国审核机制框架和程序》,并在2014年5月22日通过MSC.366(93)决议对SOLAS公约进行了修订,新增了第XIII章符合性验证,从而使《IMO文件实施规则》成为强制性规则,大大促进了各缔约国履约能力的建设。

IMO 对 SOLAS 公约最近一次较大的修订是在 2014 年 11 月 21 日通过的 MSC.386(94)决议,新增加了第 XIV 章极地水域营运船舶的安全措施。对航行于极地水域的船舶的构造和操作提出了更高的要求,为有效地保证极地水域航行安全与保护极地自然生态环境提供了有力的保障。

1974 年 SOLAS 公约生效后,正是世界经济蓬勃发展、日新月异的时期,世界船队的规模增长数倍,海运规模大幅增长,船舶种类也向大型化、快速化和绿色化发展,随着时间的推移,SOLAS 公约也从单纯的对结构和设备要求,扩展到对人员的操作性要求、公司和船舶的安全管理要求,以及对船舶保安要求。1974 年公约的不断修订,为保障世界海运安全、有序发展做出了巨大贡献。

2. SOLAS 公约的主要框架

SOLAS 公约的主要框架包括《1974 国际海上人命安全公约》条款部分、《1974 年国际海上人命安全公约 1978 年议定书》《1974 年国际海上人命安全公约 1988 年议定书》以及附则和附录。其中附则部分是其主要内容,截至今日,附则部分已包括十四章。

(1)1974 年国际海上人命安全公约正文条款

SOALS 公约的正文条款内容主要包括公约的一般义务、适用范围、法律规则以及不可抗力情况等内容,其中最重要的一部分内容应当是第 VIII 条修正。为解决以前公约及其修正案生效难的问题,1974 年 SOLAS 公约引入了默认接受程序,即除公约条文和附则第 I 章(总则)外,附则中反映的技术性条款的章节的修正案应在 2 年内(或在通过时规定的一个不同的期限)被视为接受,除非在这一特定的时间内 1/3 的缔约国或其商船总吨位不少于世界商船总吨位 50% 的缔约国政府明示反对该修正案;同时还制定了特殊情况下的加快修正程序:在特殊情况下,如果经出席会议的缔约国政府以四分之三多数票做出此项决定时,以该修正案在其通过后 2 个月内由秘书长通知接受为条件,缔约国政府会议在有关附则除第 I 章以外的修正案通过之后,可以把第 VIII(b)(vi)(2)(bb)条款规定的 1 年期限减少至一个不少于 6 个月的期限。

除默认接受程序外,SOLAS 公约第 VIII 条还提出了"新船新办法、老船老办法"的要求,即除明文规定外,凡按规定对公约所做的任何修正案,凡涉及船舶结构者,应仅适用于在该条修正案生效之日或以后安放龙骨或处于类似建造阶段的船舶。

(2)1978 年议定书

在 1974 年 SOLAS 公约生效前的 1976 年至 1977 年冬季,世界上发生了一系列涉及油船的事故,迫切要求采取进一步的国际统一行动。为此,IMO 在 1978 年 2 月 6 日至 17 日召开会议,通过了一系列的措施。由于 1974 年 SOLAS 公约未生效,无法对公约文本进行修正,决定以议定书的方式对它进行修正,决定在经过拥有世界商船总吨位 50% 以上的 15 个国家加入该议定书之后 6 个月生效,但不早于公约的生效日期。该议定书最后在 1981 年 5 月 1 日生效。该议定书对第一章做了一系列的重大修改,其中采取不定期检查和强制性年度检验以及加强港口国监督管理的要求,对第二章、第五章也做了修改,主要是增加了惰性气体系统(IGS)、雷达、操舵装置等要求。因此 1978 议定书应当看作对 1974 年公约的一次修正。

(3)1988 年议定书

1988 议定书的主要内容就是引入"协调检验和发证系统",关于协调检验与发证最初是在通过 1978 年议定书的会议上提出的,当时就已经认识到了由 SOLAS 公约、《1960 年国际载重线公约》和经 1978 年议定书修正的《1973 年防止船舶造成污染公约》的检验和发证要求所带来的实施上的困难。这三个公约都要求向船舶签发证书以表明该船已达到这些公约的要求，但是签发证书前必须经检验合格，而这种检验可能会使船舶停航数天。然而，各公约要求的检验日期和时间间隔又不可能一致，造成的结果是，船舶进入某一个港口或修理厂进行某一公约要求的检验后不久又不得不再次进港或进厂进行另一个公约所需求的检验。因此，1978 年会议呼吁 IMO 研究一个协调的系统以便这三个公约要求的检验能在同一时间进行。虽然防污公约可以用"默认接受"程序进行修正，但它不适用 SOLAS 公约和 LL 公约的检验和发证条款，因此，便决定通过这两个公约的议定书来引入这一协调的系统。

（4）1974 年 SOLAS 公约附则

附则部分是 SOLAS 公约的核心内容，1974 年通过的 SOLAS 公约附则原包括八章，后经历次修正案不断扩展，现今最新的 SOLAS 公约附则共包括十四章。

第Ⅰ章　总则

总则规定了适用范围以及有关名词、例外、免除、等效等。规定了对不同类型船舶实施检验，并对表明满足公约要求的船舶签发相应的证书，检验要求包括船舶在投入使用前的检验、定期检验和必要的额外检验。第 19 条为监督程序条款，该条款使港口国官员能够查验到达其港口的船舶是否持有有效的证书。在通常情况下，持有有效证书可足以证明该船符合公约要求。但是，如有明显理由认为该船舶或其设备实质上与证书所载情况不符，港口国官员有权采取进一步行动，以保证该船在未具备对旅客、船员或船舶本身都无危险的条件前不得开船出海，如采取上述行动，港口国官员还应将情况通知船旗国，并将事实报告 IMO。

第Ⅱ-1 章　构造—分舱与稳性、机电设备

本章主要明确船舶的分舱与稳性、机器设备、电气装置和周期性无人值班机器处所的有关要求，并明确风雨密、油船、机器处所、控制站、化学品液货船、气体运输船等定义。第Ⅱ-1 章迄今为止已经历过 30 余次修正，其中主要的两次修正案分别为 1981 年修正案和 2006 年修正案。其中 1981 修正案对整章进行了全文修订，主要规定了客船的水密分隔以及假定船舶破损后，船舶将保持漂浮在一个稳定的位置，也规定了对客船水密完整性和舱底排水布置的要求；规定了客船的分舱等级，由两个相邻横舱壁的最大允许距离测得，它随船长和船舶用途的不同而不同，最高的分舱等级对应于具有最大船长的客船；规定了货船的分舱等级和破损稳性控制要求，并对所有船舶的机器设备、电气装置的结构及无人值班机器处所的附加要求做出了统一规定。2006 修正案则对 A 部分通则及 B 部分分舱与稳性的相关内容进行了重新修订与编排。

第Ⅱ-2 章　构造—防火、探火和灭火

本章主要内容包括火灾和爆炸的预防、火灾的抑制、船上人员的脱险、操作性要求以及替代设计和布置、特殊要求等，并根据各种不同类型船舶的特点，规定了船舶防火结构的布置，以及具体规定了船舶防火、探火和灭火设备布置及配备的方法。

该章修订次数也已经超过了 20 次，其中重要的修正案包括 1981 年修正案和 2000 年修正案。1981 年修正案是对原第Ⅱ-2 章的改写，是替代性文本，包括了 1975 年和 1977 年通过的大会 A.325（Ⅸ）和 A.327（Ⅺ）号决议关于卤代烃灭火系统以及关于惰性气体系统新要求的第 62 条。对货船的结构防火、逃生通道、机舱消防设备及应急消防泵的配备等提出了更高的具体要求，发生了实质性的变化。2000 年修正案则是该章除 1981 年修正案后的又一次重新改写。修正后的新Ⅱ-2 章的编写以目标—功能原理的方式表达，因此整个条款的编排与原Ⅱ-

2 章全然不同,除包含了原Ⅱ-2 章的要求以外,还增加了一些新的消防设备配置要求,将属于船舶消防管理内容的消防培训、演习和操作维护作为强制要求纳入,目的是让公约内容变得清晰、简练及易读,并增加了部分基于近几年一系列重大火灾事故而对公约进行的实质性大修改内容。经重新改写的Ⅱ-2 章包括 7 个部分,每部分均包含适用于所有船舶类型或特定船舶类型的要求;同时将有关消防设备、消防布置的技术标准从公约中分离出来,成为一本独立的强制性规则,即《国际消防安全系统规则》(FSS 规则)。新的第Ⅱ-2 章与 FSS 规则和《消防试验程序规则》(FTP Code)一起构成了 SOLAS 公约中全新形式的防火保护、探火、灭火和逃生的消防安全模式。在保留了基本的规定要求的同时,还允许采用认可的替代消防安全设计和布置的方法。修改后的第Ⅱ-2 章适用于 2002 年 7 月 1 日及以后建造的船舶。

第Ⅲ章 救生设备与装置

本章经 1983 年修正案、1996 年修正案两次修正,标题被改为"救生设备与装置",主要包括了适用于所有船舶的一般要求,根据船型、设备、构造特征规定了应配备的救生设备,以及确定其容量的方法,维修及随时可用的条款,并有应急和例行演习的程序,同时分别针对客船和货船规定了附加要求。

1983 年修正案提高了船舶救生设备的要求,变化的主要内容是保证船舶的随时可操作性、使幸存者安全地弃船及搜救幸存者,增加了救生设备操作和演习的有关要求,增加了救生艇、筏无线电设备,救生衣灯和其他帮助发现幸存者的设备,保温救生服,保温袋等,并考虑了救生设备新的发展,为引进和评估新型救生设备或装置提供了机会。

1996 年修正案对第Ⅲ章进行了全面的修改,关于船舶的具体要求与 1983 年修正案没有实质性的变化,只是进一步提高了救生设备的技术标准,将《国际救生设备规则》(LSA Code)纳入强制实施。

第Ⅳ章 无线电通信设备

本章经 1988 年议定书和 1988 年(GMDSS)修正案改写。1988 年议定书引入了两个新的系统:全球海上遇险与安全系统(Global Maritime Distress and Safety System,简称 GMDSS)和检验与发证协调系统(Harmonized System of Survey and Certification,简称 HSSC)。通过 1988 年议定书将第Ⅰ章(总则)B 部分"无线电报(话)安全证书"修改为"无线电安全证书"。GMDSS 的基本概念是使遇险船舶附近的陆上搜索机构和航行船舶能迅速地收到遇险事故的报警信号,从而能迅速地协助搜救。该系统也能给船舶提供安全通信和发送海上安全信息,其中包括航行和气象警告以及其他紧急信息。GMDSS 的实施,极大地加快了搜救工作的速度,并保证能更快、更可靠地收到遇险信息,彻底淘汰了近 100 百年来在海上通信中而被广泛应用的莫尔斯电码(MORSE)。

第Ⅴ章 航行安全

本章内容主要是操作性条款,涉及保持对船舶的气象服务、水文服务、冰区巡逻服务、船舶航线、提供搜救服务、船舶运输服务、船舶报告系统等;同时规定了缔约国政府应从安全角度出发保证所有船舶得以充分和有效配员的一般义务;同时对船舶航行设备的配备做出了规定。

本章经过多次修正,并被 1995、2000 修正案两次全文改写。对该章修改的目的主要是纳入航海科技的进步,其中 1981 年修正案涉及增加配备船用航行设备,1991 年修正案涉及引航员的登离船装置,1994 年修正案纳入了对船舶报告系统的强制要求,1995 年修正案是公约原第Ⅴ章的替代文本,主要确定了 IMO 是负责船舶定线制准则的唯一组织。2000 年修正案再次对第Ⅴ章进行了全面改写,在替代文本中增加了添加 VDR 和 AIS 设备的要求,适用于协助调查海事的 VDR(航行数据记录仪)成为船上强制要求配备的航行仪器,并针对能够向他船和岸上主管机关自动提供航行信息的 AIS(自动识别系统)仪器的配备制定了时间表。2006 年修正案中对船舶配备远程跟踪识别系统(LRIT)提出了要求;为进一步加强驾驶台值班安全,2009 年修正案又对安装驾驶台航行值班报警系统(BNWAS)提出了要求,要求总吨位 150 及以上的货船和所有的客船安装 BNWAS,并要求在海上航行时该系统应始终处于运行状态,以确保驾驶台始终有人值班。同时,对于国际航行的船舶配备电子海图也做出了明确的规定。针对在船舶引航过程中引航员登船时事故频发,IMO 在 2010 年又对第Ⅴ章中的引航员登乘装置进行了重新修订,并提出了禁止使用引航员机械升降器的要求。

第Ⅵ章　货物装运

本章原来只适用于谷物运输,经 1991 年修正案改写后,新的第Ⅵ章标题被改为"货物运输",规定了货物堆装、平舱和系固的有关条款,要求每艘船必须具有批准证书,谷物装载稳性数据及有关的装载计划。新的第Ⅵ章适用于除了在 IMO 其他文件中规定的散装液体和气体以外的其他所有货物。该章分为三部分:A 部分为一般规定,B 部分涉及除谷物外的散装货物,C 部分的主要目的是规定国际谷物运输规则的适用范围。新第Ⅵ章比原来的文本简短,但其条款由许多个规则来补充(部分规则通过公约文本的注脚纳入)。这些规则是《货物装载和紧固安全操作规则》《固体散装货物安全操作规则》(BC Code)、《运输木材甲板货物船舶安全操作规则》和《国际谷物运输规则》。这些规则中仅《国际谷物运输规则》是强制的,其他则是建议性的。1994 年修正案(12 月)主要增加了杂货船配备货物系固手册的要求。针对运输固体散装货物船舶事故频发的情况,IMO 于 2008 年对第Ⅵ章进行了较大修正,引入了《国际海运固体散装货物规则》(IMSBC 规则),要求谷物以外的固体散装货物的运输应强制符合 IMSBC 规则的要求。2012 年修正案又新加入了关于禁止在海上航行时进行散装液体货物混合生产作业的规定。

第Ⅶ章　危险货物的装运

本章规定了包装形式危险货物的分类、包装、标志和积载。该章包括五部分:A 部分为包装危险货物运输;A-1 部分为固体散装危险货物运输;B 部分为散装运输危险液体化学品船舶的构造与设备;C 部分为散装运输液化气体船舶的构造与设备;D 部分为船舶运输密封装辐射性核燃料、钚和强放射性废料的特殊要求。

《国际海运危险货物规则》(International Maritime Dangerous Goods Code,简称 IMDG Code 或《国际危规》)是 SOLAS 1974 公约附则第Ⅶ章的参考性规则。该规则制定后,由于自身的需要、其他运输形式的改变以及与联合国橙皮书的修正保持一致等原因,IMDG Code 在形式和内容上进行了多次修订并更换版本。2002 年 5 月,SOLAS 公约修正案对第Ⅶ章和《国际危规》进行了修正,致使《国际危规》成为强制执行的规则,但由于多种原因部分条款仍然是推荐性的。这意味着从法律的角度看,整个《国际危规》已是强制性规则,但部分属于推荐性的条款在用词上区分开,比如使用"可"来取代"应",以区分条款的性质。

SOLAS 公约的 1983 年修正案将该章的适用范围扩展到了化学品船和液化气船。修正后的第Ⅶ章通过引用 IMO 制定的两个新规则作为强制性规则的方式来达到扩大适用范围这一目的。这两个规则是《国际散装运输危险化学品船构造和设备规则》(IBC 规则)和《国际散装运输液化气船构造和设备规则》(IGC 规则),适用于 1986 年 7 月 1 日或以后建造的船舶。由于 IBC 规则与 IGC 规则对 SOLAS 公约来说是强制性规则,为了进一步提高散装化学品船和散装液化气体船的安全性能,SOLAS 公约随后在 1990 年(5 月)修正案、1992 年(12 月)修正案及 1994 年(5 月)扩大海安会中对这两个规则进行了修正,并对另外两个就 SOLAS 公约而言属建议性的规则做出了修改,即《散装化学品船构造与设备规则》(BCH 规则)、《散装运输液化气体船构造和设备规则》(GC 规则)。BCH 规则适用于 1986 年 7 月 1 日之前建造的船舶,其在 MARPOL 73/78 公约中是强制性规则,在 SOLAS 公约中则属于建议性规则,是非强制性规则。1999 年(5 月)修正案还使《国际包装照射核燃料、钚和高度放射性废物安全载运规则》(INF 规则)成为强制性规则。

原第Ⅶ章不包括对专门运输散装固体危险货物的要求,但考虑到运输大宗散装固体危险货物的船舶越来越多,给海上安全及环境带来的潜在危险逐渐增大,IMO 于 2002 年对第Ⅶ章进行了修订,增加了 A-1 部分:固体散装危险货物运输的相关要求,要求运输此类货物的船舶必须符合《国际海运固体散装货物规则》(IMSBC)的相关要求。

第Ⅷ章　核能船舶

本章只规定了核动力船舶,限于对核辐射损害的基本要求,并由 1974 年 SOLAS 公约外交大会最终文件附录中的各种建议补充。这些建议后被 1981 年通过的《核动力商船安全规则》和《核动力商船所使用港口的建议》取代。

第Ⅸ章　船舶安全营运管理

1994 年 5 月 SOLAS 公约缔约国大会通过的修正案对公约进行了重大修改,会议通过了在特殊情况下的加快修正程序,并通过了 SOLAS 公约新的第Ⅸ、Ⅹ、Ⅺ章,第Ⅸ章于 1998 年 7 月 1 日生效,第Ⅹ、Ⅺ章于 1996 年 1 月 1 日生效。

通过的第Ⅸ章主要是加强船舶的营运管理。由于现有公约制定了大量的技术标准,公约修改和批准的频率明显加快,船舶技术标准越来越高,但 SOLAS 公约所涉及的管理内容,特别是对船公司管理的内容很少,对管理问题重视不够,也就是说对管理特别是船公司管理缺乏明确的规定,是影响公约有效履行的重要原因之一。因此应在不断改进对船舶技术标准的同时,加强对人为因素,尤其是公司的管理,这是公约得到有效履行的重要方式。1994 年召开的 SOLAS 缔约国会议上,以公约修正案的形式引入《国际船舶安全营运和防止污染管理规则》,简称《国际安全管理规则》(ISM 规则),作为公约的第Ⅸ章,成为强制性规则,目的是提供一个船舶安全管理和防止污染的国际标准。ISM 规则目前已经全面生效,适用于国际航行的所有客船和总吨位 500 及以上的油船、化学品液货船、液化气体船、散装船、载货高速船、其他货船及海上移动式钻井平台。根据 ISM 规则规定,符合该规则的公司将获得主管机关签发的"符合证明"(DOC),该证明的副本应放在船上备查,主管机关(或授权有关船级社)签发给船舶"安全管理证书"(SMC)以表明公司和船上的管理符合 SMS 要求,为验证 SMS 运作的有效性,还应对公司和船舶的安全管理体系进行定期检查。

第Ⅹ章　高速船安全措施

1994 年 5 月 SOLAS 公约缔约国大会通过的修正案引进了高速船安全作为公约的第Ⅹ章,并将《高速船安全规则》(HSC 规则)纳为强制性规则。新的这一章旨在为这类新型船舶的特殊需要提供一个强制的国际标准,适用于从事国际航行高速船,包括满载时营运航速离基地港不超过 4 h 航程的客船以及营运航速离基地港不超过 8 h 航程的总吨位 500 及以上的货船。《国际高速船安全规则》(International Code of Safety for High Speed Craft,HSC Code),是由 IMO

于 1977 年通过的《动力支承船安全规则》（DSC）演变而成的。该规则对从事国际航行的高速船的设计和建造、应配设备、营运和维修条件做了规定，以适应海上高速运输的发展。该规则自 1996 年 1 月 1 日起生效。

HSC 规则由 19 章构成：总则；浮力、稳性与分舱；结构；舱室布置与脱险措施；方向控制系统；锚泊、拖曳及系泊；消防；救生设备与装置；轮机；辅机系统；遥控、报警和安全系统；电气装置；航行设备；无线电通信；操纵舱室布置；稳定系统；操作、可控性和其他性能；营运要求；检验和维修保养要求。该规则为高速船提出一套完整、全面的要求，包括设备和营运条件及维护保养，其目的是使所提供的安全标准能达到与 SOLAS 公约和 1966 年 LL 公约中的内容等效的程度。《高速船安全规则》经 2000 年 12 月修正案进行了修正，1994 年通过的《高速船安全规则》继续适用于现有的高速船，2000 年修正案添加新的内容目的在于与过去 4 年的 SOLAS 公约修正案和建议案保持一致。

第 XI-1 章　加强海上安全的特别措施

1994 年 5 月 SOLAS 公约缔约国大会通过的修正案增加了公约第 XI 章，于 1996 年 1 月 1 日生效，虽然本章只有 4 个条款，但对加强海上安全意义重大。

第 1 条要求主管机关授权进行检验和检查的组织应符合 IMO 大会 1993 年 11 月通过的 A.739(18) 号决议导则。被授权的组织应按 SOLAS 公约、1966 年 LL 公约、MARPOL 73/78 公约的要求进行检验和检查。该导则的目的是确保被授权从事检验和检查的组织符合导则附录所列出的标准。

第 2 条要求散货船和油船按照 1996 年 IMO 大会以 A.744(18) 号决议通过的导则执行加强检验计划。加强检验计划导则是 IMO 针对当时海上事故不断上升以及世界商船队老龄化而制定的。导则特别关注船体腐蚀问题，要求彻底检查涂层和舱内防腐系统，采取测厚措施来检查钢板的厚度。随着船龄的增大，测厚范围将会增加，并对加强检验中应进行的额外检查、检验的准备工作、船上应保持并随时向验船师提供的文件做出了规定。

第 3 条要求为总吨位 100 及以上的所有客船和总吨位 300 及以上的所有货船提供一个符合 IMO 船舶识别号计划的识别号码（7 位阿拉伯数字），目的是有效限制非法船舶的营运。

第 4 条规定了对外轮执行港口国监督检查的官员可在有明显证据认为"船长或船员对与船舶有关的船上主要操作程序不熟悉时"进行操作性要求的检查。目的是通过操作性检查，对船员的岗位职责履行能力进行评估，特别是应对那些在客船和可能带来特别危险的船舶上的船员进行评估，减少人为因素对海上安全或污染的影响。对港口国监督实施操作性检查的"明显依据"做了定义，提及三个 IMO 公约的监督程序，它们是 SOLAS 公约的第 I 章第 19 条，MARPOL 公约第 5 条、第 6 条和 STCW 公约第 X 条，为如何按照上述的三个公约进行操作性检查提供了指南。要求港口国监督在执行操作性检查时应特别注意船员是否了解他们在应变布置表中规定的职责，是否了解通信、防火和弃船演习，对破损控制图和防火控制图的熟悉程度，对驾驶室、货物及机械设备的操作、训练手册及有关须知的掌握能力。指南还包括涉及防污染操作要求。

2002 年 12 月 SOLAS 公约缔约国大会通过的修正案将公约第 XI 章修改为第 XI-1 章，修改的内容包括增加了原第 3 条内容，要求在船体及机器处所永久标识船舶的 IMO 号码，并增加了第 5 条，要求船旗国主管机关对其船舶签发一份显示船舶历史信息的"连续概要记录"，目的是方便船舶的识别及跟踪。

第XI-2章 加强海上保安的特别措施

由于世界范围内日益升级的恐怖主义行为可能对航运安全造成危害,特别是 2001 年 9 月 11 日发生在纽约的世贸大厦恐怖撞机事件,令世界震惊,也给海运界带来巨大的变革。在美国的推动下,2002 年 12 月,SOLAS 公约缔约国大会通过的修正案增加了公约第 XI-2 章,提出了加强港口、船舶和设施反恐怖活动的要求,并将《国际船舶和港口设施保安规则》(ISPS 规则)纳入强制性规则,并于 2004 年 7 月 1 日强制实施。

该章适用于客船(包括高速客船)、总吨位 500 及以上的货船(包括高速货船)和海上移动式钻井平台以及为此类国际航行船舶服务的港口设施,要求现有客船、高速船、液货船、散货船不迟于 2004 年 7 月 1 日以后的第一次无线电安全设备(SR)检验,其他船舶不迟于 2006 年 7 月 1 日以后的第一次 SR 设备检验。配备船舶保安报警系统的,当船舶保安警报系统启动时,应能向船旗国认可的主管当局发送船岸间保安警报,报告船舶身份、船位及船舶所受威胁。

实施 ISPS 规则的目的是要建立一个缔约国政府、政府部门、地方行政机关、航运业和港口业的保安国际合作框架,确立各方在国内和国际层面上在保证海上保安方面的作用和责任,以确保及早和有效收集并交流保安信息;提供一套用于保安评估的方法,确定对保安等级发生变化做出反应的计划和程序,搜集、评估、交流与保安威胁有关的信息,保持船舶和港口设施的通信渠道,提供保安警报装置;防止擅入船舶、港口设施及其限制区域,防止擅自将武器、燃烧装置或爆炸物带入船舶或港口设施;在评估基础上建立船舶和港口设施保安计划,进行培训和演习,确保熟悉保安计划和程序。

根据该章要求,公司和船舶均须符合公约和 ISPS 规则的要求。船舶须接受核验并取得"国际船舶保安证书",并在船上保存经主管机关批准的船舶保安计划,规定船长在就船舶保安做出决定方面以及在必要时请求公司或任何缔约国政府提供协助方面具有最高的权威和责任。船舶须符合主管机关的保安等级要求以及所在港口的保安等级要求,并在保安等级发生变化时做出迅速反应,如果不能符合要求,要在进港前通知港口的主管当局;要求每条船上应任命一名船舶保安员,负责实施和维护"船舶保安计划"以及与公司保安员和港口设施保安员进行联络。

第XII章 散货船的附加安全措施

IMO 于 1997 年 11 月 24 日至 28 日召开 SOLAS 公约第 4 次缔约国大会,通过了一套有关散货船的修正案,作为公约第 XII 章,主要内容包括 150 m 及以上新建散货船载运密度为 1 000 kg/m³ 及以上固体散装货物的结构要求,也包括了现有散货船载运密度为 1 780 kg/m³ 及以上固体散装货物特殊结构要求,并要求船长 150 m 及以上所有散货船配备装载仪,目的是加强散货船的结构安全,防止散货船突然沉没或折断事故的发生。

第XIII章 符合性验证

IMO 于 2014 年以 MSC. 366(93)决议新增了第 XIII 章"符合性验证",旨在强制执行 A. 1070(28)决议通过的《IMO 文件实施规则》[IMO Instruments Implementation Code (III Code)],从实施、执行、评估和复审等方面规定了船旗国、沿岸国、港口国如何履约。

新增的第 XIII 章包括 4 条:

第 1 条"定义"中,列出了"审核""审核方案""实施规则"和"审核标准"的定义。其中,实施规则系指《IMO 文件实施规则》(III Code);审核标准系指实施规则。

第 2 条"适用范围"中阐明,缔约国政府在履行包含在本公约(SOLAS 公约)中的义务和责任时,应采用"实施规则"的规定。

第3条"符合性验证"规定,每一缔约国政府应经受本组织(IMO)按审核标准进行的定期审核,以验证其符合和实施本公约。

第4条明确所有缔约国政府的审核应依据IMO秘书长制订的总体计划,且应定期进行。审核应考虑参照A.1067(28)决议《IMO成员国审核方案的框架和程序》实施。

第ⅩⅣ章　极地水域营运船舶的安全措施

随着全球变暖和相关技术的飞速发展,极地航线日趋升温,极地船舶的设计、建造及极地航线的航行安全也日益受到重视。SOLAS 2014年修正案通过了新的ⅩⅣ章"极地水域营运船舶的安全措施",强制实施MSC.385(94)通过的《国际极地水域营运船舶规则》(简称《极地规则》)。该规则从航区气象和海况、极地服务温度设定、低温材料和设备研发与认证、冰级等效、防寒措施、极地操作手册、风险评估、极地运输船设计等方面做出详细规定,是对现有IMO文件对船舶航行极地水域要求的补充,旨在提高船舶操作安全性,并减轻对偏远、脆弱的极地水域环境、海洋哺乳动物以及原住民的影响。

二、SOLAS公约最新修订内容简介

(一)海上安全委员会第93次会议通过的对SOLAS的相关修正案

1. MSC.365(93)

(1)对第Ⅱ-1章的修订

针对船舶航行试验有关操舵装置的试验要求,船舶无法满足最深航海吃水的情况,对主辅操舵装置补充了三种可接受的试验条件。船舶在平浮状态下舵叶全部浸没在水下,以主机最大转速状态〔对应于主机最大持续转速一半转速及最大设计螺距的航速或7 kn航速前进(取大者)——辅操舵装置〕进行试航;若不能在舵叶全部浸没水下的状态试航,则应在试航状态下换算出在满载状态下的舵系统受力和扭矩;或通过试航状态下的数据可靠地预测和推算出船舶满载状态下的舵叶受力和扭矩的状况。

(2)对第Ⅱ-2章的修订

新增对载运以压缩氢气和天然气为燃料动力的机动车辆的车辆运输货船的附加要求,其中配备手提式气体探测仪的要求适用于新造船和现有船。

新增"挡火闸"和"挡烟闸"的定义、导管布置、挡火闸和导管贯穿的细节、载客超过36人客船通风系统的附加要求、厨房的排气管道、服务于设有内燃机的A类机器处所的风机房、载客超过36人客船洗衣间的通风系统。

2002年7月1日及以后但在2016年1月1日前建造的20 000 DWT及以上的液货船应安装满足经MSC.98(73)决议修正的FSS规则要求的惰性气体系统;2016年1月1日及以后建造的8 000 DWT及以上的液货船应安装符合新修订的FSS规则第15章要求的固定式惰性气体系统。同时还新增了惰性气体系统操作要求。2002年7月1日以前建造的船舶可不适用16.3.3.3条要求。

露天甲板上载运5层及以上集装箱的船舶,应配备移动式消防水炮和移动式水雾枪的附加要求。

要求机器处所内所有斜梯和梯道采用钢质材料,其底面采用钢质护板,防止下部热和火焰

危害。同时机器处所内的主工作间应设有 2 条脱险通道,其中至少有 1 条应提供连续防火遮蔽至机器处所外的安全位置。对于货船 A 类机器处所内的机器控制室应设有 2 条脱险通道,其中至少有 1 条应提供连续防火遮蔽至机器处所外的安全位置。

在 G 部分特殊要求中增加第 20-1 条"载运储罐内备有自用压缩氢气或天然气的机动车辆货物的车辆运输船"的要求。

2. MSC. 366(93)

为强制执行 IMO 文件实施规则〔A. 1070(28)通过的 III 规则〕,从实施、执行、评估和复审等方面规定船旗国、港口国、沿岸国如何履约,MSC. 366(93)决议增加新的 SOLAS 公约第 XIII 章"符合性验证"。

3. MSC. 367(93)

MSC. 367(93)是对《国际消防安全系统规则》(FSS 规则)的修正,对应于 MSC. 365(93)中对 SOLAS 第 II -2 章中关于液货船惰性气体系统的修正内容,对规则第 15 条进行了全文修订,提出惰性气体系统性能要求:总体要求(包括功能要求、惰性气体来源、安全措施、系统各部件要求、显示和报警、使用说明),对燃烧烟气和惰性气体产生系统的要求(包括系统要求,如惰性气体发生器、气体调节阀、冷却和洗涤布置、鼓风机、惰性气体隔离阀、防止燃气泄漏、显示和报警等),对氮气发生器系统的要求(包括组成、设置处所、相关部件的布置、显示和报警等要求)。

4. MSC. 368(93)

MSC. 368(93)是对《国际救生设备(LSA)规则》的修订,主要修订第 II 章个人救生设备中关于救生衣的要求,涉及救生衣的水中性能试验要求和评定衡准、儿童救生衣及婴儿救生衣的水中性能试验要求。

5. MSC. 369(93)

MSC. 369(93)是对《国际散装运输危险化学品船舶构造和设备规则》(IBC 规则)的修订,新增强制配备稳性仪的要求;对新船为强制性要求,并对现有船有追溯,稳性仪需经批准并持有证书,并修改了适装证书格式;增加货舱驱气的相关要求,要求出口气体速度至少 20 m/s,高度为甲板上 2 m;要求所有的化学品船均按照 SOLAS 公约修正案要求配备惰性气体系统;对于需氧型抑制剂货物的特殊条目 15. 13. 5 进行了修订。

6. MSC. 370(93)

MSC. 370(93)对《国际散装运输液化气体船舶构造和设备规则》(IGC 规则)进行了全文修正,涉及各种货物维护系统、各液货舱型相关要求、稳性、货舱与船体外板之间距离、双燃料、材料、低温管系等方面要求。2016 年 7 月 1 日起安放龙骨的船舶需实施。

7. MSC. 372(93)决议

MSC. 372(93)决议是对《国际海运危险货物规则》的修正,补充了《1972 年国际集装箱安全公约》(CSC 公约)中与危险货物运输相关联的内容;对货物分类的说明进行调整,对危险货物清单中的内容进行修订,第 7 章中增加了积载规则、操作规则、隔离规则等内容。

（二）海上安全委员会第 94 次会议通过的对 SOLAS 公约的相关修正案

1. MSC. 380（94）

（1）对 SOLAS 第 Ⅱ-2 章的修订

仅将 SOLAS Ⅱ-2/10.5.2 标题"设有内燃机的机器处所"修订为"设有内燃机的 A 类机器处所"。

（2）对 SOLAS 第 Ⅵ 章的修订

在 SOLAS 第 Ⅵ 章修正案第 2 条货物信息条款中，新增装货集装箱重量验证相关要求：①明确所有的载货集装箱（短程国际航行的由拖车或平板运输车载运的集装箱并通过滚装船运输的情况除外）应由托运人验证集装箱毛重，验证方式用经过校验和认证的设备对集装箱进行称重，或者用经过装箱国家主管机关认可的称重方法对集装箱的所有包装和货物的重量进行称重。②货物托运人应该确保经验证的总重量在运输单证中声明。运输单证应由托运人授权签字；并且提前交给船长或者其代理人和码头代理，以便于船长或其代理准备船舶装载计划。③如果集装箱的运输单证不能提供经验证的毛重，并且船长或其代理和码头代理没能得到经确认的集装箱毛重，货物将不能装船。

（3）对 SOLAS 第 ⅩⅠ-1 章的修订

新增 SOLAS ⅩⅠ-1/7，要求为进入封闭场所配备封闭处所气体测试设备。所有船舶应配备合适的便携式气体测试仪器或工具，至少能够在进入封闭处所前对氧气、易燃气体、H_2S 和 CO 浓度进行测量，以确保进入封闭处所安全，其他要求规定携带的设备可以用来满足本条要求，应为所有此类设备的校准提供合适的措施。同时，在脚注中引向 A. 1050（27）和《便利选择 SOLAS ⅩⅠ-1/7 所要求的封闭处所移动式气体测量装置导则》。

（4）对 SOLAS 公约附录的修订

修订货船安全设备证书格式 E 及货船安全证书格式 C，将救生艇分为"吊架降落救生艇"与"自由降落救生艇"（原为"救生艇"与"自由降落救生艇"），并明确了自由降落救生艇的可载总人数。

2. MSC. 385（94）

MSC. 385（94）号决议通过了《国际极地水域营运船舶规则》（《极地规则》）。《极地规则》针对极地水域海冰、低温、结冰、长昼或长夜、高纬度、偏远和水文资料缺失、船员经验缺乏、应急响应设备缺乏、恶劣及快变气候，以及环境敏感性等危险源，要求极地水域航行船舶通过操作评估，识别其可能面临的危险源，其设计和建造具有抵御风险的操作能力，并制定操作限制。《极地规则》覆盖极地船舶构造、设备、操作、培训、搜救、环保等所有方面的目标、功能及其具体要求，以补充现有 IMO 公约规则的要求。极地水域航行船舶分 A、B、C 类，其冰级分别为 IACS PC1-5 冰级、PC6-7 冰级，其他适当冰级或无冰级。非 IACS PC 冰级船舶需要经等效安全评估。极地水域航行船舶应持有"极地船舶证书"，该证书符合《极地规则》船舶和设备的要求；配备本船的《极地水域操作手册》，以表征符合极地规则的操作要求。签发"极地船舶证书"的检验与 SOLAS 公约第 Ⅰ 章要求法定证书相协调。对于 C 类货船，如经操作评估，无须要通过结构改造和设备加装满足《极地规则》要求，可采用文件审查确认符合性后签发该证书。

3. MSC. 386（94）

MSC. 386（94）号决议新增 SOLAS 公约第 ⅩⅣ 章，2017 年 1 月 1 日起强制实施《极地水域营运船舶国际规则》。

（三）海上安全委员会第95次会议通过的对SOLAS公约的相关修正案

1. MSC. 391（95）

MSC. 391（95）号决议通过了《国际使用气体或其他低闪点燃料船舶安全规则》（IGF规则），适用于天然气燃料动力船舶，主要从燃料加注、储存、供应、利用、控制等方面提出了风险控制要求；其他低闪点燃料（如醇类、醚类、氢气等）船舶的技术要求尚在制定中，完善后将适时纳入IGF规则。IGF规则不适用于政府公务船和国际散装运输液化气体船舶构造和设备规则（IGC规则）船舶（IGC规则船舶无论使用来自自身装运的低闪点货物作燃料，还是使用非货物的专用低闪点燃料）；IGF规则是一部基于风险和目标的规则，风险评估范围限定在替代设计和规则有明确风险评估要求的两种情况内。

2. MSC. 392（95）

（1）对应MSC. 391（95）通过的IGF规则，MSC. 392（95）修订了SOLAS第Ⅱ-1章：①增加"低闪点燃料"和"IGF规则"的定义；②Part F第55条替代设计和布置要求中增加涉及低闪点燃料的储存和分布的相关要求；③增加Part G，强制实施IGF规则，明确IGF规则不适用于非营业性的政府公务船；④货船构造安全证书和客船安全证书中增加"使用低闪点燃料"选项。

（2）为了与SOLAS第Ⅱ-1章新增Part G有关低闪点燃料的使用要求相协调，修订SOLAS Ⅱ-2/4.2：①对不适用于Ⅱ-1章Part G的货船可准许使用闪点低于本条2.1.1规定的燃油，例如原油，但此种燃油不得储存在任何机器处所内，且整套装置应经主管机关认可。②对适用于第Ⅱ-1章Part G的船舶，可准许使用闪点低于本条2.1.1规定的燃油。

（3）修订SOLAS Ⅱ-2/4.5.3.2.2，明确"液货舱隔离措施应允许大量的蒸汽、空气或惰性气体混合物充分释放"；修订11.6.2条，明确第6.2条中液货舱压力释放口应满足第4.5.3.4.1条液货装卸和压载的透气出口的相关要求；修订SOLAS Ⅱ-2/11.6.3.2，明确液货舱辅助压力/真空释放装置应能在第4.5.3.2.2条所要求的隔离措施发生故障时，防止超压或欠压。

（4）修订SOLAS Ⅱ-2/20.3.1.2，车辆处所、特种处所和滚装处所如果采用基于经修订的MSC/Circ. 729通函要求的空气控制系统对可燃气体浓度进行监控，则可减少通风系统的换气次数。

3. MSC. 394（95）

修订了1974年SOLAS公约1978议定书的附录，货船构造安全证书增加"使用低闪点燃料"选项。

4. MSC. 395（95）

修订了1974年SOLAS公约1988议定书附录，货船构造安全证书、货船安全证书和客船安全证书增加"使用低闪点燃料"选项。

（四）海上安全委员会第96次会议通过的对SOLAS公约的相关修正案

1. MSC. 402（96）

通过了救生艇和救助艇、降放设备和释放装置的维护保养、彻底检查、操作测试、检修和修理的要求。对检查、维护保养、彻底检查、操作测试、检修和修理的具体程序、维修机构人员的资质及授权、维护保养的报告和记录等做出了详细的规定。

2. MSC. 403(96)

通过了对《国际消防安全系统规则》（FSS 规则）的修正案，对第 8 章自动喷水器、探火和失火报警系统进行了修订，要求增加防冻和防堵塞措施；并增加了新的第 17 章直升机设施泡沫消防设备。详细描述了 SOLAS 公约第 Ⅱ-2 章要求用于直升机甲板和直升机降落区域保护的泡沫消防设备的规格。

3. MSC. 404(96)

针对韩国"世越"号客船事故，修订 SOLAS 第 Ⅱ-2 章，在第 13 条脱险通道部分增加 3.2.7 客船撤离分析，并对应 MSC. 403(96)决议修订了第 18 条直升机设施，要求在直升机降落区域配备泡沫灭火设施。

对应 MSC. 402(96)决议，修订了 SOLAS 第 Ⅲ 章 20 条，将第 11 款降落设备与承载释放装置的定期检修改为救生艇、救助艇和快速救助艇、降放设备和释放装置的维护保养、彻底检查、操作测试、检修和修理。要求须按照维护保养、彻底检查、操作测试、检修和修理要求〔MSC. 402(96)〕以及第 36 条要求的船上维护保养须知进行 11.1 至 11.4 要求的彻底检查、操作测试和检修以及 11.1 至 11.4 规定的设备维护保养和修理。

4. MSC. 405(96)

MSC. 405(96)决议通过了《2011 年国际散货船和油船检验期间加强检验程序规则》（2011 年 ESP 规则）的修正案。该修正案将于 2018 年 1 月 1 日生效，适用于进行 ESP 检验的散货船和油船。该修正案的主要内容：对于单舷侧结构散货船，"如在双层底压载舱内发现涂层状况差"中的"涂层"修改为"硬保护涂层"；为使现场验船师能进行检验，船东和主管机关应根据 IMO 制定的《经修订的进入船上封闭处所建议案》〔A. 1050(27)决议〕商定妥善和安全进入（被检验处所）的安排；船东应指派至少一位对液舱和封闭处所检查有经验的负责人员始终陪伴现场验船师。

5. MSC. 406(96)

MSC. 406(96)决议对 IMDG 规则进行了修订。

第三节　国际防止船舶造成污染公约（MARPOL）

一、MARPOL 公约的发展历程

（一）MARPOL 73 公约

20 世纪初期，人们已经开始重视海上人命安全问题，但对于环境问题并未引起足够重视。直至 1967 年发生在英吉利海峡的"TORREY CANYON"油船的严重污染事故，人们才认识到保护海洋环境的重要性，并进一步认识到船舶故意或意外排放油类和其他有害物质是造成海洋污染的一个重大来源。为此，国际海上污染会议于 1973 年 11 月 2 日召开，通过了《1973 年国际防止船舶造成污染公约》（简称 MARPOL 73 公约）。MARPOL 公约包括基本条款（Articles）、2 个议定书（Protocols）和 5 个技术性附则（Regulations）。

2 个议定书如下:

——议定书Ⅰ:关于涉及有害物质事故报告的规定议定书;

——议定书Ⅱ:仲裁。

5 个技术性附则如下:

——附则Ⅰ:防止油污规则;

——附则Ⅱ:控制散装有毒液体物质污染规则;

——附则Ⅲ:防止海运包装有害物质污染规则;

——附则Ⅳ:防止船舶生活污水污染规则;

——附则Ⅴ:防止船舶垃圾污染规则。

按照 MARPOL 公约的规定,MARPOL 73 公约的生效需要两个条件,一是至少有 15 个国家加入;二是这些国家的商船总吨位总和应不少于世界商船总吨位的 50%。附则Ⅰ和附则Ⅱ是强制性的,附则Ⅲ、附则Ⅳ和附则Ⅴ是任选性的。也就是说,加入 MARPOL 73 公约就必须实施附则Ⅰ和附则Ⅱ,其他的附则可选择性接受。

(二)1978 年议定书

MARPOL 73 公约制定后,人们期待着它能尽快实施,但它的生效却极为缓慢。截止到 1978 年 1 月,只有 3 个国家加入该公约。这主要是由于 MARPOL 公约的某些规则脱离了当时海运的实际情况和技术基础。大多数国家,包括当时的高度发达国家,都无法满足公约规定的一些技术要求和排放标准。特别是对附则Ⅱ,很多国家在实施上有困难,有很多技术问题亟待解决。按照公约的规定,如果不能实施附则Ⅱ,也就无法成为公约的缔约国。大部分海运大国均因上述原因迟迟不能加入。

1976 年和 1977 年连续发生了多起油船污染事故,世界对安全和防污染问题更加关注,IMO 决定召开一次大会审议对 MARPOL 公约的修改。1978 年 2 月 6 日至 17 日在伦敦召开的外交大会通过了《关于 1973 年国际防止船舶造成污染公约的 1978 年议定书》(简称 1978 年议定书)。

由于当时影响 MARPOL 73 公约生效的问题主要来自附则Ⅱ,所以大会决定采用与其他公约不同的方法来解决这一问题。1978 年议定书作为一个完整的法律文件,在其附则中包括了 MARPOL 73 公约的全部五个附则,并对附则Ⅰ进行了大量的修改。

从这个意义上说,议定书的附则已经完全取代了 MARPOL 73 公约的五个技术性附则。为了使附则Ⅰ尽快生效,1978 年议定书规定附则Ⅱ的生效时间推迟到附则Ⅰ生效后三年,届时实施附则Ⅱ的技术性问题可以随着技术进步而得到解决。

1978 年议定书于 1983 年 10 月 2 日生效,经修订的附则Ⅰ同时生效,而附则Ⅱ的生效时间则进一步推迟到 1987 年 4 月 6 日。

(三)经 1978 年议定书修订的 1973 年国际防止船舶造成污染公约(MARPOL 73/78 公约)

从表面看来,由于 1978 年议定书已对 MARPOL 73 公约进行了修订,并在实质上取代了 MARPOL 73 公约,在谈及生效和实施的法律文件时,似乎只提及 1978 年议定书就可以全部包括了。但由于 MARPOL 73 公约和 1978 年议定书作为一个整体文件,由于 1978 年议定书的生效,MARPOL 公约汇总未经修正的部分及其议定书Ⅰ和Ⅱ也已经使用。因此,IMO 的海上环境保护委员会(MEPC)根据 1978 年议定书的规定,在该委员会的文件中开始采用《经 1978 年议定书修订的 1973 年国际防止船舶造成污染公约》（简称 MARPOL 73/78）。

我国于 1983 年 7 月 1 日加入了《经 1978 年议定书修订的 1973 年国际防止船舶造成污染公约》。公约各附则对我国强制时间如下：

——附则 I 防止油污规则：1983 年 10 月 2 日。

——附则 II 控制散装有毒液体物质污染规则：1987 年 4 月 6 日。

——附则 III 防止海运包装有害物质污染规则：1992 年 7 月 1 日。

——附则 IV 防止船舶生活污水污染规则：2003 年 9 月 27 日。

——附则 V 防止船舶垃圾污染规则：1989 年 4 月 6 日。

（四）经 1978 年议定书修订的 1973 年国际防止船舶造成污染公约的 1997 年议定书

认识到防止和控制船舶造成空气污染的必要，由各国领导人于 1992 年参加并签署的《里约环境和发展宣言》第 15 条原则要求采用预防措施，考虑到 IMO 是联合国负责船舶海上航行安全和防止船舶造成海洋污染的专门机构，IMO 承担了制定相关国际立法的责任。

1997 年，IMO 外交大会通过了《经 1978 年议定书修订的 1973 年国际防止船舶造成污染公约的 1997 年议定书》（1997 年议定书）。1997 年议定书的内容包括了新增的附则 VI 防止船舶造成大气污染规则。附则 VI 于 2005 年 5 月 19 日生效。

二、MARPOL 73/78 公约的主要规定和要求

（一）MARPOL 73/78 公约附则 I 防止油污规则

目前适用的是 2007 年 1 月 1 日生效的 MEPC. 117（52）修正案及之后生效的修正案。MARPOL 73/78 公约附则 I 防止油污规则共分为 9 章 43 条，以及 3 个附录。MARPOL 73/78 公约附则 I 第 1 章总则对油类、油船、新船和现有船舶等进行了定义。除另有明文规定外，附则 I 适用于所有船舶。

根据附则 I 第 2 章规定的要求，凡总吨位 150 及以上的油船和总吨位 400 及以上的其他船舶应进行初次检验、换证检验、期间检验、年度检验和附加检验，以保证船舶的结构、设备、系统、附件、布置和材料完全符合公约的要求。经检验的船舶持有主管机关签发或签注的"国际防止油污证书"（IOPP 证书）。

附则 I 第 3 章和第 4 章分别从所有船舶机器处所和油船货油区域对船舶的构造、设备和排油操作控制提出了具体要求。所有船舶的机舱处所均应有残油（油泥）舱、燃油舱保护和标准排放接头等构造。根据船舶吨位情况，部分船舶应配备滤油设备。排油操作控制分为特殊区域外和特殊区域内两个规定，以特殊区域以外的排放为例，总吨位 400 及以上的船舶，除非符合下列所有条件，不得将油类或含油混合物排放入海：

（1）船舶正在航行途中；

（2）含油混合物已经通过附则 I 第 14 条要求的滤油设备处理；

（3）未经稀释的排出物含油量不超过 15ppm；

（4）油船的含油混合物不是来自货油泵舱的舱底；和

（5）油船的含油混合物不混有货油残余物。

第 3 章和第 4 章的排油操作控制部分还要求船舶将排油操作记录入"油类记录簿"中，供监督检查。

除了机器处所油类污染,油船货油舱也会造成污染。第4章对油船的货油区域的构造、设备和排油操作控制分别提出了要求,例如,根据原油和成品油油种和载重量以及油船交船时间的不同,船舶须满足专用压载舱(SBT)、双层壳和双层底、泵舱底保护等,以及在破损情况下的保护等;油船货油区域的设备要求包括排油监控系统和原油洗舱等要求;排油操作控制包括排放要求、原油洗舱操作等,相应地,排放、洗舱等操作要记录在"油类记录簿"第Ⅱ部分中。

除了上述要求外,附则Ⅰ第5章要求船上配备《船上油污应急计划》(SOPEP);第6章要求港口具有岸上接收设施供船舶排放含有污水和残油(油泥)等;第7章对固定或浮动的工作平台提出了特殊要求;第8章对油船间过驳作业提出了具体要求;第9章对于在南极使用或载运油类提出了特殊要求。

(二)MARPOL 73/78公约附则Ⅱ控制散装有毒液体物质污染规则

目前适用的是2007年1月1日生效的MEPC.118(52)修正案及之后生效的修正案。MARPOL 73/78公约附则Ⅱ包括8章18条和7个附录。

附则Ⅱ第1章总则包括定义、适用范围、例外、免除和等效等条款。第1条定义规定了有毒液体物质,系指在《国际散装化学品规则》第17或18章的污染种类列表中表明的或根据第6.3条规定暂时被评定为X、Y或Z类的任何物质。化学品规则系指《散装运输危险化学品船舶构造和设备规则》和《国际散装运输危险化学品船舶构造和设备规则》及其修正案。除另有明文规定外,附则Ⅱ适用于所有运输散装有毒液体物质的船舶。

第2章把有毒液体分为下述四类:

X类:这类有毒液体物质,如从洗舱或卸载作业中排放入海,将对海洋资源或人类健康产生重大危害,因此禁止其排放入海。

Y类:这类有毒液体物质,如从洗舱或卸载作业中排放入海,将对海洋资源或人类健康产生危害,或对海上休憩环境或其他合法利用造成损害,因此严格限量其排放入海。

Z类:这类有毒液体物质,如从洗舱或卸载作业中排放入海,将对海洋资源或人类健康产生较小的危害,因此限量其排放入海。

其他物质:指在IBC规则第18章的污染物质种类列表中被标为"OS",经评定不属于本附则第6.1条定义的X、Y或Z类范围的物质,且目前这些物质如从洗舱或卸载作业中排放入海不会对海洋资源、人类健康、海上休憩环境或其他合法利用产生危害。仅含有这类"其他物质"的舱底水、压载水、其他残余物或混合物的排放不必符合本附则的任何要求。

对于未能予以分类的散装运输液体物质,则与该作业有关的缔约国政府之间,按照对有毒液体物质进行分类的准则为基础商定一个暂定的类别。在各有关政府之间未取得完全一致的意见之前,这种物质将不能被装运。

第3章对检验和发证提出了要求。根据附则Ⅱ的要求,对航行前往其他地也过管辖的港口或装卸站的散装运输有毒液体物质的船舶,按规定初次或换证检验后,应签发"国际防止散装有毒液体物质污染证书"(NLS证书)。此外,附则Ⅱ第7条化学品船舶的检验和发证还规定,按照《国际散装化学品规则》(适用于1986年7月1日及以后建造的化学品船)或《散装化学品规则》(适用于1986年7月1日以前建造的化学品船)检验并发证的化学品液货船,取得"(国际)散装运输危险化学品适装证书"(COF证书),应视为符合附则Ⅱ的规定,按上述规则签发的证书与NLS证书具有同等效力并得到同样的承认。

第4章船舶的设计、构造、布置和设备提出了具体要求,保证船舶卸货的液货残余量满足

表 1-1 的具体要求。

表 1-1　货舱及相关管系最大允许液货残余量

船舶建造时间	物质种类（单位：L）		
	X	Y	Z
1986 年 7 月 1 日之前	300 + 50	300 + 50	900 + 50
1986 年 7 月 1 日至 2007 年 1 月 1 日	100　+ 50	100 + 50	300 + 50
2007 年 1 月 1 日之后	75	75	75

第 5 章对有毒液体物质残余物的操作性排放提出了要求，如表 1-2 所示。

表 1-2　有毒液体物质残余物的操作性排放要求

物质种类	BCH 船舶	IBC 船舶	新船	2007 年 1 月 1 日前建造的非化学品船
X	预洗 扫舱 350 L 12 n mile 以外 25 m 水深 7 kn 航速	预洗 扫舱 150 L 12 n mile 以外 25 m 水深 7 kn 航速	预洗 扫舱 75 L 12 n mile 以外 25 m 水深 7 kn 航速	禁止载运
Y	高黏度或凝固物质要预洗 扫舱 350 L 12 n mile 以外 25 m 水深 7 kn 航速	高黏度或凝固物质要预洗 扫舱 150 L 12 n mile 以外 25 m 水深 7 kn 航速	高黏度或凝固物质要预洗 扫舱 75 L 12 n mile 以外 25 m 水深 7 kn 航速	禁止载运
Z	扫舱 950 L 12 n mile 25 m 水深 7 kn 航速	扫舱 350 L 12 n mile 25 m 水深 7 kn 航速	扫舱 75 L 12 n mile 25 m 水深 7 kn 航速	扫舱至最大限度 12 n mile 25 m 水深 7 kn 航速
OS	无载运要求	无载运要求	无载运要求	
水下排放要求	只有 X 和 Y 类	只有 X 和 Y 类	X、Y 和 Z 类	

　　除了操作性排放要求，附则Ⅱ第 14 条要求载运 X、Y 或 Z 类物质的船舶配备主管机关批准的《程序和布置手册》（P&A 手册），列明货物装卸、液货舱清洗、污液处置及液货舱压载等方面的确切布置和所有操作程序，从而符合附则Ⅱ的要求。第 15 条规定船舶应备有"货物记录簿"，记录货物相关操作。

　　第 6 章港口国监督措施中，港口国检查官需要对预洗的免除在"货物记录簿"中进行签注，或签署 X 类物质的预洗等。

　　第 7 章防止有毒液体物质发生污染的规定，船上应配备主管机关批准的《船上海洋污染应急计划》，对事故性污染做出了具体的布置和安排。

第 8 章接收设施要求港口和卸货站配备足够的接收设施。

（三）MARPOL 73/78 公约附则Ⅲ防止海运包装有害物质污染规则

目前适用的是 2014 年 1 月 1 日生效的 MEPC. 193（61）修正案及之后生效的修正案。MARPOL 73/78 附则Ⅲ包括 8 条和 1 个附录，对防止海运包装形式有害物质污染做出了规定。简单来说，附则Ⅲ对海运的包装形式的货物中，被《国际海运危险货物规则》（IMDG 规则）确定为"有害物质"的海洋污染，从包装、标志和标签、单证、积载、限量等方面做出原则性规定，而 IMDG 规则则包括上述方面的具体措施。因此，可以理解为，MARPOL 73/78 附则Ⅲ是通过 IMDG 规则具体实施的。

考虑到船舶运输的包装有害物质品种多、数量大、危险性各异，IMDG 规则从安全管理的目的出发，针对各种不同的危险特性，把危险货物分为下述几大类：

第一类 爆炸品

第二类 气体

第三类 易燃液体

第四类 易燃固体、易自燃物质和遇水放出易燃气体的物质

第五类 氧化物质和有机过氧化物

第六类 有毒物质和感染性物质

第七类 放射性物质

第八类 腐蚀性物质

第九类 其他危险物质和物品

在上述九大类危险货物的基础上，部分类别又进一步细分为小类。从 2016 年 1 月 1 日开始，中国等非英语国家适用 37-14 套 IMDG 规则。

此外，附则Ⅲ还要求包装形式的海洋污染物需要加上永久的标志或标牌，以指明该物质为海洋污染物（用 P 表示）。

（四）MARPOL 73/78 公约附则Ⅳ防止船舶生活污水污染规则

目前适用的是 2005 年 8 月 1 日生效的 MEPC. 115（51）修正案及之后生效的修正案。MARPOL 73/78 公约附则Ⅳ包括 5 章 13 条和 1 个附录。

在第 1 章总则第 1 条定义，附则Ⅳ把船舶分为公约生效之日后 3 年，即 2006 年 9 月 27 日及之后交船的新船和 2006 年 9 月 27 日前的现有船。生活污水包括厕所的排出物和其他废弃物、医务室的排出物、活体动物处所的排出物及混有前三者的其他废水。

目前，附则Ⅳ适用于总吨位 400 及以上，或总吨位 400 以下但核定载运 15 人以上的船舶。

第 2 章检验和发证规定，经初次检验或换证检验的船舶，主管机关应发给"国际防止生活污水污染证书"（ISPP 证书）。

第 3 章设备与排放控制规定，船舶应配备下列生活污水系统之一：

——主管机关根据 IMO 制定的标准和试验方法认可的生活污水处理装置；

——经主管机关认可的污水粉碎和消毒系统；

——主管机关认为充分的生活污水集污舱。

按规定，距离最近陆地 3 n mile 以外可排放业经粉碎和消毒的生活污水，或在距最近陆地 12 n mile 以外排放未经处理的生活污水。排放时船舶航速不得低于 4 kn，并以经主管机关根

据 IMO 制定的标准确定的速率排放。

第 4 章接收设施要求港口和装卸站提供充分的接收设施接收船舶生活污水而不造成船舶的不当延误。

第 5 章港口国监督提出了关于生活污水的操作性要求。

（五）MARPOL 73/78 公约附则Ⅴ防止船舶垃圾污染规则

目前适用的是 2012 年 7 月 1 日生效的 MEPC. 201（62）修正案及之后生效的修正案。MARPOL 73/78 公约附则Ⅴ包括 10 个条款和 1 个关于"垃圾记录簿"格式的附录。

在第 1 条定义中，垃圾系指产生于船舶正常营运期间并需要连续或定期处理的各种食品废弃物、生活废弃物、操作废弃物、所有的塑料、货物残留物、焚烧炉灰、食用油、渔具和动物尸体等。

第 3-6 条是关于垃圾排放的规定，包括一般规定，在特殊区域以外排放垃圾，固定或浮动平台垃圾排放的特别要求，特殊区域内的垃圾处理等。垃圾排放的要求详见表 1-3。

表 1-3　船舶垃圾排放要求

垃圾类型[1]	除平台外的所有船舶[4]		距最近陆地12 n mile之外的海上平台和与此类平台靠泊或距离在 500 m 之内的船舶[4] 第 5 条
	特殊区域之外（第 4 条）（距最近陆地的距离）	特殊区域之内（第 6 条）（距最近陆地或最近冰架的距离）	
经粉碎或碾磨的食品废物[2]	≥3 n mile，航行中并尽实际可行地远离陆地	≥12 n mile，航行中并尽实际可行地远离陆地[3]	禁止排放
未经粉碎或碾磨的食品废物	≥12 n mile，航行中并尽实际可行地远离陆地	禁止排放	禁止排放
非含于清洗水中的货物残余[5,6]	≥12 n mile，航行中并尽实际可行地远离陆地	禁止排放	禁止排放
清洗水中的货物残余[5,6]		≥12 n mile，航行中并尽实际可行地远离陆地（但要遵守第 6.1.2 条中的条件）	
货舱洗舱水中的清洁剂和添加剂[6]	允许排放	≥12 n mile，航行中并尽实际可行地远离陆地（但要遵守第 6.1.2 条中的条件）	禁止排放
甲板和外部表面清洗水中的清洁剂和添加剂[6]		允许排放	

续表

垃圾类型[1]	除平台外的所有船舶[4]		距最近陆地12 n mile之外的海上平台和与此类平台靠泊或距离在 500 m 之内的船舶[4] 第 5 条
	特殊区域之外(第 4 条) (距最近陆地的距离)	特殊区域之内(第 6 条) (距最近陆地或 最近冰架的距离)	
动物尸体(应劈开或另行处理以确保尸体将立即沉没)	必须在航行中并尽可能地远离陆地。应在>100 n mile 及最大水深	禁止排放	禁止排放
所有其他垃圾,包括塑料、合成绳索、渔具、塑料垃圾袋、焚烧炉灰渣、食用油、漂浮垫舱物料、衬料和包装材料、纸张、碎布、玻璃、金属、瓶子、陶器和类似废物	禁止排放	禁止排放	禁止排放

1. 当垃圾中混有或被其他有毒物质沾染时,禁止排放或有不同排放要求,须适用更严格的要求。

2. 经粉碎或研磨的食品废弃物必须能通过不大于 25 mm 的筛网。

3. 未经焚烧、高压灭菌器消毒或其他灭菌处理的外来禽类产品,禁止在南极区域排放。

4. 位于距最近陆地 12 n mile 之外的近海平台和有关船舶包括所有从事勘探或开采或相关海床矿物资源加工的固定或浮动平台,和所有与此类平台靠泊或距离在 500 m 之内的船舶。

5. 货物残余系指仅适用通常可用商业卸货方法无法回收的货物残余。

6. 这些物质必须对海洋环境无害。

第 10 条对船上的文书等提出了要求,具体包括:总长 12 m 及以上船舶须配备垃圾公告牌(Placards),总吨位 100 及以上的船舶、核定载运 15 人或以上的船舶须配备《垃圾管理计划》,总吨位 400 及以上的船舶和经核定载运 15 人或以上的船舶,须配备"垃圾记录簿"。

（六）MARPOL 73/78 公约附则Ⅵ防止船舶造成空气污染规则

目前适用的是 2010 年 7 月 1 日生效的 MEPC.176(58)修正案及之后生效的修正案。MARPOL 73/78 公约附则Ⅵ包括 3 章 18 个条款和 7 个附录。

第 1 章总则提出了防止船舶造成空气污染的一般性规定,包括原则上适用于所有船舶、相关的定义、例外和免除,以及等效等。

第 2 章检验、发证和监督措施规定,总吨位 400 及以上的船舶须接受检验,并取得"国际防止空气污染证书"（IAPP 证书）。第 10 条对操作性要求的港口国监督规定了港口国检查官对于附则Ⅵ操作性要求开展监督检查的权利。

第 3 章控制船舶释放的要求对船舶向空气中的排放提出了具体的要求。第 12 条对船舶使用臭氧消耗物质提出了具体的时间要求,还要求船上保存"消耗臭氧物质记录簿",记录消耗臭氧物质的增加和减少情况。第 11 条氮氧化物（NO_x）规定了根据船用柴油发动机的上船时间和转速不同,需要满足Ⅰ～Ⅲ级（tier）要求;此外,在排放控制区内（ECA）内,船用柴油机将适用更严格的要求。第 14 条硫氧化物（SO_x）和颗粒物质规定了船用燃料油的含硫量根据时间的不同而递减，在排放控制区外，由 2012 年 1 月 1 日以前的 4.5% m/m 减到 2012 年 1 月 1 日开始的 3.5% m/m，再到 2020 年 1 月 1 日及以后的 0.5% m/m；在排放控制区内，由 2010 年 7 月 1 日以前的 1.5% m/m 减到 2010 年 7 月 1 日以后的 1.0% m/m，2015 年 1 月 1 日以后的 0.1% m/m。船舶在由排放控制区外进入排放控制区内时，须对油路进行全面冲洗，并须携有书面程序表明燃油转换，还要做好相关记录。第 15 条挥发性有机化合物（VOC）规定载运原油的液货船需配备《挥发性油化合物管理计划》。第 16 条船上焚烧规定了禁止在船上焚烧的物质，对塑料的焚烧要求以及船上产生的污泥和油渣的焚烧要求等。第 18 条燃油的供应和质量对船舶的要求包括：船上的燃油装舱单要保存至少 3 年供港口国监督检查，燃油样品在燃油用罄后保存 12 个月以上。

《防污公约》附则Ⅵ"防止船舶造成空气污染规则"中纳入船舶能效新规则的 MEPC.203 (62)修正案中，对第 2 条定义和第 2 章检验、发证和监督措施部分增加了新规定。同时，还新增了第 4 章船舶能效规定要求，根据船舶类型、载重吨等，达到船舶的能效设计指数，并在船上配备《船舶能效管理计划》（SEEMP）。

三、MARPOL 73/78 公约的修正案情况

在前述 MARPOL 73/78 公约附则的基础上，近年来，国际海事组织的海上环境保护委员会（MEPC）陆续通过了各个附则的修正案，下文将对各个附则按照时间顺序列出 MEPC 66～69 次 MEPC 会议通过的修正案决议。

（一）MARPOL 73/78 公约附则Ⅰ的修正案

1. MEPC.246(66)：使Ⅲ规则使用具有强制性的《防污公约》附则Ⅰ、Ⅱ、Ⅲ、Ⅳ和Ⅴ修正案

生效时间：2016 年 1 月 1 日

主要内容：

（1）第 44 条中的"should"应理解为"shall"。

（2）新增了强制实施《IMO 文书实施规则》（Ⅲ规则）的条款，包括在第 1 条增加了审核、审核机制、实施规则和审核标准等的定义；新增第 10 章本公约各项规定的符合性验证，要求缔约国履约适用Ⅲ规则等内容。

2. MEPC.248(66)：关于稳性仪强制性配备要求的《防污公约》附则Ⅰ修正案

生效时间：2016 年 1 月 1 日

主要内容：

（1）第 3 条免除，新插入关于经稳性相关管理的油船可以免除第 28(6)条损坏假定的相关要求。

（2）第 4 章第 28 条，新插入油船配备能进行完整和破损稳性要求的符合性验证并经主管机关认可的稳性仪。

（3）IOPP 证书格式 B 根据上述修改进行了调整。

3. MEPC.256(67)：《防污公约》附则Ⅰ修正案（第 43 条的修正）

生效时间：2016 年 3 月 1 日

主要内容：

第 43.1 条,在"作为货物散装运输"后插入"用作压载"。

4. MEPC.265(68):使应用《极地规则》的环境相关规定强制

生效时间:2017 年 7 月 1 日

主要内容:

(1)在第 1 章第 3 条免除和第 4 条中,新增《极地规则》相关内容。

(2)在第 3 章对所有船舶机器处所的要求和第 4 章对油船货物区域的要求中,增加《极地规则》的相关要求,具体包括北极水域关于滤油设备、排油控制和货物排油控制的要求与特殊区域相同。

(3)在第 6 章第 38 条中,新增第 11 章国际极地水域营运船舶规则第 46 条定义和第 47 条适用范围和要求,定义了《极地规则》、北极水域和极地水域,要求极地水域营运的所有船舶适用《极地规则》环境的相关规定和 Ⅱ-A 的相关要求,以及 Ⅱ-B 部分的附加指南。

(4)附录 Ⅱ 的 IOPP 证书根据上述修改相应进行了调整。

5. MEPC.266(68):附则 Ⅰ 第 12 条修正案

生效时间:2017 年 1 月 1 日

主要内容:

重新整理了第 12 条残油(油泥)舱的要求,新增了 2017 年 1 月 1 日以后的初次或换证检验的船舶的舱底水系统、含有舱底水储存舱、舱顶或含油污水分离器的连接排放须符合相关要求。

(二)MARPOL 73/78 公约附则 Ⅱ 的修正案

1. MEPC.246(66):使 Ⅲ 规则使用具有强制性的《防污公约》附则 Ⅰ、Ⅱ、Ⅲ、Ⅳ 和 Ⅴ 修正案

生效时间:2016 年 1 月 1 日

主要内容:

(1)第 19 条中的"should"应理解为"shall"。

(2)新增了强制实施《IMO 文书实施规则》(Ⅲ 规则)的条款,包括在第 1 条新增了审核、审核机制、实施规则和审核标准等的定义;新增第 9 章本公约各项规定的符合性验证,要求缔约国履约适用 Ⅲ 规则等内容。

2. MEPC.249(66):货物围护系统和适装证书格式

生效时间:2016 年 1 月 1 日

主要内容:

(1)对 BCH 规则第 Ⅱ 章 A 部分—物理保护(液货舱的位置;船舶稳性),要求 2021 年 1 月 1 日前初次或换证检验时,配备能进行完整和破损稳性要求的符合性验证并经主管机关认可的稳性仪。

(2)适装证书也根据前述修改做出了相应调整。

3. MEPC.250(66):总则、船舶残存能力和液货舱位置、液货舱透气和除气装置、环境控制、防火与灭火、特殊要求、最低要求一览表和适装证书格式

生效时间:2016 年 1 月 1 日

主要内容:

（1）对 IBC 规则第 1 章总则,新增"驱气"(1.3.37)和"除气"(1.3.38)定义。

（2）第 2 章 2.2 改为"干舷和稳性",要求船舶 2021 年 1 月 1 日前初次或换证检验时,配备能进行完整和破损稳性要求的符合性验证并经主管机关认可的稳性仪。

（3）第 8 章新增 8.5 液货舱驱气的相关条款。

（4）第 9 章和第 11 章进行了个别修改完善。

（5）第 15 章特殊要求,修改了 15.13.5 的要求,对载运含有需氧型抑制剂的货品提出了要求。

（6）第 17 章最低要求一览表的"液货舱环境控制(h)栏"的注释进行了修改。适装证书的格式也进行了相应调整。

4. MEPC.265(68):使应用《极地规则》的环境相关规定强制

生效时间:2017 年 7 月 1 日

主要内容:

（1）在《控制散装有毒液体物质污染规则》中,第 1 章总则第 3 条例外中插入"和《极地规则》Ⅱ-A 部分第 2 章",第 6 章港口控制措施第 16 条控制措施中增加了船舶在极地水域的适用,新增第 10 章国际极地水域营运船舶规则,增加第 21 条定义和第 22 条适用范围和要求,定义了《极地规则》、北极水域和极地水域,要求极地水域营运的所有船舶适用《极地规则》环境的相关规定和Ⅱ-A 的相关要求,以及Ⅱ-B 部分的附加指南。

（2）对附录Ⅳ程序和布置手册的标准格式的第 1 节防污公约附则Ⅱ的主要特性,新增北极水域的要求,并将"南极区域"用"极地水域"替代。

5. MEPC.270(69):经修订的海洋环境保护科学问题联合专家组危险评估程序

生效时间:2017 年 9 月 1 日

主要内容:

修改了附录Ⅰ的经修订的海洋环境保护科学问题联合专家组危险评估程序缩略图例。

（三）MARPOL 73/78 公约附则Ⅲ的修正案

1. MEPC.246(66):使Ⅲ规则使用具有强制性的《防污公约》附则Ⅰ、Ⅱ、Ⅲ、Ⅳ和Ⅴ修正案

生效时间:2016 年 1 月 1 日

主要内容:

（1）第 10 条中的"should"应理解为"shall"。

（2）新增了强制实施《IMO 文书实施规则》(Ⅲ规则)的条款,包括在第 1 条新增了有害物质、包装形式、审核、审核机制、实施规则和审核标准等的定义;新增第 2 章本公约各项规定的符合性验证及第 10、11 条,要求缔约国履约适用Ⅲ规则等内容。

2. MEPC.257(67):附录"包装有害物质识别标准"修正案

生效时间:2016 年 3 月 1 日

主要内容:

在附录中包装有害物质的识别标准部分,增加"就本附则而言,除放射性物质以外,符合下列任一识别标准的物质均为有害物质"。

(四) MARPOL 73/78 公约附则 Ⅳ 的修正案

1. MEPC. 246(66):使 Ⅲ 规则使用具有强制性的《防污公约》附则 Ⅰ、Ⅱ、Ⅲ、Ⅳ 和 Ⅴ 修正案

生效时间:2016 年 1 月 1 日

主要内容:

(1)第 15 条中的"should"应理解为"shall"。

(2)新增了强制实施《IMO 文书实施规则》(Ⅲ 规则)的条款,包括在第 1 条新增了审核、审核机制、实施规则和审核标准等的定义;新增第 6 章本公约各项规定的符合性验证及第 15、16 条,要求缔约国履约适用 Ⅲ 规则等内容。

2. MEPC. 265(68):使应用《极地规则》的环境相关规定强制

生效时间:2017 年 7 月 1 日

主要内容:

第 1 章总则第 3 条例外中插入"和《极地规则》Ⅱ-A 部分第 2 章",第 6 章港口控制措施第 16 条控制措施中增加了船舶在极地水域的适用,新增第 7 章国际极地水域营运船舶规则,增加第 17 条定义和第 18 条适用范围和要求,定义了《极地规则》、北极水域和极地水域,要求极地水域营运的所有船舶适用《极地规则》环境相关规定和 Ⅱ-A 的相关要求,以及 Ⅱ-B 部分的附加指南。

3. MEPC. 274(69):附则 Ⅳ 修正案(波罗的海特殊区域和"国际防止污水污染证书"格式)

生效时间:2017 年 9 月 1 日

主要内容:

(1)在第 1 条定义中,修改 10 客船的定义,"载运十二名以上乘客的船舶"。新客船系指 2019 年 6 月 1 日之后建造的船舶或 2021 年 6 月 1 日以后交船的船舶。现有客船系指非新客船。

(2)在第 3 章排放设备和控制中,在第 11 条污水排放中,修改了客船在特殊区域排放生活污水的规定。

(3)根据上述修改相应调整了"国际防止污水污染证书"格式的内容。

(五) MARPOL 73/78 公约附则 Ⅴ 的修正案

1. MEPC. 246(66):使 Ⅲ 规则使用具有强制性的《防污公约》附则 Ⅰ、Ⅱ、Ⅲ、Ⅳ 和 Ⅴ 修正案

生效时间:2016 年 1 月 1 日

主要内容:

(1)第 11 条中的"should"应理解为"shall"。

(2)新增了强制实施《IMO 文书实施规则》(Ⅲ 规则)的条款,包括在第 1 条新增了审核、审核机制、实施规则和审核标准等的定义;新增第 2 章本公约各项规定的符合性验证第 11、12 条,要求缔约国履约适用 Ⅲ 规则等内容。

2. MEPC. 265(68):使应用《极地规则》的环境相关规定强制

生效时间:2017 年 7 月 1 日

主要内容：

（1）在第3条禁止排放垃圾入海的一般规定中，增加《极地规则》的相关要求，第7条例外中新增极地水域排放食品废弃物的规定，第10条告示标牌、垃圾管理计划和保持垃圾记录中新增《极地规则》的适用。新增第3章国际极地水域营运船舶规则，增加第13条定义和第14条适用范围和要求，定义了《极地规则》、北极水域和极地水域，要求极地水域营运的所有船舶适用《极地规则》环境的相关规定和Ⅱ-A的相关要求，以及Ⅱ-B部分的附加指南。

（2）根据上述修订对附录"垃圾记录簿"格式进行了调整。

（六）MARPOL 73/78公约附则Ⅵ的修正案

1. MEPC.247(66)：使Ⅲ规则适用具有强制性

生效时间：2016年1月1日

主要内容：

（1）在第2条定义中，新增审核、审核机制、实施规则和审核标准的定义；新增第5章本附则各项规定的符合性验证的第24、25条，要求缔约国适用Ⅲ规则等内容。

（2）MEPC.251(66)：附则Ⅵ第2、13、19、20和21条和IAPP证书附件以及根据《2008年NO_x技术规则》的双燃料发动机发证的修正案。

生效时间：2015年9月1日

主要内容：

（1）修正了气体运输船的定义，新增LNG运输船、豪华邮轮、常规推进、非常规推进具有破冰能力的货船等定义，以及2019年9月1日以后交付的船舶定义。

（2）第3章船舶排放控制要求第13条氮氧化物（NO_x），修正了重大改装设计船用柴油机或新增安装柴油机适用NO_x排放要求。修正了Ⅲ级NO_x排放控制区内的排放要求的适用。

（3）第4章船舶能效规则第19条适用范围，新增非机动船，以及包括FPSO、FSU和钻井装置的平台，无论推进方式如何。修正了不适用的船舶。

（4）第4章船舶能效规则第20条实际能效设计指数，修正了EEDI的计算。修正了第21条所要求的EEDI的计算。

（5）根据前述修正调整了IAPP证书格式。

2. MEPC.258(66)：对附则Ⅵ第2条和第13条及IAPP证书附件的修正

生效时间：2016年3月1日

主要内容：

（1）第2条定义，修改了"燃油"和"船用柴油机"的定义。

（2）对第13条氮氧化物（NO_x），修改了1990年1月1日以后至2000年1月1日以前的船用柴油发动机，在"国际防止大气污染证书"上表明的内容。

（3）IAPP证书根据上述修订进行了调整。

3. MEPC.271(69)：氮氧化物第Ⅲ层排放控制区操作性遵行记录要求

生效时间：2017年9月1日

主要内容：

（1）在第3章控制船舶排放要求第13条氮氧化物（NO_x）中，新增第5.3段，要求按照第Ⅱ层或第Ⅲ层发证或仅按照第Ⅱ层发证的船舶，在进入排放控制区时，需要记录日期、时间和船位等。

(2)在第 5.1.1 段中,将 NO$_x$ 改为 NO$_2$。

4. MEPC. 272(69):2008 年氮氧化物技术规则修正案(气体燃料和双燃料发动机检测)

生效时间:2017 年 9 月 1 日

主要内容:

(1)对氮氧化物技术规则进行了文字、符号等修改完善。

(2)修改了第 4 章系列生产发动机认可:发动机组和发动机组概念。

(3)修改了第 5 章试验台氮氧化物排放测量层序的部分文字、公式。

(4)修改了第 6 章船上验证符合氮氧化物排放限值的程序的部分文字。

第四节 海员培训、发证和值班标准国际公约(STCW)

海员培训、发证和值班标准国际公约,即《1978 年海员培训、发证和值班标准国际公约》,(简称 STCW 公约,International Convention on Standards of Training,Certification and Watchkeeping for Seafarers),是国际海事组织(IMO)约 50 个公约中最重要的公约之一,截至 2017 年 3 月 14 日,已有 162 个缔约国,占世界船队吨位 99.18%,位居世界第一。公约首次规定了国际上可以接受的船员的最低标准,对于统一世界各主要航运国家关于海员的培训、发证与值班标准起到了巨大作用。

STCW 公约中要求各缔约国负有实施该公约各项规定的义务,要求各缔约国负有颁布一切必要的法律、法令、命令和规则的义务,并采取一切必要的措施,使公约充分和完全生效。该公约规定当非缔约国船舶驶入缔约国港口时,要求缔约国予以监督,以保证不给予悬挂非缔约国国旗的船舶比悬挂缔约国国旗的船舶较为优惠的待遇,使加入公约的缔约国日益增加,促进了公约的广泛实施。

一、STCW 公约的发展历程及主要框架

早在 1960 年,国际海上人命安全外交大会上通过一项协议,呼吁各国政府加强对海员的教育培训,建议国际海事组织(当时称"政府间海事协商组织")、国际劳工组织(ILO)及有关政府共同为此努力。从历年来所发生的海事来看,由于船舶自身原因而失事的并非多数,绝大多数是由于人的过失所造成的。而国际海事组织制定的《国际海上人命公约》(SOLAS 1974)、《国际载重线公约》(LL 1966)、《国际船舶吨位丈量公约》(ILC 1969)等主要是从船舶设计、设备等方面做出规定。国际海员管理工作历来没有统一的准则,各国政府对海员培训、发证和值班标准各行其是。然而,海上航行安全与海员的素质高低密切相关,为达到增进国际海上人命与财产的安全和保护海洋环境的目的,国际海事组织多年来一直致力于研究制定一个以提高海员的素质来保障航海安全的国际公约,规范海员培训、发证和值班标准,以提高航海人员的整体素质。于是,国际海事组织海上安全委员会设立一个培训与值班分委员会,为培训海员使用助航设施、救生设备、消防设备等草拟了《1964 年指南文件》,并于 1975 年和 1977 年对此文件进行修正和增补,直至起草公约草案。国际海事组织于 1978 年 6 月 14 日至 7 月 7 日在伦敦召开了外交大会,制定并通过了《1978 年海员培训、发证和值班标准国际公约》。该公约于 1983 年 4 月 27 日达到了生效条件,按公约规定于 1984 年 4 月 28 日生效。我国于 1981 年 6

月 8 日加入该公约，根据公约规定，该公约于 1984 年 4 月 28 日起开始对我国生效。

随着海运业的发展，船舶科技水平的提高，船舶配员的多国化，各国对海上安全和海洋环境的严重关注，以及一段时期内全球范围内发生几次比较重大的海难事故和通过对事故的统计分析，得出 80% 的事故的发生是人为因素造成的。因此，IMO 在对其他公约进行不断修订的同时，也对 STCW 公约进行了多次修订，其中 1993 年国际海事组织着手对 1978 年 STCW 公约进行全面的修改，1995 年通过了 STCW 公约修正案和 STCW 规则，即《经 1995 年修正的 1978 年海员培训、发证和值班标准国际公约》，简称 STCW 78/95 公约，该修正案于 1997 年 2 月 1 日生效。STCW 78/95 公约由经 1995 年修正的《1978 年海员培训、发证与值班国际标准公约》和新增的《海员培训、发证与值班规则》组成。STCW 公约包括公约条文（Articles）和（附则中的规则）规则（Regulations）两部分；STCW 规则包括强制性标准（Code A）和建议性指导（Code B）两部分。STCW 78/95 修正案生效后，随着全球经济一体化的进程，船舶也朝着大型化、快速化、专业化、现代化的方向发展，全球对海洋环境保护更严格，包括 IT 技术在内的新技术的应用越来越广泛与深入，对海员的培训与值班标准的要求也越来越高；同时由于海盗猖獗，海运安全受到严重的挑战，对海员的培训与值班标准又提出了新的保安要求。国际海事组织基于以上因素认为需要对 STCW 78/95 修正案进行全面回顾与修正。2010 年对 STCW 公约和规则进行全面审查，形成经 2010 年修正的《1978 年海员培训、发证和值班标准国际公约》修正案，并在菲律宾马尼拉召开的国际海事组织 STCW 公约缔约国外交大会上通过，该公约修正案称为 STCW 公约马尼拉修正案。STCW 公约马尼拉修正案于 2012 年 1 月 1 日生效。

STCW 公约正文共有 17 条，阐述和规定了制订公约的宗旨、缔约国义务、公约所用名词解释、适用范围、资料交流、与其他条约关系、证书、特免证明、过渡办法、等效办法、监督、技术合作、修正程序、加入公约形式、生效条件、退出方式、保管以及文本文字。

STCW 公约马尼拉修正案附则共分 8 章，阐述了公约的技术条款，主要包括第 I 章总则；第 II 章船长和甲板部；第 III 章轮机部；第 IV 章无线电通信和无线电人员；第 V 章特定类型船舶特殊培训要求；第 VI 章应急、职业安全、医护和救生职能；第 VII 章可供选择的发证；第 VIII 章值班。

二、STCW 公约最近 3 年的修订内容

2014 年 5 月 22 日，国际海事组织海上安全委员会第 93 届会议分别以第 MSC.373（93）号和第 MSC.374（93）号决议通过了《1978 年海员培训、发证和值班标准国际公约》修正案和《海员培训、发证和值班规则》修正案。依照《1978 年海员培训、发证和值班标准国际公约》相关规定，上述修正案已于 2015 年 7 月 1 日被视为默认接受，并于 2016 年 1 月 1 日生效。修订主要内容是在附则第 I/1.36 条末尾增加下列新的定义：审核、审核机制、文书实施规则和审核标准。在规则（A 部分）增加了第 I/16 条"符合性验证"，使审核机制和《国际海事组织文书实施规则》强制化。

2015 年 6 月 11 日，国际海事组织海上安全委员会第 95 届会议上通过了《国际使用气体或其他低闪点燃料船舶安全规则》（IGF 规则），同时分别以第 MSC.396（95）号和第 MSC.397（95）号决议通过了《1978 年海员培训、发证和值班标准国际公约》修正案和《海员培训、发证和值班规则》修正案，对适用 IGF 规则的船舶上所有与船用燃料维护、使用或应急反应负责安全责任和直接责任的人员的培训和任职的强制性最低要求。在 STCW 公约附则第 I 章中增加了 IGF 规则的概念，明确了船员持有的基本培训合格证和高级培训合格证需要进行证书再有

效,按照默认接受程序,STCW 公约和规则的修正案于 2017 年 1 月 1 日(与 IGF 规则同步)生效。

2016 年 11 月 25 日,国际海事组织海上安全委员会第 97 届会议分别以第 MSC.416(97)号和第 MSC.417(97)号决议通过了《1978 年海员培训、发证和值班标准国际公约》修正案和《海员培训、发证和值班规则》修正案,增加了关于在极地水域运作船舶有关船长和甲板驾驶员培训和资格的强制性最低要求。按照默认接受程序,STCW 公约和规则的修正案将于 2018 年 7 月 1 日起成为强制性规定。

三、STCW 公约相关通函

此前,海事管理机构偶尔收到公司反馈的信息,称他们公司的船员在国外接受 PSC 官员检查时被要求提供官方的电子海图显示与信息系统(ECDIS)培训证明、驾驶台资源管理(BRM)培训证明等不合理证明的问题,并要求在开航前纠正。这种情况不是个案,具有一定的普遍性,已经严重影响到了我国船员的利益。如:某公司"××"轮 2016 年 10 月 5 日在巴西 TUBARAO 港口国检查,检查官开具了 3 个缺陷,其中一个就是 ECDIS 培训证明缺陷:没有证据表明驾驶员按照 IMO Model Course 1.27 课程完成了电子海图的培训(缺陷代码 17,即需要在开航前纠正),如图 1-1 所示。

PSC 官员开具此项缺陷的依据和理由是 STCW 公约马尼拉修正案有相应的要求,详见图 1-2。

尽管该船船长一再解释,中国海事管理机构是根据 STCW 公约马尼拉修正案的要求经培训考试合格后签发的证书,针对 STCW A-II/2(管理级)、STCW A-II/1(操作级)的证书已覆盖 ECDIS 培训。但是,当地 PSC 检查官就是不认可,他们认为所检查过的船舶使用电子海图的都有 ECDIS 培训(IMO Model Course 1.27)证明,并要求船旗国出具船长和驾驶员已完成该培训证明(证据),否则,不允许船舶开航。

针对此问题,为解决我国船员在接受国外 PSC 官员检查时被要求提供不合理证明的问题,我国起草《关于制定向港口国监督官员和其他第三方检查机制的书面证明规定指南的评论》提案并递交给国际海事组织。2017 年 1 月 30 日至 2 月 3 日,国际海事组织人的因素、培训和值班分委会第 4 次会议(HTW4)在英国伦敦召开。该提案得到所有发言国家代表的赞同和感谢。中国在会上发言强调,对书面证明的检查不能超出或扩大公约明确要求的范围,反对仅以示范课程作为强制标准,要求海员持有相关书面证明并在 PSC 检查时提供证据,反对基于 STCW 公约适任标准中某些单项内容如 ECDIS 设备要求,有针对性地进行厂商培训并提供相关书面证明。中国支持针对书面证明检查的问题制定通函进一步明确和澄清,并建议分委会将上述内容输入到 III 委员会考虑修改的港口国控制程序〔决议 A.1052(27)〕中。中国提案在大会上获得通过采纳,并作为基础文件进入工作组讨论,会议最终形成一致意见,决定制定一份通函(circular)以解决书面证明检查时遇到的问题。

2017 年 2 月 6 日,IMO 公布了 STCW.7/Circ.24 号通函《针对 1978 年海员培训、发证和值班标准国际公约的修正案要求,对缔约国、主管机关、港口国监督机关、被认可组织和其他相关组织的建议》(Interim Guidance for Parties, Administrations, port State control authorities, recognized organizations and other relevant parties on the requirements of the STCW Convention, 1978, as amended)。该通函指出有必要对于履行《1978 年海员培训、发证和值班标准国际公约马尼拉

3/3

DIRECTORATE OF PORTS AND COASTS
Management Surveys and Inspections

This inspection report has been issued solely for the purposes of informing the master and other port States that an inspection by the port State has taken place. This inspection report cannot be construed as a seaworthiness certificate in excess of the certificate the ship is required to carry.

FORM B/1

Copy to: Master:
       Head office
       PSCO

If ship is detained, copy to; Flag State
       IMO
       Recognized organization, if applicable

INSPECTION REPORT

According to the Latin American Agreement on Port State Control – Viña del Mar Agreement &
IMO resolution A.1052(27)

.1 Name of ship: _____
.14 Date of inspection: 05-10-2016

.5 IMO number: _____
.16 Place of inspection: TUBARAO, BRA

	.22 IMO Code	Nature of deficiency (1)	Convention (2)	Action taken (3)
01	09113	MEANS OF ACCESS - GANGWAY NET IS NOT PROPERLY FITTED	11092	16
02	10130	SEA AND WIND TABLE IS NOT POSTED ON THE WALL, BRIDGE (MISSING)	S-V	16
03	10112	ECDIS TRAINING - THERE IS NO EVIDENCE THAT THE NAVIGATION OFFICERS ARE COMPLETE GENERIC ECDIS TRAINING THAT FOLLOWS IMO MODEL COURSE 1.27	STCW	17

ECDIS 培训：没有证据表明驾驶员
按照 IMO MODEL COURSE 1.27 课程
完成了典型海图的培训

Paulo César Bolochevis
Port State Control Officer
Inspetor Naval - Brazil

Name ....
(Signature of duly authorized officer)
Signature ....

Antonio Carlos de Nascimento
Port State Control Officer
Inspetor Naval-Brasil

(1) This inspection was not a full survey and deficiencies listed may not be exhaustive. In the event of a detention, it is recommended that full survey is carried out and all deficiencies are rectified before an application for re-inspection is made.

M. NASCIMENTO
PSCO

图 1-1　PSC 开具的检查报告

Standards of training, certification and watchkeeping for seafarers

Table A-II/1 (continued)

Function: Navigation at the operational level (continued)

Column 1 Competence	Column 2 Knowledge, understanding and proficiency	Column 3 Methods for demonstrating competence
Use of ECDIS to maintain the safety of navigation **Note:** Training and assessment in the use of ECDIS is not required for those who serve exclusively on ships not fitted with ECDIS. This limitation shall be reflected in the endorsements issued to the seafarer concerned	*Navigation using ECDIS* Knowledge of the capability and limitations of ECDIS operations, including: .1 a thorough understanding of Electronic Navigational Chart (ENC) data, data accuracy, presentation rules, display options and other chart data formats .2 the dangers of over-reliance .3 familiarity with the functions of ECDIS required by performance standards in force Proficiency in operation, interpretation, and analysis of information obtained from ECDIS, including: .1 use of functions that are integrated with other navigation systems in various installations, including proper functioning and adjustment to desired settings .2 safe monitoring and adjustment of information, including own position, sea area display, mode and orientation, chart data displayed, route monitoring, user-created information layers, contacts (when interfaced with AIS and/or radar tracking) and radar overlay functions (when interfaced) .3 confirmation of vessel position by alternative means .4 efficient use of settings to ensure conformance to operational procedures, including alarm parameters for anti-grounding, proximity to contacts and special areas, completeness of chart data and chart update status, and backup arrangements .5 adjustment of settings and values to suit the present conditions	Examination and assessment of evidence obtained from one or more of the following: .1 approved training ship experience .2 approved ECDIS simulator training

图 1-2　STCW 公约的最低适任标准要求

修正案》给予一些澄清,人的因素、培训和值班分委会注意到:在检查和检验中,存在要求出具 STCW 公约修正案(以下简称"培训公约")所未做要求文件的情况,给主管机关、船公司和船员增加了不必要的行政负担。我们还注意到,存在对国际海事组织示范课程的地位理解不一致的问题;船员证书和证明文件中,对"培训公约"存在不统一形式的引用;据报告存在对培训公约中关于 ECDIS 的培训和熟悉条款的误解读。此为,STCW 公约马尼拉修正案引入了 4 种新的证书,即在规则 Ⅱ/5 中的高级值班水手、在规则 Ⅲ/5 中的高级值班机工、在规则 Ⅲ/6 中的电子电气员和在规则 Ⅲ/7 中的电子技工。据报告存在对相关条款的误解读。

　　为帮助相关方面理解,分委会以附件的形式提供了一系列的澄清。请各缔约国按照该通函的指引,将本文内容通告相关方知悉,尤其是港口国监督检查官、被认可组织、船公司和其他相关各方。现将通函附件相关内容介绍如下:

　　针对 1978 年海员培训、发证和值班标准国际公约的修正案要求,提出对缔约国、主管机关、港口国监督机关、被认可组织和其他相关组织的建议。

　　(一)关于被核实文件的条款

　　在"培训公约"规则 Ⅰ/2 中,批准持有人在船上承担相应职能的文件是指适任证书和培训合格证书,以及书面证明(仅指按照规则 Ⅴ/2 签发的)。培训公约所要求的证书或书面证明清单,详见《海员培训、发证和值班规则》表 B-Ⅰ/2。

按照培训公约的第 Ⅱ、Ⅲ、Ⅳ、Ⅴ、Ⅵ、Ⅶ 和Ⅷ章签发的适任证书、培训合格证书和书面证明,是圆满完成所有要求的培训和已达到所有要求的适任标准的证明。

IMO 的示范课程虽可能对开发培训项目有所帮助,但它们并不是强制性的,主管机关并不被要求在准备和认可培训课程时必须使用其以满足培训公约的要求。

IMO 对示范课程的确认,仅意味着没有找到反对其内容的理由,并不意味着示范课程是对公约的官方解读,或培训课程的确认是被 IMO 及其机构所认证的。

分委会一致认为:

1. 按照"培训公约"规则 Ⅰ/4,船员不应当被要求提供培训公约未做要求的文件供核查。

2. 对于按照"培训公约"签发的证书或书面证明,不应要求其必须引用 IMO 示范课程。

(二)对《1978 年海员培训、发证和值班标准国际公约》的引用

1. IMO 引用国际公约的惯例是使用公约名称的首字母缩写和其被通过的日期(如 SOLAS 1974)。当对原公约进行修正时,公约名称随即修改以反映"修正案"字眼,但一般并不将修正案的通过日期加入到更新后的公约名称中。

2. 经报告,在证书和签注中存在对《1978 年海员培训、发证和值班标准国际公约》的修正案的不同形式的引用问题,这造成了一定的混淆。

3. 在《海员培训、发证和值班规则》A-Ⅰ/2 提供的证书和签注的模板中,引用的文字是"1978 年海员培训、发证和值班标准国际公约的修正案"。

4. 为了避免混淆,特要求所有证书在引用培训公约时,使用《1978 年海员培训、发证和值班标准国际公约》的修正案,而无须在其上加入修正案通过的年份或日期。

5. 需要指出的是,船员有可能持有有效的证书或书面证明,其上的文字表述并非上述标准的引用文字,这种证书仍应被接受。

(三)电子海图显示的信息系统的培训要求和核查时所需提供文件的条款

1.《海员培训、发证和值班规则》包括了认可 ECDIS 的培训要求。当未完成所认可的培训时,在签发给船员的证书和签证中应包含有一个限制文字。当船员所持的证书或签证中未有该限制文字时,这种证书和签注是圆满完成所有要求的培训和已达到所有要求的适任标准的证明。

2. 对被认可的 ECDIS 的培训,没有要求其必须是针对某种机器型号的。

3. 按照规则 Ⅰ/14,船公司负责确保雇佣在其所属船上的船员,需熟悉船上设备(包括 ECDIS)。

4. 认为对于需要接受 ECDIS 培训的船员:

.1   不应被要求提供接受过专门针对船上所配备的电子海图机器型号的 ECDIS;

.2   需熟悉配备在船上的电子海图设备。

(四)规则 Ⅱ/5(高级值班水手)、规则 Ⅲ/5(高级值班机工)、规则 Ⅲ/6(电子电气员)和规则 Ⅲ/7(电子技工)

1. 经报告存在对规则 Ⅱ/5、Ⅲ/5、Ⅲ/6 和 Ⅲ/7 相关条款的误解读。特别是曾出现过港口国监督官要求船上最低配员规则证书所未要求配备的船上岗位人员持有相应证书的情况。

2. 请港口国监督官、被认可组织和其他相关方注意,"港口国监督程序 2011"〔海安会决议 A.1052(27)号〕附件 11 的第 2.1 段写明了:"如果一艘船舶是按照其船旗国颁发的'最低安全配员证书'的要求或相关等效文件配备的人员,港口国监督官必须予以接受该船为配备了安全的配员。"

第五节 海事劳工公约(MLC)

一、MLC 的发展历程及主要框架

(一)MLC 的发展历程

国际劳工组织自 1920 年至 1996 年间,共召开过 9 次专门涉及商船船员的海事大会,通过了 40 项公约、29 项建议书和 1 项议定书,这些文件对航运的发展和海员权益的保障发挥过积极的作用,但由于时间跨度过大,部分文件已经远远滞后于社会和航运技术的发展;公约和议定书数量过多、内容繁杂也导致修订更新不及时。世界各国更关注涉及不予优惠待遇原则的 IMO(国际海事组织)的相关要求,而对船上劳动标准等方面关注较少。例如,至 2000 年,ILO 通过的《1976 年商船(最低标准)公约》的批约国家是 51 个,批准国的商船吨位占世界商船总吨位的 50%,而 IMO 通过的《1974 年国际海上人命安全公约》的批约国家数是 143 个,批准国家的商船吨位占世界商船吨位的 98%。另外,国际劳工组织通过的与商船船员相关的公约或议定书有的缺乏广泛实施性和灵活性,也为世界各国批准公约和议定书制造了障碍。

基于上述情况,国际劳工组织认识到有必要修订更新与商船船员相关的公约和议定书。1995 年国际劳工组织第 262 届理事会决定在法律事项和国际劳工标准委员会下成立一个修订标准政策的工作组,审查 1985 年以前通过的所有公约和建议书,确定是否需要修订。1998 年国际劳工组织第 273 届理事会和 2001 年第 380 届理事会分别对海事公约和建议书进行了审查,针对有关海事公约分别给出了修订、维持现状、倡导批准、搁置、废除等决定。2001 年第 29 届联合海事委员会决定在上述审查的基础上,综合当时现有的海事劳工标准制定统一的框架公约。联合海事委员会同时还决定,建议成立海事劳工标准高级三方工作组,开展合并公约的工作。

海事劳工标准高级三方工作组分别在 2001 年、2002 年和 2003 年召开三次会议,开展海事劳工公约的合并具体工作,2004 年完成了准备工作,海事劳工标准高级三方工作组起草了《综合海事劳工公约》。2006 年 2 月 23 日,国际劳工组织在日内瓦举行了第 94 届劳工大会暨第 10 届海事大会,大会以 314 票支持、0 票反对、4 票弃权的绝对多数通过了《2006 年海事劳工公约》。

根据 MLC 第八条的要求,公约在合计占世界商船总吨位 33% 的至少 30 个成员方的批准书登记之日后的 12 个月后生效,公约于 2013 年 8 月 20 日正式生效。

2015 年 8 月 29 日,全国人大常委会第十六次会议批准了《2006 年海事劳工公约》。2015 年 11 月 12 日,我国正式向国际劳工组织总干事提交了《2006 年海事劳工公约》批准书,我国是第 68 个批准海事劳工公约的国家;2016 年 11 月 12 日,MLC 对我国生效。

(二)MLC 的框架及主要内容

MLC 的内容由 3 个部分构成,即公约条款、规则和守则。其中,公约条款和规则规定了核心权利、原则以及批约国的基本义务。守则包含了规则的实施细节,由 A 部分(强制性标准)和 B 部分(非强制性导则)组成。规则和守则以标题的形式划分,共 5 个标题。

1. 标题 1——海员上船工作的最低要求

(1)最低年龄

在船上受雇、受聘或者工作的所有人员的最低年龄应不小于 16 周岁。此处的"所有人员"的定义与公约中"海员"的定义一致,不仅指船上同船舶航行、安全操作和服务有关的人员,同时也包括了船东雇用在船上从业或工作的其他人员,如在工程船舶上承担海上施工的作业人员,邮轮上工作的酒店员工,同时包括在船上实习和见习的任何人员。另外,18 周岁以下的海员在船上的工作是有限制的。其中包括:禁止 18 周岁以下的海员在夜间工作,"夜间"系指一个至少 9 h 的时段,包括从不晚于午夜开始到不早于上午 5 点钟结束的这段时间。

(2)健康证书

健康证书应由具有正规资格的医师签发,而且证书的有效内容须包含特别说明:

①该有关海员的听力和视力,以及在受雇职位上易于受到缺陷辨色力影响的海员的辨色力,全部符合要求;

②该有关海员未患可能产生以下影响的疾患:因海上工作而加重;使海员不适合履行海上职责;危及船上其他人员的健康。

(3)培训和资格

(4)招募和安置

公约对招募按照机构的运营提出了具体的要求,主要包括:

(1)免费向海员提供船上就业的机会;

(2)禁止采取不适当的方式阻挠海员获得其有资格的工作;

(3)保持一份通过其招募或安置的所有海员的最新登记册;

(4)确保海员能在签署海员就业协议前知道自身权利和职责,并能在签署协议之前和之后对之进行核阅和得到该协议;

(5)核实海员具有资格并持有必需的证书;

(6)核实海员就业协议的合法性、核实构成就业协议一部分的任何集体谈判协议;

(7)尽实际可行地保证船东有保护海员免于受困在国外港口的手段;

(8)对任何投诉进行核查并做出反应;

(9)通过保险或等效措施建立保护机制,赔偿由于未按就业协议履行对海员的义务而给海员造成的经济损失。

2. 标题 2——就业条件

(1)海员就业协议

海员应持有一份有效的海员就业协议原件。涉及海员利益受侵害的情况,如通过司法渠道解决,就业协议是非常重要的证据。

公约要求,对于发出"海员就业协议提前终止"通知的最短期限,成员国应该在与有关船东组织和海员组织协商后通过法律确定,一般不得少于 7 天。在合乎法律或者符合集体谈判协议的情况下,提前通知期可以比最短期限更短。在出于值得同情或者其他紧急的原因,海员需要在不受处罚的情况下以更短的时间通知或不经通知即终止就业协议。

（2）工资

（3）工作和休息时间

海员最长工作时间和最短休息时间有具体要求，其中，最长工作时间在任何 24 h 时段内不得超过 14 h，在任何 7 天时段内不得超过 72 h；而最短休息时间在任何 24 h 时段内不得少于 10 h，在任何 7 天时段内不得少于 77 h。当然，在船上工作的海员难免因为某些情况而导致其休息时间受影响，由于不同情况对海员休息时间的影响不同，所以相关规定也不同，但保证海员休息的总体原则不变，比如海上演习须以对休息时间的影响最小和不会造成疲劳的方式进行。如船舶频繁靠离泊码头导致海员的休息时间不能保证，此种情况需要考虑增加配员以满足船上海员的休息时间。

（4）休假的权利

为了保障海员休假的权利，通常禁止海员与船东达成放弃最低带薪年休假的任何协定（主管当局规定的情况除外）。另外，合理的缺勤，比如生病或参加认可的培训班，不应被视作年休假。

（5）遣返

公约 A2.5.1 第 2 条（b）规定，成员国应通过法律和条例或其他措施或集体谈判协议规定海员在有权得到遣返前在船上服务的最长期间——这段时间应少于 12 个月。那么船员是否可以选择不遣返而在船上工作超过 12 个月的时间呢？根据国际劳工组织（ILO）在其网站上公布的 MLC 2006 指导性文件《2015 年 MLC 常见问答》（第四版）〔Frequently Asked Questions（FAQ）about the Maritime Labour Convention，2006〕C2.1.j 的解释，MLC 2006 没有对就业合同的最长期限做出限制。实际上标准 A2.1 预见到了海员就业协议（SEA）为无固定期限。海员可以签订期限超过 12 个月的连续海员就业协议，海员在有权遣返时可以选择不行使该权利，即海员可以选择不遣返而在船上工作超过 12 个月时间，但是如果船旗国政府不允许海员在船工作时间超过 12 个月，那么以船旗国政府为准。

（6）船舶灭失或沉没时对海员的赔偿

船舶灭失或沉没时，海员有权得到充分的赔偿。公约要求，各成员国须制定规章，确保船舶所有人在船舶灭失或沉没时向船上每名海员支付赔偿，并且海员除享有失业赔偿外，还可以同时享有人身伤害赔偿和财产损失赔偿等其他索赔权利。船员失业赔偿索赔权的享有不妨碍船员其他索赔权的行使，这几种权利之间不存在相互排斥关系。

（7）配员水平

主管当局在确定、批准和修订配员水平时，须考虑到尽量避免海员过度劳累的情况，确保其得到充分休息，并且考虑到国际文件中的相关原则，STCW 公约中也对船员工作休息时间提出了要求，所以船舶配员时要考虑在船船员的工作休息情况；另外须考虑到 MLC 中关于食品和膳食服务的所有要求，如配员 10 人以上的船舶需要配备厨师。

（8）海员职业发展和技能开发及就业机会

3．标题 3——起居舱室、娱乐设施、食品和膳食服务

（1）起居舱室和娱乐设施

（2）食品和膳食服务

船舶配员按规定少于 10 人的船上，根据海员数目或航行特点，可不要求配备具有正式资格的厨师。不满 18 岁的海员不能作为船上厨师，因 18 岁以下的海员从事厨师工作有可能违

背不能从事"夜间"工作的要求，并有可能损害其身体健康。

4.标题4——健康保护、医疗、福利和社会保障保护

（1）船上和岸上医护

（2）船东的责任

船东须提供的物质援助和支持，对所有海员的健康保护和医护负责，即对于海员在船上工作期间所发生的疾病和受伤，船东有责任承担医护费用和膳宿费用；对于海员受雇期间发生在船上或岸上的死亡，船东有责任支付丧葬费用。

（3）健康和安全保护及事故预防

国际劳工组织已于2014年10月召开的海事职业安全与健康专家会议上讨论并通过了《实施〈2006年海事劳工公约〉海事职业安全与健康条款导则》，该导则按照体系管理的要求，对海事职业安全与健康的管理提出了标准和建议，为MLC的实施提供了重要指南。该导则经2015年3月召开的国际劳工大会审议通过，于2015年10月底正式公布。

（4）获得使用岸上福利设施

（5）社会保障

MLC 4.5要求成员国确保所有海员及其受扶养人能够获得符合守则的社会保障的保护；要求成员国承诺采取措施逐步为海员提供全面的社会保障的保护；要求成员国确保海员及其受赡养人有权享受不低于岸上工人所享受的社会保障的保护。

5.标题5——遵守与执行

（1）船旗国责任

（2）港口国责任

港口国的责任主要涉及在港口的检查和海员投诉的岸上处理程序。

（3）劳工提供责任

二、MLC最近3年的修订内容：MLC 2014年修正案（ILC.103）

由船东和海员代表联合提议的海事劳工公约2014修正案于2014年4月11日被国际劳工组织三方专门委员会采纳并于2014年6月11日在103届国际劳工会议上通过，根据MLC的默认修正机制，MLC的2014年修正案已于2017年1月18日生效。

修正案将在现有标题"标准A2.5遣返"中，将A2.5替换为"A2.5.1"，并添加了"标准A2.5.2——财务担保"。在标准A4.2第7款之后增加了契约性索赔的财务担保系统所应符合的最低要求。

（一）对标准A2.5的修正

标准A2.5.2强调了对遭遗弃海员的保护，做出了确保迅速和有效提供财务担保系统的要求，以便在海员被遗弃的情况下对其予以援助。公约要求船东建立财务担保以保障对一系列事件的赔偿能力，旨在更好地保护遭遗弃海员，当海员死亡或长期残疾时为海员及其家属提供合理的赔偿。船舶需要携带证书或其他文件以证明有财务担保以保护船上工作的海员，不能提供相应证明的船舶将遭到滞留。

海员须被视为被遗弃的情况包括：

（1）船东未支付海员的遣返费用；

（2）船东未向海员提供必要的照料和扶助；

（3）船东以未支付契约工资达至少 2 个月时间等方式断绝其与海员的关系。

该财务担保系统须确保能为被遗弃的海员提供直接获取的渠道、充分的覆盖范围以及快速的财务援助，应涵盖船东应付海员的欠付工资和其他权益、海员的基本需求和海员合理发生的所有费用等方面。提供财务担保的方式可以由成员国与船东和海员组织协商后确定，可以为社会保障计划或保险或国家基金，或其他类似的安排。为了确保船舶采取相关措施，各成员国应要求悬挂其船旗的持有海事劳工证书和海事劳工符合声明的船舶，持有财务担保提供者签发的财务担保证书或其他证明文件，其副本应张贴在船上明显的位置，如果超过一个财务担保提供者提供了担保，则每个提供方提供的证明均应保存在船上。

财务担保证书或其他证明文件应为英文或有英译文且应包含以下信息：船名；船籍港；船舶呼号；IMO 号；财务担保提供者的名称和地址；处理海员请求的责任人员或实体的详细联系方式；船东名称；财政担保的有效期；以及财政担保提供者的证词，声明其提供的财政担保满足标准 A2.5.2 的要求。财务担保在到期前不应停止，除非财务担保提供者提前至少 30 天通知船旗国主管当局。如果保险或其他财务担保提供者依据本条款支付了任何海员的任何费用，则可以依据适用的法律通过代位、转让或其他方式获得该海员本应享有的权利。本标准无损于保险或其他财务担保提供者对第三方的追索权，也无意排除或损害赔偿给遗弃海员的其他可以获得的权利、主张或法律救济。

对于成员国政府而言，成员国政府应在与分别代表双方各自利益的船东组织和海员组织协商的基础上，确保安排适当的财务担保系统，该财务担保系统应担保遣返和相关费用，至少包括：依据就业协议、集体谈判协议或船旗国法律，船东未支付给海员的工资和其他应享有的权利，限定至不超过 4 个月的未支付工资和应享权利；海员所发生的全部合理费用包括遣返费，遣返费应包括适当并快捷的交通方式，通常为飞机，以及包括海员从离开船舶至抵达家里的食物和住宿、必要的医疗、行李费和由于遗弃而产生的其他合理花费；且从构成遗弃开始至海员抵达家里为止的海员基本需求，包括足够的食物、必要的衣服、住宿、饮用水供应、船上生存所需的燃油、必要的医疗和任何其他合理花费。

对于船舶所有人而言，其将就海员因工伤、疾病或危险导致的死亡及长期残疾承担合同责任，政府应在社会保障体系中做出适当的调整以适应 MLC 的此种要求，除了要求采取投保的方式外也可以考虑设立国内基金以赔付海员因工伤、疾病或危险导致的死亡及长期残疾带来的赔偿问题，具体采用哪种方式应在与船东组织和海员组织共同协商后确定。船舶所有人将就海员因工伤、疾病或危险导致的死亡及长期残疾承担雇用合同或集体协议中规定的合同责任，具体包括：

（1）合同下的赔偿责任应全额并毫不迟延的支付；

（2）如果残疾的程度不明确，应进行中期支付；

（3）这种赔偿不影响海员的其他权利；

（4）接受少于合同约定的赔偿应无压力；

（5）海员应有权提起直接诉讼；

（6）船舶所有人的责任在保险期间内应有效力，除非至少提前 30 天通知船旗国。

船舶所有人需有证书证明其具备这种财务担保，证书或类似的其他文件应在船上醒目位置张贴，需包含如下信息：

（1）担保提供者的联系方式；

（2）有效期；

（3）担保提供者称担保满足 MLC 标准 A2.5.2 和规则 4.2 要求的声明。

（二）对标准 A4.2 的修正

MLC 2014 年修正案也对标准 A4.2 进行了重要修正，在标准 A4.2 第 7 款之后增加了契约性索赔的财务担保系统所应符合的最低要求：

（1）海员就业协议中规定的契约性索赔应毫不延迟地全额支付；

（2）不得施压以使海员接受低于契约金额的款项；

（3）长期残疾的海员应获得一笔或者多笔阶段性款项以避免不应有的困难；

（4）海员接受的款项不损害其他合法权利，但海员针对船东提出的、源于同一事件的任何其他索赔而发生的任何赔偿金可由船东来冲抵该款项；

（5）对契约性赔偿的索赔可由以下人员直接提出：相关海员、其他最近亲属、海员的代表、指定受益人。

关于财务担保有效期届满或被取消、终止时的提前通知的要求以及对证明文件的要求，修正案也明确提到了相关内容。财务担保系统将被取消或终止时，财务担保提供方应通知船旗国的主管机关，海员则应提前得到通知。财务担保在到期前不应停止，除非财务担保提供者提前至少 30 天通知船旗国主管当局。

为了确保船舶采取相关措施，各成员国应要求悬挂其船旗的持有海事劳工证书和海事劳工符合声明的船舶，持有财务担保提供者签发的财务担保证书或其他证明文件，其副本应张贴在船上明显的位置，如果超过一个财务担保提供者提供了担保，则每个提供方提供的证明均应保存在船上。财务担保证书或其他证明文件应为英文或有英译文且包含以下信息：船名；船籍港；船舶呼号；IMO 号；财务担保提供者的名称和地址；处理海员请求的责任人员或实体的详细联系方式；船东名称；财政担保的有效期；以及财政担保提供者的证词，声明其提供的财政担保满足要求。修正案还增加了新的标题（标准 A4.2.2——契约性索赔的处理），其中提到了：

（1）契约性索赔的定义，即关于海员因国内法律、海员就业协议或集体协议所规定的职业伤害、疾病或危害而死亡或长期残疾的任何索赔；

（2）财务担保系统的形式，可以是社会保障体系、保险、基金或其他由成员国与有关船东组织和海员组织协商后决定的类似的安排；

（3）建立快捷和公平的相关处理程序。

第六节　其他相关国际海事公约最新进展简介

一、国际载重线公约

1.国际载重线公约的发展历程

1774年至1835年间,虽然在英国劳氏船舶登记册内曾有船舶载重吃水记录,但都是由船舶所有人根据其船舶和贸易情况确定的,船舶所有人、货主、保险商之间迫切需要一个统一的确定吃水的方法,之后,劳氏委员会等有关机构就干舷问题提出了许多建议,并于1930年7月5日在伦敦举行国际会议,签订了最早的国际载重线公约,《1930年国际载重线公约》于1933年1月1日生效。制定这部公约时,虽然人们认识到干舷也能保证足够的稳性和避免超载引起船壳过度的压力,但公约主要基于储备浮力的原理。中国于1957年10月23日全国人大常委会第82次会议通过决议,宣布承认该公约。

随着科技发达,船舶向大型化、专业化发展,原有公约的技术规定越来越陈旧,于是在1966年3月3日至4月5日,政府间海事协商组织(IMCO)在伦敦召开了国际船舶载重线外交大会,修改了1930年公约,新公约考虑了不同航区和季节需求,补充有关门、排水口、舱口等附加技术措施以确保船壳的水密完整性不低于干舷甲板,修改了船舶载重线的勘划和船舶装载限额等,即《1966年国际载重线公约》,该公约于1968年7月21日生效,同日,原公约废止。

2.国际载重线公约的主要内容及修订

《1966年国际载重线公约》由公约正文和3个附则构成,和其他IMO公约一样,附则是公约不可分割的组成部分。公约正文共34条,主要包括定义、适用范围、检验、证书和监督等。附则Ⅰ为"载重线核定规则",按航区、季节和船舶类型规定了勘划载重线的技术规范,并针对船体强度、结构、密性和稳性等规定了相应的技术标准。附则Ⅱ为"地带、区域和季节期",规定了各种载重线的适用航区和季节。附则Ⅲ为"证书",规定了国际载重线证书和国际载重线免除证书的标准格式。

《1966年国际载重线公约》分别于1971、1975、1979、1983和1995年进行过修订;其中1971、1979、1983、1995年修正案主要是针对附则Ⅱ"地带、区域和季节"的内容进行修订。1975年修正案主要修订了公约的第29条和附则Ⅰ的第27条,其中27条增加了船舶稳性和破损稳性的内容,提出了更高的要求。1988年10月31日—11月11日,IMO在伦敦召开一次国际大会通过了《1966年国际载重线公约1988年议定书》和《1974年SOLAS公约1988年议定书》;产生两份议定书的主要目的是实施检验发证协调系统。《1966年国际载重线公约1988年议定书》将1971年至1983年修正案的内容纳入,再加上此次新增的一些条款形成了整个议定书。《1966年LL公约1988年议定书》于2000年2月3日生效,1971年至1983年修正案的内容也就随之生效。

2003年以MSC.143(77)决议通过的2003修正案是继1988议定书生效后对《国际载重线公约》所进行的最大的修订,其中对1988载重线议定书附件B的修正(经1988年议定书修正的《1966年国际载重线公约》)包括很多重大修改,特别是针对以下几个方面的条款:船舶的强度和完整稳性、定义、上层建筑和舱壁、门、舱口位置、门口和通风筒、舱口围板、舱口盖、机器处所的开口、干舷甲板和上层建筑甲板上的各种其他开口、货门和其他类似开口、锚链管和锚链舱、舷窗、窗口和天窗、泄水口的计算、船员保护和船员安全通道、干舷计算、剪切、最小船首高度和储备浮力等。很多条款在船舶的结构布置要求上更为具体和明确,适用性更强。该修正案于2005年1月1日起正式生效,并特别注明除非另有明文规定外,修正后的各条仅适用于在2005年1月1日或以后安放龙骨或处于类似建造阶段的船舶。对于在2005年1月1日之前安放龙骨或处于类似建造阶段的船舶,主管机关应确保其符合经1988年国际检验和发证协调系统会议通过的1988年议定书修订的《1966年国际载重线公约》适用的要求。

3. 国际载重线公约最新修订情况

(1)2012年修正案〔MSC. 329(90)〕

2012年修正案〔MSC. 329(90)〕对附则Ⅱ第47条南半球冬季季节地带的北界做了修订。

(2)2012年修正案〔MSC. 345(91)〕

2012年修正案〔MSC. 345(91)〕修订第27条——船舶类型。

在确定浸水前初始装载状态中计算船舶的中心高度时,"应考虑装载每种消耗品及物料的液舱和处所的装载量为船舶总容量的50%。"(原为:装载消耗液体及消耗物料的所有舱柜和处所,应考虑其中个别舱的装载量为其总容量的80%。)

规定压载水舱通常应视为空舱,不应对其进行自由液面修正。在确定第27(12)条规定的破损所用的最终状态时,可考虑选择下述处理自由液面的方法:

方法1(适用于虚拟修正)。初始状态的虚拟重心确定如下:

i. 应按27(11)(i)～(iv)确定装载状态;

ii. 自由液面的修正计入重心高度;

iii. 使用上述装载状态下的重心高度,生成一个在夏季载重线吃水下水平纵倾时所有舱柜为空的虚拟初始状态;和

iv. 使用上述初始状态核查破损情况是否符合破损稳性衡准。

方法2(适用于按破损情况下假定的液舱所装载液体使用实际自由液面力矩)。初始状态的虚拟重心确定如下:

v. 应按27(11)(i)～(iv)确定装载状态;

vi. 使用夏季载重线吃水下水平纵倾时生成的舱柜有装载的初始虚拟状态,可为每种破损情况生成一个在夏季载重线吃水下水平纵倾时舱柜装载液体的虚拟初始状态。使用上述装载状态的重心高度和自由液面修正时,对每种破损情况分别进行计算,破损前仅有拟破损的装载液体的舱柜为空舱;和

vii. 使用上述初始状态核查破损情况是否符合破损稳性衡准(每种破损情况对应一个初始状态)。

对于如何判断浸水后的平衡状态满足要求进行修订,增加:"不要求使用稳性仪、稳性软件或其他认可方法证明船舶在营运装载状态下符合27(13)(a)(c)(d)和(e)规定的剩余稳性衡准。"

(3)2013年修正案〔MSC. 356(92)〕

修订附则Ⅰ第一章,新增第2-1条:对认可组织的授权。规定主管机关应按《国际载重线公约》的规定及IMO以MSC. 349(92)决议通过的《被认可组织规则》(RO规则)对相关认可组织(包括船级社)予以授权。

（4）2014 年修正案〔MSC.375(93)〕

①修订了附则Ⅰ第一章第 3 条，针对《IMO 文件实施规则》和 IMO 审核机制，引入新的定义：

（a）（17）审核系指获取审核证据并进行客观评估以确定达到审核衡准程度的系统、独立和文件化程序。

（b）（18）审核机制系指本组织制定的《IMO 成员国审核机制》，其中考虑到本组织制定的指南。

（c）（19）实施规则系指本组织 A.1070(28)决议通过的《IMO 文件实施规则》(Ⅲ 规则)。

（d）（20）审核标准系指实施规则。

②新增附则Ⅳ符合性验证，规定：

第 53 条　适用范围：各缔约国政府在按本公约履行其责任和义务时，应执行《IMO 文件实施规则》的规定。就本条而言，该规则的要求应视为强制性要求，其建议文件应视为非强制性要求。

第 54 条　符合性验证

（a）每一缔约国政府均应接受本组织对其是否符合审核标准和本公约的要求进行定期审核。

（b）本组织秘书长应基于本组织制定的指南，负责实施审核计划。

（c）每一缔约国政府均应基于本组织制定的指南，负责为进行审核提供便利并实施一个处理审核发现的行动计划。

（d）对所有缔约国政府的审核均应：

i. 基于本组织秘书长制定的总体机制，并考虑到本组织制定的指南；和

ii. 定期进行，并考虑到本组织制定的指南。

二、国际船舶吨位丈量公约

1. 国际船舶吨位丈量公约的发展历程

船舶吨位的计算办法大都来源于1854 年英国贸易部的乔治先生提出的以内容积为基础的吨位丈量办法，作为各国制定的吨位丈量规则基础，即丈量船舶的总吨位时，以全封闭处所容积为依据(含船体内及上层建筑内的总容积)，净吨位则主要取决于全船装货、载客的容积，即从总吨位中扣除非营业处所的容积。由于它直接涉及多方的经济利益、营运成本，各国都有自己的丈量规定。为了使国际航行船舶的吨位丈量有统一原则和规则，政府间海事协商组织(IMCO)邀请48 个国家和地区的代表于 1969 年 5 月 27 日至 6 月 23 日在伦敦召开外交大会，通过了《1969 年国际船舶吨位丈量公约》(ITC 69)。公约于 1982 年 7 月 18 日生效，我国于1980 年 4 月 8 日批准加入该公约，公约于 1982 年 7 月 18 日对我国生效。ITC 69 公约适用于从事国际航行的下列船舶：在缔约国政府的国家中登记的船舶；在根据公约第 20 条扩大适用本公约的领土内登记的船舶；悬挂某缔约国政府国旗而不在该国登记的船舶；经改建或改装的总吨位有实质性变更的现有船舶。不适用于下列船舶：军舰；长度小于 24 m 的船舶；公约规定不适用的专门区域内的船舶。

2. 国际吨位丈量公约的主要内容

ITC 69 主要内容包括公约正文、附则Ⅰ和附则Ⅱ、附录三部分。

公约正文共 22 条,包括定义、适用范围、除外、吨位的测定、证书的签发、检查、以前的公约协定、生效、修正案、退出、登记、文字等。认识到按 ITC 69 所测定的吨位与国内规则所测定的吨位可能有很大差别,以致在应用现在生效的 SOLAS 公约、MARPOL 公约、STCW 公约方面产生困难,IMO 通过了一系列决议案〔SOLAS A. 494（Ⅻ）、STCW A. 540（13）、MARPOL A. 541（13）以及 2 号建议书 A.758（18）〕,规定对生效之日起 12 年之内的一切现有船舶可免去公约要求,继续使用老吨位（国家吨位）,此项规定意味着现有船舶如果未经改建可允许保留其现有吨位至公约生效后的 12 年。

公约正文第 12 条还规定:悬挂缔约国政府国旗的船舶在其他缔约国港口时,应接受该国政府正式授权的官员检查。这种检查以核实下述目的为限:

（a）该船是否备有有效的国际吨位证书（1969）;

（b）该船的主要特征是否与证书中所载的数据相符。

同时还规定在任何情况下,不得因施行这种检查而滞留船舶。如果经检查发现船舶的主要特征与国际吨位证书（1969）所载不一致,从而导致增加总吨位或净吨位时,则应及时通知该船的船旗国政府。

公约附则 Ⅰ 为测定船舶总吨位和净吨位规则,包括:有关定义、总吨位的计算、净吨位的变更等;附则 Ⅱ 为国际吨位证书的格式。

附录的主要内容包括:i. 说明附则有关条款的图解和计算用数据表;和 ii. 说明附则有关条款的计算用数据表。

3. 国际吨位丈量公约的最新修订情况

ITC 69 生效以来,除了上述所讲的几个关于对现有船舶宽限使用国家吨位的决议案外,并没有进行过修订。2013 年为对应《IMO 文件实施规则》以及 IMO 会员国审核机制的相关要求,IMO 通过了 A.1084（28）决议对 ITC 69 公约进行了修订,主要内容包括:

（1）修订附则 Ⅰ 第 2 条——附则中所用术语的定义。在定义第（8）项后增加以下定义:

（a）（9）审核系指一套系统的、独立和有文件记录的程序以获取审核证据,以及客观地对其评价以确定达到审核标准的程度。

（b）（10）审核机制系指本组织建立的、考虑到本组织制订的各项导则的国际海事组织会员国审核机制。

（c）（11）文书实施规则系指本组织以第 A.1070（28）号决议通过的《国际海事组织文书实施规则》（《文书实施规则》）。

（d）（12）审核标准系指《文书实施规则》。

（2）在附则 Ⅱ 之后增加新的附则 Ⅲ 如下:

附则 Ⅲ 核证对本公约规定的遵守

第 8 条　适用范围

缔约政府在履行本公约所含的其义务和责任时须采用《文书实施规则》中的规定。

第 9 条　核证遵守

（a）每一缔约国均须按照审核标准接受本组织的定期审核,以核证对本公约的遵守及履行情况。

（b）本组织秘书长须依照本组织制定的各项导则为管理该审核机制负有责任。

（c）每一缔约国均须依照本组织制定的各项导则为便利开展审核和实施行动计划以处理

所发现的问题负有责任。

(d)对一切缔约国的审核须:

i. 以本组织秘书长拟订的总体计划为基础,并考虑到本组织制定的各项导则;和

ii. 按定期间隔开展,并考虑到本组织制定的各项导则。

三、国际船舶压载水及沉积物控制和管理公约

由船舶转移压载水而造成的有害水生物的引入被视为海洋的四大危害之一,压载水问题已经对生态环境、人类健康和社会经济造成了巨大的不利影响。因此,国际海事组织(IMO)制定了《2004年国际船舶压载水及沉积物控制和管理公约》(以下简称公约),并于2004年2月召开外交大会通过了该公约。接着,为了能使公约在全球范围内统一适用,海上环境保护委员会(MEPC)又制定并通过了一系列的技术性导则。

目前,已通过了实施公约的14个导则,以及港口国监督检查相关导则。公约及相关导则构成了一个完整的体系,涉及船舶压载水管理的各个相关单位,具体包括船舶、压载水管理系统的研发机构、船舶设计和建造单位、港口国、港口和船旗国主管机关等。基于上述情况,明确相关条款的具体要求、正确理解相关法规,对于船舶操作和船员安全是十分必要的。

(一)公约要求

与其他IMO公约的结构类似,公约由正文、一个技术性附则和两个附录组成。公约正文由22个条款组成,规定了适用、一般义务和生效等要求。公约技术性附则包括一般条款、船舶的管理和控制要求、某些区域的特殊要求、压载水管理标准,以及检验和发证要求等5个部分。附录包括检验证书的格式和"压载水记录簿"的格式。

根据公约第18条,公约将在占全球商船总吨位35%以上的30个国家无保留地签署或加入的12月后生效。公约已在2016年9月9日达到生效条件,将于2017年9月8日生效。

根据公约第3条,公约适用于悬挂当事国国旗的船舶和不悬挂当事国国旗但在当事国管辖水域内营运的船舶。需要注意的是,公约虽不适用于政府非商业目的的船舶和军舰,但要求这些船舶尽可能地按照公约精神进行压载水操作。

根据公约第4条的要求,当事国的责任包括两个方面:采取有效措施确保悬挂当事国国旗的船舶遵守公约要求,以及制定国家政策、策略或设立项目实现公约要求。

公约包括正文和一个技术性附则,正文由22个条款组成,技术性附则由5个部分组成,分别对总则、对船舶的管理和控制要求、若干地区中的特殊要求、压载水管理标准和压载水管理的检验和发证要求做出了具体规定。

1. 适用范围

公约第3条适用范围规定,公约适用于悬挂当事国国旗的船舶和不悬挂当事国国旗但在当事国管辖水域内营运的船舶。需要注意的是,公约虽不适用于政府非商业目的的船舶和军舰,但要求这些船舶尽可能地按照公约精神进行压载水操作。

2. 国家责任

根据公约第4条的要求,当事国的责任包括两个方面:采取有效措施确保悬挂当事国国旗的船舶遵守公约要求;和制定国家政策、策略或设立项目实现公约要求。

3. 沉积物的接收

考虑到沉积物较压载水存在更多的有效生物,因此沉积物造成的有害水生物引入风险会更大,公约第 5 条规定,对于船舶进行压载水舱清洁或修理的港口和码头,应提供足够的沉积物接收设备。沉积物接收设备的具体规定详见 G1。

4. 船舶检查、违章和处理

公约第 9 条规定,当事国授权的官员可以对到港船舶进行检查,以确定该船符合压载水公约的要求。此种检查限于:

——核实船上持有有效证书;

——检查"压载水记录簿";和/或

——进行船舶压载水取样。

公约第 10 条规定了对船舶的查处。对于任何违反公约要求的行为,当事国应:

——按照其法律进行法律程序,包括足够严厉的处罚,警告、扣押或驱逐,或禁止排放可能有害的压载水,直至危害消除;或

——向主管机关提供违犯事件的信息和证据,由船旗国主管机关进行处罚。在调查处理过程中,主管机关可要求当事国提交额外证据。主管机关须将所采取的行动通知当事国和 IMO。如 1 年内未采取行动,则应将此情况通知当事国。

按照公约第 11 条,应将查明的违犯事件通知船舶,并将报告及证据移交主管机关。关于违犯事件的当事船舶采取的任何措施,当事国应将该行动以书面形式通知主管机关或领事或外交代表,以及签发证书的经认可组织。如有必要,还应通知下一港。

5. 生效条件

根据公约第 18 条,在总计商船不少于世界商船总吨位 35% 的至少 30 个国家签署、批准、接受或核准了公约起的 12 个月后生效。

（二）公约技术性附则的要求

1. A 部分:总则

A 部分对压载水的日常管理提出了明确的要求。第 A-2 条一般适用规定,压载水排放只能通过压载水管理进行。压载水管理包括通过压载水管理系统处理或经过压载水交换处理。

第 A-4 条免除规定:对于只在特定港口或水域内航行且不另外加装压载水或沉积物的船舶,经船舶提出申请并开展风险评估,港口国可在其管辖水域内免除这些船舶关于压载水管理的要求。风险评估的具体要求和做法详见 G7。

值得注意的是,不同于 MARPOL 公约按照人命安全、船舶安全和环境的优先次序,压载水公约的优先次序依次是人命安全、船舶安全、环境、船舶的经济性和压载水排放。

2. B 部分:对船舶的管理和控制要求

首先,关于证书和文书的要求。船上除了要配备主管机关签发的"国际压载水管理证书",按照第 B-1 条要求船上配备《压载水管理计划》并经主管机关批准,第 B-2 条要求船上备有并准确填写"压载水记录簿"。《压载水管理计划》的制订详见 G4。

其次,压载水管理的要求。如前第 A-2 条所述的压载水管理有两个方法:载水管理系统处理和压载水交换处理。而压载水交换受气象、海况、地理条件等限制,可以视为目前压载水管

理系统技术尚不成熟情况下的过渡措施。因此,船上压载水管理的最终方法是在船上安装压载水管理系统。

公约附则第 B-3 条规定了压载水交换和压载水管理系统的适用时间,即从 2009 年至 2016 年,公约适用船舶将陆续在船上安装压载水管理系统,以满足公约附则第 D-2 条的要求。

IMO 于 2007 年 11 月 26 日通过的 A.1005(25)决议《2004 年国际控制和管理船舶压载水和沉积物公约的适用》规定了 2009 年建造的符合公约附则第 B-3.3 条规定的船舶须在其第 2 个年度检验时符合第 D-2 条规定,但不得迟于 2011 年 12 月 31 日。之后,IMO 于 2013 年 12 月 4 日通过了 A.1088(28)决议《适用 2004 年国际船舶压载水和沉积物控制和管理公约》替代了 A.1005(25)决议。

根据 A.1088(28)决议所述的船舶适用压载水管理系统的适用时间表详见表1-4。

表1-4 压载水管理系统(第 D-2 条)的适用时间

建造时间	压载水舱容(m³)	适用第 D-2 条的时间
2017 年 9 月 8 日前	所有	2017 年 9 月 8 日或以后的首次 IOPP 换证检验时
2017 年 9 月 8 日或以后	所有	交船时

最后,操作要求。第 B-4 条要求在距最近陆地至少 200 n mile、水深 200 m 处进行压载水交换,如无法满足,则在至少在距最近陆地 50 n mile、水深 200 m 的地方进行压载水交换。具体的交换要求详见 G6。如果无法满足交换的地理要求,则港口国可指定船舶进行压载水交换的地区,具体的指定方法详见 G14。

3. C 部分:某些地区中的特别要求

在特定情况下,当事国可通知船员避免在其管辖水域加装压载水的区域,例如有害水生物和病原体的爆发。当事国须将相关情况通知 IMO 和可能受到影响的国家。

4. D 部分:压载水管理标准

与第 B 节要求相对应,压载水的设备或操作需达到一定标准,第 D 节对这个标准做出了具体规定。

压载水操作交换率的要求。第 D-1 条规定了压载水交换标准应达到体积交换效率的 95%,或使用泵透方法交换三倍舱容的水量。

压载水管理系统的要求。第 D-2 条规定了使用压载水管理系统处理压载水的生物含量要求。

认可压载水管理系统的要求。考虑到压载水管理系统的复杂性以及研发工作刚刚起步,第 D-3 条规定了压载水管理系统的认可要求。具体地,压载水管理系统由主管机关根据 G8 进行认可。为了保护环境,使用活性物质的压载水管理系统须由 IMO 批准活性物质的环境安全性,具体的批准程序详见 G9。

原型压载水处理技术。在压载水公约生效后,参与压载水管理系统研发的船舶可以在 5 年内免除第 D-2 条的要求。原型压载水处理技术安装在船上的免除情况详见 G10。

5. E 部分:压载水管理的检验和发证要求

经主管机关或其指定机构对船舶的压载水相关设备、结构、系统、配件、装置和材料或工艺进行检验,经检验符合公约要求后,主管机关向其颁发"国际压载水管理证书"。

(三) 相关指南的具体要求

公约在 2004 年通过之后,为了对公约的要求进行细化,使公约能得到统一适用,2005 年至今,海上环境保护委员会(MEPC)从第 53 次会议开始,陆续通过了 14 个决议,目前,尚有关于港口国检查和检验及发证的两个指南正在起草过程中。指南的具体情况详见表 1-5。

表 1-5　MEPC 通过的压载水相关指南列表

序号	指南名称	对应条款	决议号	通过时间
G1	沉积物接收设施指南	第 5 条	MEPC.152(55)	2006.10.13
G2	压载水取样指南	第 9.1(c)条	MEPC.173(58)	2008.10.10
G3	压载水管理的等效符合指南	第 A-5 条	MEPC.123(53)	2005.7.22
G4	压载水管理和制订压载水管理计划的指南	第 B-1 条	MEPC.127(53)	2005.7.22
G5	压载水接收设施指南	第 B-3 条, 第 B-6 条	MEPC.153(55)	2006.10.13
G6	压载水交换指南	第 B-4.1.1 条	MEPC.124(53)	2005.7.22
G7	根据压载水公约第 A-4 条的风险评估指南	第 A-4.1.4 条	MEPC.162(56)	2007.7.13
G8	压载水管理系统认可的指南	第 D-3.1 条	MEPC.125(53) MEPC.174(58)	2005.7.22 2008.10.10
G9	使用活性物质的压载水管理系统的认可程序	第 D-3.2 条	MEPC.126(53) MEPC.169(57)	2005.7.22 2008.4.4
G10	原型压载水处理技术项目批准和监督指南	第 D-4.2 条	MEPC.140(54)	2006.3.24
G11	压载水交换设计与建造标准指南	第 B-1 条	MEPC.149(55)	2006.10.13
G12	便利船舶沉积物控制的设计与建造指南	第 B-1.3 条	MEPC.150(55)	2006.10.13
G13	包括紧急情况在内的压载水管理附加措施指南	第 C-1.3.1 条	MEPC.161(56)	2007.7.13
G14	指定压载水交换区域的指南	第 B-4.2 条	MEPC.151(55)	2006.10.13

公约及相关指南构成了一个完整的体系,涉及船舶压载水管理的各个相关单位,具体包括船舶、港口、压载水管理系统的研发机构、船舶设计和建造单位、港口国和船旗国主管机关等。

1. 沉积物接收设施指南(G1)

按照公约第 5 条要求,接收设施的操作不应引起船舶的不当延误,并对沉积物进行安全处理以不影响或损害本国或其他国家的环境、人体健康、财产和资源。G1 对沉积物的接收设施有许多具体要求,包括:相关法律法规,地点选择,沉积物的收集、处理和运输,预计需要的接收能力,包括接收设施能处理的湿度、环境收益和成本、距清舱和修造厂的远近、人员的培训等。按照 G1,主管机关应将接收设施的可用情况及地理位置信息报告 IMO 及其他当事国。

2. 压载水取样指南(G2)

根据公约第 9 条,港口国检查官可对船舶进行压载水取样和分析。G2 分别就压载水更换和压载水处理的检查提出了具体的取样方法,对所需要的取样工具等问题提出了具体的建议,对于样品的保存、储存、标记和运输也提出了具体措施。

3. 压载水管理的等效符合指南(G3)

一般意义上来说,公约适用于所有商船,但对于总长小于50 m的游艇、赛艇或搜救船艇等小型船舶,由于其压载水操作和管理无法适用商船的压载水管理要求,因此G3做出了一些特别规定。具体地,G3规定小型船应避免在生物含量丰富的水体加装压载水,排放压载水前进行压载水交换,或根据主管机关要求进行管理,对沉积物进行适当处理以保证环境安全。

4. 压载水管理和制订压载水管理计划的指南(G4)

G4包括《压载水管理指南》和《制订压载水管理计划指南》两个部分。《压载水管理指南》包括如下程序。

船舶压载水管理具体包括:预防操作,避免将经处理的和未经处理的压载水混合,且尽量减少有海水生物、病原体和沉积物的加装;压载水管理选项;沉积物管理。按照《压载水管理计划》清除和处置沉积物。《压载水管理计划》中应考虑清除的频率和时机。

《制订压载水管理计划指南》具体包括船舶需根据其类型和尺寸、装载压载水的体积和船上压载水布置等因素来制订船上《压载水管理计划》,《压载水管理计划》须经主管机关批准。

5. 压载水接收设施指南(G5)

公约附则第B-3.6条和G5对岸上的压载水接收设施做出了规定。与G1类似,G5对接收到的压载水应进行必要处理以保证环境的安全,并且应将接收设施的容量等具体情况通知船舶。需要注意的是,按照规定,港口不是必须建设压载水接收设施的。

6. 压载水交换指南(G6)

作为一种压载水管理的过渡措施,G6规定了三种可以接收的压载水交换方法,具体为:

顺序法〔泵空压载舱,然后重新注水,达到95%的容积交换率(第D-1条规定)〕;

溢流法(将交换的压载水泵到压载舱中,允许水从溢流口或其他布置流出);和

稀释法(将交换的压载水从压载舱顶部注入,同时从舱底以相同的流速排放,通过压载水交换操作维持液位稳定)。

溢流法和稀释法需要达到三倍压载水舱的体积。在进行压载水操作时,需特别考虑船舶的安全性,包括但不限于吃水差、稳性、应力、晃荡载荷、船体震动、气象限制条件、驾驶台可视范围等。

7. 根据压载水公约第A-4条的风险评估指南(G7)

根据公约第A-4条,在特定条件下航行的船舶可以免除压载水的要求,但需开展风险评估。G7对当事国开展风险评估以及免除做出了具体规定。按照G7规定,压载水风险评估的三种方法分别为环境适配性风险评估、物种生物地理风险评估和特定物种风险评估。前两种最适于不同的生物地理区域,第三种最适于同一生物地理区。

8. 压载水管理系统认可的指南(G8)

根据公约第D-3条,压载水管理系统必须由主管机关根据G8认可。根据G8〔MEPC. 174(58)〕,设备的制造商向主管机关提供压载水管理系统相关信息,主管机关对其适用性做出第一次评估。G8的第1部分规定了提供的信息范围和内容。第一次评估的主要目的是评估压载水管理系统是否就绪以进行型式认可,以及评估制造商提出的测试要求和测试程序是否合

理可行。接下来，主管机关根据 G8 的第 2 部分和第 3 部分规定开展压载水管理系统的型式认可测试。然后，对于符合测试要求的压载水管理系统，主管机关签发型式认可证书。最后，经型式认可的压载水管理系统在船上安装后，根据 G8 的第 8 节进行安装检验。需要注意的是，对于使用"活性物质"的压载水管理系统，还需要按照 G9 对活性物质进行认可。

9. 使用活性物质的压载水管理系统的认可程序（G9）

G9 要求使用活性物质的压载水需通过国际海事组织的认可。对于使用活性物质的压载水管理系统，制造商首先应按照 G9 第 3.6 条向主管机关提交相关材料，主管机关根据 GESA-MP-BWWG 的工作方法（Methodology）检查相关材料的质量和完整性；提交的文件包括但不限于活性物质的特性或反应信息、评估报告和风险特性。主管机关将相关材料提交至 MEPC，由 GESAMP-BWWG 进行基本认可的审议，以确定活性物质对环境是安全的。GESAMP-BWWG 在通过基本认可批准了活性物质后，会通过主管机关返回至研发机构，供其开展下一步的岸基测试。最后，待岸基测试完成后，研发单位应将相关测试结果及进一步的活性物质报告向主管机关提交。由主管机关审议后向 IMO 提交，IMO 将对活性物质做最终认可。

10. 原型压载水处理技术项目批准和监督指南（G10）

对于公约生效以后的原型压载水处理技术的研发应遵照 G10。研发单位向主管机关提交原型技术的描述和项目实施的详细计划，以及能证明符合第 D-2 条性能标准的证据。主管机关进行安装检验并签发符合声明。按照主管机关规定的格式和程序进行性能评估，并完成报告。通常，一个原型压载水处理技术所安装的船舶不超过 3 艘。

11. 压载水交换设计与建造标准指南（G11）

压载水交换的 3 种方法分别是顺序法、溢流法和稀释法。G11 旨在通过船舶的设计和建造要求，使压载水交换率最大，扩大可以进行安全压载水交换的海况条件；缩短完成压载水交换的时间，使积累的沉积物最少。

此外，对于新船的设计阶段，G11 也提出了一些具体要求，以保证船舶在进行压载水操作时候的操作安全、船体安全，使人员维护达到最低。

12. 便利船舶沉积物控制的设计与建造指南（G12）

G12 主要压载水舱的设计提出了要求，使沉积物的沉积降至最低。例如，尽可能地避免水平表面，内部构建支撑舱壁的安装应能防止积水或沉积物存留，避免压载水在排放时尽可能地形成剧烈扰动，避免沉积物因晃动而重新浮起。

13. 包括紧急情况在内的压载水管理附加措施指南（G13）

G13 对当事国采取的附加要求提出了具体要求。如遇到紧急状况或决定采取附加措施时，一当事国首先应进行评估，确定问题及其影响、问题的原因、可能采取的附加措施，以及附加措施的损益分析等；然后与毗邻国家和受影响的国家协商并征求意见；接着报 IMO 获得批准或直接通知 IMO；最后由 IMO 进行信息交流，向相关船舶提供采取附加措施的具体信息，包括时间、理由、地点和具体措施等。

14. 指定压载水交换区域指南（G14）

对于无法满足公约第 4.1 条规定的海域，港口国通过与毗邻国家或其他受影响的国家协商，可指定船舶进行压载水交换的区域。关于指定交换的区域，首先要对其进行遴选。遴选是根据港口国周围海域自然状况,考虑到法律、资源和航行等因素,遴选一个或多个压载水交换区域。然后对遴选区域进行评估,以确保指定该区域会降低对环境、人体健康、财产或资源的威胁。最后指定区域应选择对水环境、人体健康、财产或资源风险最小的地点和范围。划定交换区域以后,相关国家应将相关信息,包括地理坐标、水深限制和据最近陆地的距离等,与 IMO 沟通。

第二章
港口国监督检查（PSC）及船旗国监督检查（FSC）

伴随着人类社会经济的发展和科技的进步,航运业也呈现出前所未有的繁荣,随之而来的是频发的水上交通事故和日益严重的海洋污染问题。船舶安全检查作为保障航行安全、保护海洋环境的重要手段,重要性日益显现。本章通过介绍世界上目前主要的港口国监督检查组织、港口国监督检查(PSC)及船旗国监督检查(FSC)的程序和流程、迎检、缺陷纠正、PSC申诉的相关知识,旨在让船员了解船舶安全检查的相关知识和规定,以便做好迎检工作,避免船舶在检查中被滞留,同时明确工作重点,做好船舶的日常管理和维护保养,保障航行安全。

港口国监督简称PSC(Port State Control)是港口国对进入本国港口的外国籍船舶实施的检查行为,目的在于监督这些船舶是否遵守和符合其所适用的国际公约的规定和安全标准。港口国监督的一般方式是对船舶实施检查,发现船舶存在的缺陷,要求船舶纠正发现的缺陷,如船舶存在的缺陷严重危及船舶航行安全或海洋环境,可对船舶采取滞留措施直至缺陷纠正。

船旗国监督检查是海事主管机关对中国籍船舶实施的监督检查,以我国有关法律、行政法规、规章、船舶法定检验技术规范为依据;对中国籍国际航行船舶的安全检查还需将我国缔结、加入的有关国际公约增加为依据。船旗国海事主管机关对本国船舶进行监督检查,不仅是本国法规的要求,而且是有关国际公约赋予缔约国政府的法律义务。船旗国监督检查是海事主管机关最直接、最有效的执法手段之一,是维护水上交通安全的有效措施,在促进船舶航行安全、防止船舶污染水域方面发挥着重要作用。

第一节　巴黎备忘录和东京备忘录

港口国监督检查由来已久,应当说它是随着有关国际公约的诞生而出现的。有关国际公约的管理条款对缔约方的权利和义务做了明确规定,同时也对如何确保公约的执行做出了说明。因此,任何一个公约缔约方都可以按照公约规定实施港口国监督检查。但实际上,在巴黎港口国监督谅解备忘录组织成立之前,只有少数西方发达国家开展了港口国监督检查,检查的内容也仅限于船舶的证书和文书上,在国际上的影响并不是很大。

为协调地区港口国监督事务,全球成立了多个港口国监督备忘录组织,如巴黎备忘录(Paris MOU)、东京备忘录(Tokyo MOU)、印度洋备忘录(Indian Ocean MOU)、地中海备忘录(Mediterranean MOU)、黑海备忘录(Black Sea MOU)、利雅得备忘录(Riyadh MOU)等。目前,最活跃的港口国监督谅解备忘录(PSC MOU)是巴黎备忘录(Paris MOU)和东京备忘录(Tokyo MOU),其检查政策和结果对业界有着广泛和深远的影响。

一、港口国监督产生的历史背景

1978 年 3 月 17 日,利比里亚油船"Amoco Cadiz"号在法国 Brittany 海岸搁浅,造成溢油 23 万吨的严重污染事故,这是导致巴黎港口国监督谅解备忘录产生的直接原因。由于这起溢油事故造成了巨大的经济损失和不良的社会影响,在强大的社会压力下,1980 年 12 月,法国海洋部长邀请西、北欧 13 个国家的有关部长召开会议,就如何加强对进入本地区的外国籍船舶实施检查进行了研究讨论,并形成了一致意见,决定对船舶的实际技术状况进行检查。会后由设立的工作组起草了港口国监督谅解备忘录,于 1982 年 1 月签署,并于同年 7 月 1 日正式生效实施。巴黎备忘录的序言部分指出了港口国监督的目的:增进海上安全和防污;提高在船生活条件;消除低标准船舶;避免港口间扭曲的竞争等。

二、港口国监督产生的原因

1. 开放登记改变船舶管理格局

当时的世界航运,方便旗船舶蓬勃发展。一些国家(如巴拿马、利比里亚)实行开放登记,对船舶所有人除了按船舶吨位缴纳少量的注册费用外,几乎无其他方面的要求,而传统海运国家对本国籍船舶规定了严格的营运条件。开放登记的存在使得以追求最大利润为目的的发达国家的船舶所有人,为了逃避本国的税收和政府的控制,纷纷到这些国家登记注册,挂开放登记国的国旗。

开放登记制度使得船队规模迅速扩大,但是随之也产生了一直为航运界所诟病的方便旗船舶管理难题,主要是由于开放登记国对船舶的管理缺失或不到位:一是缺少船舶安全管理的经验;二是船舶安全管理制度并未随着船队扩大而配套完善;三是缺少海事管理的人才储备;四是登记其船旗的船舶长期在国外航行,几乎不受其管理;五是开放登记与传统海运国家相比的优势之一就是在于船舶营运技术和安全要求较低,开放登记国家缺乏强化管理的动力。以上因素导致船队安全状况持续下降,但是这些方便旗船舶航线却并未发生大的变化,依旧行驶于传统航运国家间,而这些传统航运国家因船舶变更船旗后失去了当时船舶管理中最主要的司法管辖权,即船旗国监督,导致这些国家对于外籍船舶的安全与防污染的约束力大为下降。

2. 海事国际公约约束力不足

尽管涉及海上安全与防污染的国际公约到 20 世纪 70 年代末已达到 14 项之多,这些公约更多地体现了发达国家间利益的协调,同时也对它们形成有效约束,但对于方便旗船舶,发展中国家却显得约束力不足,甚至发达国家的船舶所有人也无心遵守。这样就导致了在同一区域间的航运市场的不公平竞争,甚至出现了"劣币驱良币"的现象。

当时传统航运国家既失去司法管辖权,又遭遇海事国际公约不能被全面执行的困境,航运市场又出现相对不公平竞争的现象。这些问题也引起了这些国家的注意和思考,它们也试图寻求新的管理机制。因此,港口国监督逐渐进入人们的视野。

3. 安全事故、溢油事故不断上升催生港口国监督

据国际海事组织统计数据显示,20 世纪 60 年末至 80 年代初期属于海上安全事故和溢油事故高发期。如 1965 年至 1985 年间,年均灭失船舶达 300 余艘,其中 1978 和 1979 年灭失船舶达 938 艘。与此同时,海上溢油事故也频频发生,1970 年至 1979 年,仅油船导致的溢油事故高达年均 26.2 起。而 1978 年的"Amoco Cadiz"号油船的严重溢油污染事故引起了强烈的社会不满,航运业各界对频频发生的海上事故进行深刻的反思,巴黎备忘录诞生。

综上,海上安全和防止海洋污染以及传统海运国家对本国航运业利益的保护共同作用催生了港口国监督。

三、巴黎备忘录

1. 巴黎备忘录的组成

巴黎备忘录成立于 1982 年,是世界上成立最早的区域性港口国监督组织,由比利时、保加利亚、加拿大、克罗地亚、塞浦路斯、丹麦、爱沙尼亚、芬兰、法国、德国、希腊、冰岛、爱尔兰、意大利、拉脱维亚、立陶宛、马耳他、荷兰、挪威、波兰、葡萄牙、罗马尼亚、俄罗斯、斯洛文尼亚、西班牙、瑞典和英国等 27 个国家和地区组成,覆盖了欧洲和北大西洋地区主要的沿海国家。

2012 年至今,平均每年有 1.8 万艘次左右的船舶在巴黎备忘录区域接受 PSC 初次检查。巴黎备忘录网站地址为 https://parismou.org。通过巴黎备忘录网站可以查询到该备忘录的 PSC 检查记录、年报、检查案例和集中会战检查通知等内容。

2. 巴黎备忘录的组织结构

巴黎备忘录的组织结构如图 2-1 所示。

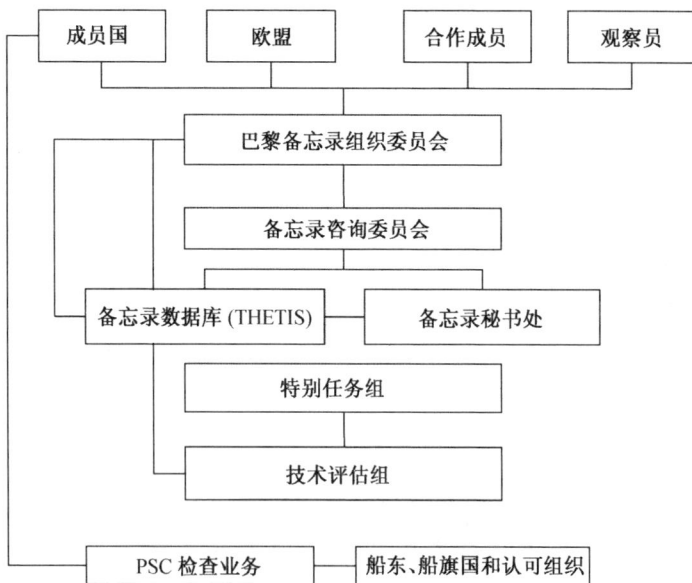

图 2-1　巴黎备忘录组织结构图

委员会:巴黎备忘录的执行机构。

常设秘书处:负责处理日常事务,设在荷兰海牙。

备忘录数据库 THETIS:设在法国。

四、东京备忘录

1. 东京备忘录的组成

东京备忘录(又称"亚太地区港口国监督谅解备忘录")成立于 1993 年,由中国、澳大利亚、加拿大、智利、斐济、印度尼西亚、日本、韩国、马来西亚、马绍尔群岛、新西兰、巴布亚新几内亚、秘鲁、菲律宾、俄罗斯联邦、新加坡、泰国、瓦努阿图、越南等国家和地区组成。自 2012 年以来,东京备忘录组织年度 PSC 初次检查数量均在 3 万艘次以上,是目前世界上检查数量最多的港口国监督备忘录组织。东京备忘录网站网址为 www.tokyo-mou.org。通过该网站可以查询到该组织的 PSC 检查记录、年报、检查案例、集中会战检查通知和组织成员的联系方式等内容。

2. 东京备忘录的组织结构

东京备忘录的组织结构如图 2-2 所示。

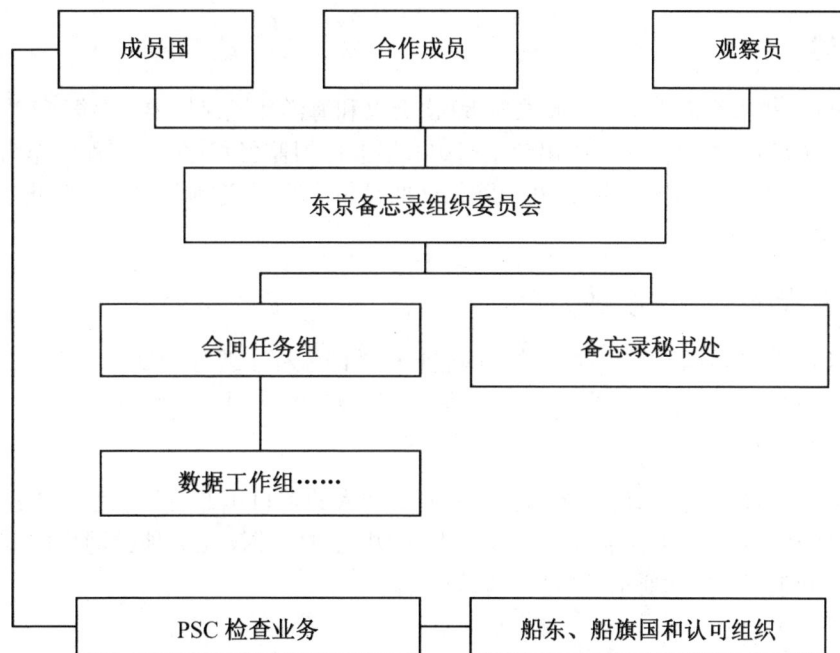

图 2-2　东京备忘录组织结构图

委员会:东京备忘录的执行机构。

秘书处:负责处理日常事务,设在日本东京。

备忘录数据库 APCIS:设在俄罗斯。

五、中国港口国监督开展情况

我国于 1990 年 7 月 1 日在全国 9 个港口正式开展对外国籍船舶的 PSC 检查工作,1994 年 4 月加入东京备忘录组织,并按东京备忘录的要求开展检查。目前我国开放港口共有 55 个站点被授权开展港口国监督检查。自 2012 年以来,我国每年的 PSC 初次检查数量维持在 8 000 艘次左右,我国是目前东京备忘录组织检查数量最多的国家。

2010 年我国开发了中国港口国监督计算机管理系统(CCIS),并于当年 12 月 1 日起正式运行。中国港口国监督计算机管理系统最为重要的功能是对我国乃至整个东京备忘录的港口国监督检查进行数据分析,引导我国港口国监督的走向,更好地开展检查工作,同时指导中国旗船舶有针对性地加强安全管理,为中国籍船舶综合质量管理提供技术支持,避免中国籍船舶在国外被滞留。为此,该数据中心开展了包括中国港口国监督检查报告后评估研究、东京备忘录新检查机制分析等多项研究工作,并积极参与了东京备忘录相关数据管理工作,进行了公司表现分析、各备忘录成员滞留倾向性研究等工作。

第二节　港口国监督检查程序

一、概述

根据国际海事组织海上安全委员会第 89 次会议和海洋环境保护委员会第 62 次会议的建议,以 A. 1052(27)号大会决议形式出台了《2011 年港口国监督程序》。该程序作为各成员国实施港口国监督工作的指导性文件,在消除低标准船舶营运、促进航运安全和防止水域污染等方面发挥了重要作用。

二、检查程序

按照《2011 年港口国监督程序》,港口国监督检查的流程主要分为目标船选定、初始检查、明显依据、详细检查、缺陷判定、报告签发、缺陷纠正等步骤,如图 2-3 所示。

（一）目标船选定

实施港口国监督检查时,港口国当局会参照所加入的港口国监督区域性合作组织规定的时间间隔来实施检查。以东京备忘录组织成员为例,主要根据《亚太地区港口国监督谅解备忘录》新检查机制(NIR)的要求开展目标船的选择。

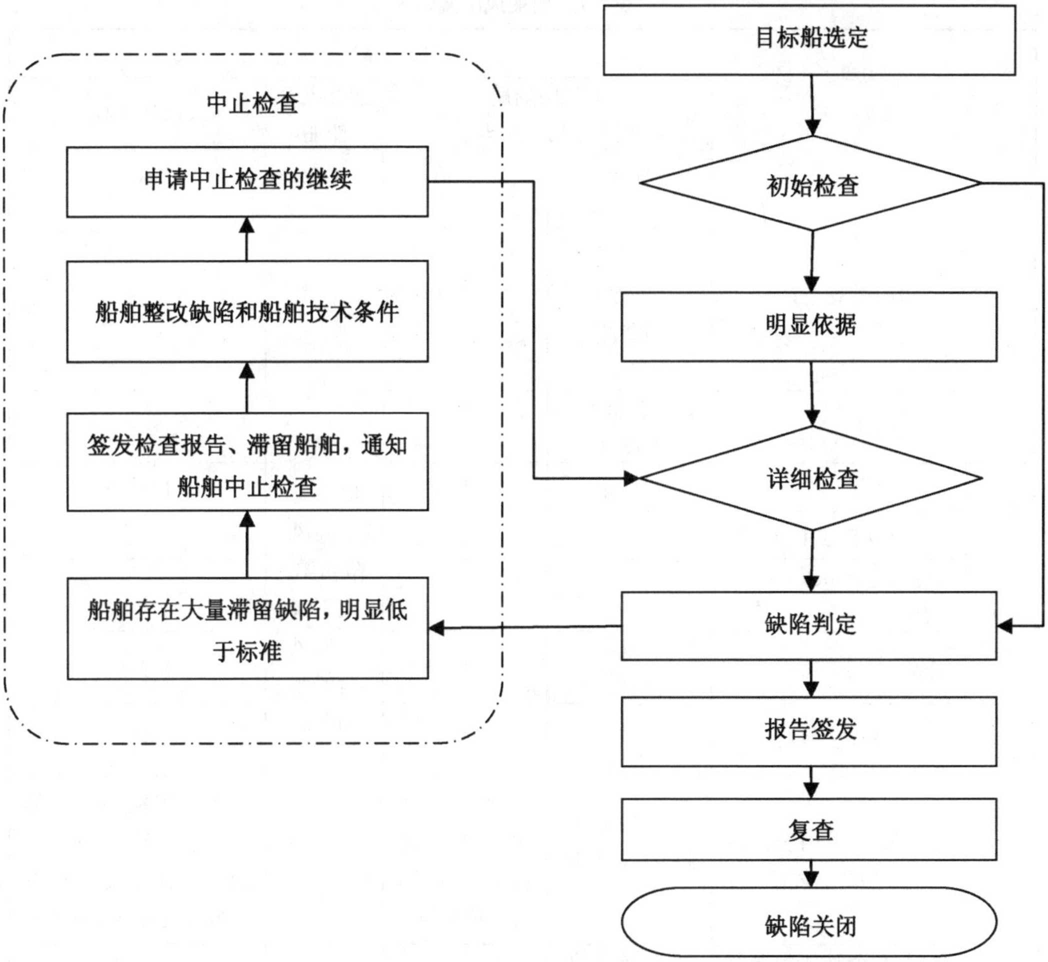

图 2-3 港口国监督检查流程

1.东京备忘录新检查机制简介

(1)船舶风险属性

按照东京备忘录新检查机制,亚太地区港口国监督计算机信息系统将所有的船舶分为 3 类:高风险、标准风险和低风险,如表 2-1 所示。

高风险船舶是指满足对应标准,权重值之和大于或等于 4 的船舶。

低风险船舶是指满足所有的对应参数标准,并在过去 36 个月中在东京备忘录地区至少接受过一次检查的船舶。

除高风险及低风险之外的船舶为标准风险船舶。

表 2-1　船舶风险属性

参数		属性			
		高风险船舶（权重值之和≥4）		标准风险船舶	低风险船舶
		标准	权重值	标准	标准
船舶类型		化学品船 液化气船 油船 散货船 客船	2	既不属于高风险船舶，也不属于低风险船舶的船舶	—
船龄		所有船型 >12 年	1		—
船旗	黑白灰名单	黑名单	1		白名单
	IMO 自愿审核	—	—		是
认可组织	东京备忘录认可组织	—	—		是
	绩效	低 极低	1		高
公司绩效		低 极低	2		高
缺陷	过去 36 个月内历次检查记录的缺陷数目	记录缺陷数超过 5 个地检查次数	记录缺陷数超过 5 个地检查次数即为本项分值		历次检查缺陷数均等于或小于 5 个(36 个月内至少在东京备忘录区域接受过一次检查)
滞留	过去 36 个月内的滞留次数	大于或者等于 3 次滞留	1		无滞留

注：1. IMO 自愿审核完成情况、东京备忘录认可组织名单、认可组织绩效等信息会在东京备忘录年报或网站上进行公布。

2. ISM 的安全和防污染管理责任的船舶管理公司绩效是依据其旗下船队中所有船舶的滞留情况和缺陷历史计算而得，依次分为四级：极低、低、中和高。计算结果以 36 个月为周期每日滚动更新。检查次数不设下限，若公司所有船舶在 36 个月内均未接受检查，则为"中等绩效"。

（2）船舶检查优先等级

基于船舶风险属性，选船机制确定了检查范围、频率和优先顺序。船舶风险属性决定了实施定期检查的时间间隔，如表 2-2 所示。

表 2-2　船舶风险属性决定的实施定期检查的时间间隔

船舶风险属性	时间窗口（自上次检查日期起计）
低风险船舶	9 ~ 18 个月
标准风险船舶	5 ~ 8 个月
高风险船舶	2 ~ 4 个月

选船机制分为两个优先等级:

优先级1:规定的时间窗口期已过,船舶为应检船。

优先级2:在规定的时间窗口期内,船舶为可检船。

下列船舶属于绝对优先检查范围,可不受新检查机制规定的窗口期限制。

①另一当局通报或公告的船舶;

②船长、船员或与船舶安全营运、船上生活/工作条件或防污染相关的人员或机构举报或投诉的船舶,主管当局认为举报或投诉无明显依据的除外;

③以限期纠正缺陷为条件允许其离开本备忘录签署方港口,且缺陷纠正期限已至的船舶;

④引航员或港口当局通报存在可能危害航行安全缺陷的船舶;

⑤装运危险或污染性货物但未向港口国和沿岸国主管机关报告有关船舶资料、船舶动态及所装运的危险或污染性货物相关资料的船舶;

⑥滞留缺陷无法在检查港纠正,且在未满足检查港当局所要求的条件前开航的船舶;

⑦多次被东京备忘录委员会确定为需优先检查的船舶种类;

⑧港口国当局指定检查的船舶。

(二)初始检查

PSCO在目标船舶选定后,会通过信息系统了解船舶类型、建造年份和船舶尺度,以便确定其所适用的公约条款。

在登船前,PSCO会从船舶的外观,观察其油漆涂层、锈蚀或凹陷,或尚未修理的损伤,获得有关该轮保养状况的印象。进行初始检查时,PSCO会检查相关证书和其他文书的有效性,也会查看船舶的总体状况,包括船上设备、驾驶台、包括艏楼甲板在内的整个甲板、货舱区域、机舱和引航员登离船装置。

如果证书均有效,并且PSCO总的印象和目测观察确认该船维护保养良好,PSCO通常会将检查局限于举报或观察到的缺陷(如有)。但是,如果PSCO根据总的印象和所观察到的情况认为有"明显依据"证明该船及其设备或船员实质上不符合要求,PSCO会进行详细检查。

(三)明显依据

在初始检查中,以下方面的缺陷会被视为PSCO开展详细检查的"明显依据":

(1)缺少公约要求的主要设备或布置;

(2)对船上证书的查验表明一个或几个证书明显无效;

(3)有证据表明公约要求和附录12所列的文件不在船上或不完整或未能保持或保持有误;

(4)从PSCO总的印象和观察证明船舶存在船体或结构上的严重损坏或缺陷,会危及船舶的结构、水密或风雨密完整性;

(5)从PSCO总的印象或观察证明船舶的安全、防污染和航行设备存在严重缺陷;

(6)有关船长或船员不熟悉涉及船舶安全和防污染的基本操作,或存在未执行这些操作的信息或证据;

(7)有证据表明主要船员之间不能进行交流,或不能与船上其他人员进行交流;

(8)误发射遇险报警信号后,未执行正确的取消程序;

(9)收到的关于某船低于标准的报告或投诉。

（四）详细检查

如果船舶未携带有效的证书，或 PSCO 根据总体印象或在船上的观察，有"明显依据"认为该船舶的状况或其设备实质上与证书所载项目不符，或船长或船员不熟悉基本的船上程序，PSCO 会对该船进行详细检查。

详细检查应包括但不限于下列内容：

（1）船舶配员；

（2）船舶和船员有关证书、文书、文件、资料；

（3）船舶结构、设施和设备；

（4）载重线要求；

（5）货物积载及其装卸设备；

（6）船舶保安相关内容；

（7）船员对与其岗位职责相关的设施、设备的实际操作能力以及中国籍船员所持适任证书所对应的适任能力；

（8）船员人身安全、卫生健康条件；

（9）船舶安全与防污染管理体系的运行有效性；

（10）我国法律、行政法规、规章以及国际公约要求的其他检查内容。

PSCO 一般情况下不会通过一次港口国监督检查中把所有设备和程序全部检查完，除非由于船舶的状况或船长或船员对基本的船上程序的熟悉程度要求必须进行这样的详细检查。

（五）缺陷判定

港口国监督检查中发现的缺陷，检查官会告知陪同的船员和船长，并根据港口国当局有关的法律、法规和相关公约，运用良好的专业知识进行综合判断提出缺陷处理意见。

（六）报告签发

检查结束后，PSCO 会签发"港口国监督检查报告"，签名并加盖船舶安全检查专用章。船长或者履行船长职责的船员应当在"港口国监督检查报告"上签名。"港口国监督检查报告"一式两份，一份由港口国当局留存，一份留船。

第三节 港口国监督检查的迎检、缺陷纠正要求及 PSC 申诉

一、港口国监督检查的迎检

港口国监督检查是港口国对进入本国港口的外国籍船舶实施的检查行为，目的在于监督这些船舶是否遵守和符合其所适用的国际公约的规定和安全标准。港口国监督检查的一般方式是对船舶实施检查，发现船舶存在的缺陷，要求船舶纠正发现的缺陷，如船舶存在的缺陷严重危及船舶航行安全或海洋环境，可对船舶采取滞留措施直至缺陷纠正。简而言之，港口国监督检查主要是核验船舶安全技术条件满足法定要求状况的维持和船上人员适任、管理情况，是检查官—船舶—船员三者互动的过程。笔者从事港口国监督检查管理和中国港口国监督检查数据审核管理十余年，多次参加过东京备忘录委员会和技术工作组会议以及多边、双边检查官

技术交流,系统地分析过港口国监督检查大国实施检查的方式方法和缺陷处置基调,站在迎检者的角度,认为港口国监督检查的迎检可从 5 个方面准备:

（一）内部准备

内部准备是指船上人员按照岗位职责,对船舶安全技术条件是否满足法定要求的情况进行自查自纠。船公司和海事管理机构都会编发船舶自查表,船长应定期带领甲板部和轮机部共同梳理完善,制定符合本船实际情况的自查清单,如此可以快速高效地开展船舶的自查。内部准备是迎检的重要基础和核心内容,一方面船上人员可以对本船技术条件了然于胸,便于汇总分析和后续整改;另一方面,原则上船舶安全检查官对船上自查发现、正在整改的问题不作为缺陷处理,也能很好地降低被滞留的可能性。但是,纠正船舶存在的安全隐患,加强船舶维护保养和检测试验,是保障船舶安全营运的重要因素,不应该心存侥幸。

（二）外部准备

外部准备主要分为两部分:一部分是船上人员搜集分析相应港口近期港口国监督检查重点项目,有针对性地开展内部准备;另一部分是公司岸基部门汇总整理近阶段相应港口特殊要求,比如相应港口正在集中整治或者针对相应船种、船旗、船级社的船舶,某一类专项检查正在开展,我国与预抵港口关系紧张,当地风俗习惯与船上人员习惯迥异等,指导船上人员掌握新的公约条款和港口国法律法规特定内容做好迎检准备。当然,如果建立与相应港口检查官沟通交流渠道、熟悉检查官业务能力和工作特点,对船上迎检的指导就更有针对性和实效性了。

（三）遵规守纪

港口国监督检查是由持证执法人员按照规定的程序、依据具体的法条来实施的监督检查行为,检查官须遵从国际海事组织《港口国监督程序》规定要求,也需要遵守国际海事组织《港口国监督检查官良好行为准则》纪律要求,而这些规定和纪律对检查官约束的监督却是主要由迎检人员实施的。不容避讳,有些港口检查官有吃拿卡要、执权刁难的现象。但是,遵规守纪,既是对检查官的要求,也是对迎检人员的要求;作为船员,保障船舶安全、遵守法律法规是对个人生命财产和职业生涯的基础义务,切不可为了让检查官少开缺陷、为了船舶不被滞留而"抄小路、走捷径",寻求检查官的"通融",这些看似有效的"措施"实则害人害己,一旦选择了不正确的途径,就必然偏离保持船舶安全技术条件以满足法定要求和安全营运的正确道路,必然放松对船舶维护保养和安全的投入,腐败的滋生和助长对船员和船公司来说最终是一种悲剧。因此,严格按照港口国监督检查程序要求,在互相尊重、平等友好的基础上实施迎检才是正途,也是提高船舶安全技术和船上管理水平的根本所在。

（四）寻求祖国帮助

我国作为航运大国,是国际海事组织连续多年的 A 类理事国,对本国登记注册的船舶实施保护既是情感要求,也有法定规范。《国际航行船舶境外滞留应急处理和跟踪处置暂行办法》规定了各船籍港海事管理机构在接到我国船舶在境外被滞留或者可能被滞留的求助时,通过官方渠道与港口国当局沟通协调,协助减轻缺陷处理程度,争取与港口国当局达成一致,在保证缺陷整改的前提下,撤销对我国船舶的滞留。这是一种国家行为。同时,我国海事当局还与有关国家通过双边合作,互认缺陷整改监督结果,原则上不滞留中国籍船舶;船长尤其应该关注这方面信息。截止到 2017 年 2 月底,我国与韩国、日本、新加坡等达成此种双边合作协议(但未向业界公开发布)。

（五）整改预防

船舶作为载运工具，在营运中被查出缺陷是很正常的事情，但是如何减少问题隐患、避免船舶被滞留，如何降低公司安全持续投入的总成本，整改发现的问题、制定并落实预防措施是管理学上实证过的有效举措。整改预防措施在船得到有效落实需要两个基础条件：一是公司在管理制度建立过程中尊重科学，允许船舶被查出缺陷，对整改预防做出合理的规定；二是在船人员结合专业知识和工作经验，分析缺陷产生的主要和次要因素，在整改缺陷的同时，尽可能地考虑有效消除或合理减少缺陷产生的要素。整改预防制度在船有效实施是船舶缺陷趋向数量减少、程度减轻的保障，也是从根本上保障船舶安全技术条件满足法定要求的重要措施。

二、港口国监督检查缺陷纠正要求

港口国监督检查官对检查中发现的问题会依照问题本身轻重程度、对航行安全和水域环境影响的程度、对检查方对问题的态度等因素，根据专业判断，对缺陷提出处理决定。但这种专业判断不是无底线的自由裁量，更不是无章可循。我国港口国监督检查工作经过30余年的发展，检查数量、质量、制度建设、缺陷认定、队伍建设、公约研究等，均已在东京备忘录组织框架内乃至国际海事组织成员国范围内处于领先地位。我国检查官对缺陷处置和纠正要求完全是基于国际海事组织《港口国监督程序》文本要求的实践经验积累，具有普遍的适用意义。

（一）缺陷处理的基本原则

（1）港口国监督检查中发现的缺陷，检查官被要求应告知陪同的船员和船长。对缺陷进行处理时，检查官应根据港口国当局有关的法律、法规和相关公约，运用良好的专业知识进行综合判断，根据缺陷的性质，并结合港口修理、供应的能力，纠正的难易程度、船舶装载情况、气象海况及予以跟踪复查的可能程度，正确、合理地提出处理意见，在保证安全和防污染的前提下，酌情考虑有关方面的意见。

（2）港口国监督检查中发现船舶存在缺陷，涉嫌违反港口国当局法律法规的，则在做出纠正的处理决定时，会考虑下一步司法调查。

（3）港口国监督检查中所发现船舶存在严重影响水上人命、财产安全或者可能造成水域环境污染的缺陷和隐患的，应当滞留船舶。

（4）检查官应认识到任何设备都可能会失灵，而备件或替换部件又不一定随时得到。在此种情况下，如果检查官判定船舶采取了替代措施，且通过专业判断，认为替代措施安全、有效，则不应造成对船舶的不适当的延误。

（5）在可预见时间内无离港计划的船舶，缺陷行动代号应避免选择开航前纠正，检查官根据缺陷的严重程度给予具体纠正时间限制（其他以文字说明）。

（二）港口国监督检查缺陷处理代码和检查行动代码释义

港口国监督检查中发现的缺陷处理主要分为两类：缺陷行动代码和检查行动代码。缺陷行动代码是针对某项缺陷已经或将要进行处理的代码，而检查行动代码是针对整体的检查结果而采取的行动。各代码解释如下：

1. 缺陷行动代码

（1）10 缺陷已纠正。

（2）15 缺陷在下一港纠正。

(3)16 缺陷在 16 天内纠正。

(4)17 缺陷在开航前纠正。

(5)18 缺陷在 3 个月内纠正(对于涉及 ISM 的轻微不符合项应使用代码 18,对于重大不符合 ISM/NSM 的缺陷,如认为会对船上人员或船舶造成严重威胁或对环境存有严重危险时,应采用代码 30)。

(6)30 滞留缺陷。

(7)49 采取经同意的纠正行动计划(仅限于劳工公约相关的滞留缺陷)。

(8)99 其他(当缺陷的纠正延迟到下一港之后或使用任何其他行动代码都不能恰当描述时,应采用行动代码 99)。

2. 检查行动代码

(1)26 通知认可的保安机构(根据《保安检查导则》发现的某个保安方面的缺陷的严重程度,有必要通知港口国认可的保安机构时使用)。

(2)27 因保安原因驱逐出港。

(3)40 通知下一港。

(4)46 滞留缺陷在一个经同意的修理港纠正。

(5)48 与船旗国就缺陷纠正达成一致意见(与 MLC 相关的滞留缺陷)。

(6)50 通知船旗国或领事馆(当船舶被滞留时,有关港口国当局应通知船旗国或船旗国领事。即使船舶未被滞留,检查官也可就任何检查细节通知船旗国)。

(7)55 与船旗国协商(有关缺陷需要与船旗国协商时使用)。

(8)70 通知认可组织。

(9)85 违反排放规定的调查。

(10)151 通知 ILO(当某个居住条件[091xx]或工作条件[092xx]的缺陷其严重程度有必要通知国际劳工组织时,使用本代码)。

(11)152 通知海员组织(当某个居住条件[091xx]或工作条件[092xx]的缺陷其严重程度有必要通知海员组织代表时,使用本代码)。

(12)155 通知船东代表。

(三)低标准船舶的认定和处置行动

1. 低标准船舶的认定

一般来说,如果船舶的船壳、机器、设备,或操作安全实质上低于有关公约要求的标准,或船舶不符合安全配员文件的要求,那么该船舶将被认为是低于标准的船舶,特别是由于:

(1)缺少公约要求的主要设备或装置;

(2)设备或装置不符合公约的有关要求;

(3)船舶或其设备的实质性损蚀,例如,由于维护不良;

(4)船员对主要操作程序的操作不熟练或不熟悉;

(5)配员不足或持证船员不足。

如果这些明显因素的全部或个别造成船舶不适航,一旦允许该船出海,会对船舶、船上人员的生命造成危险或对海上环境构成不合理的威胁,该船应被视为低于标准的船舶。

2.低标准船舶的处置

通常,各港口国监督对于低标准船舶所采取的行动包括:中止检查和滞留。

中止检查

在特殊情况下,检查官从详细检查中,并综合考虑船员的情况,发现船舶及其设备的总体情况明显低于标准时,可以中止检查。

中止检查前,检查官应记录下可滞留缺陷。

中止检查可以持续至有关责任方已采取必要措施并保证船舶符合有关公约的要求。

如果港口国监督检查官在实施详细检查过程中,发现船舶明显处于低标准状态,检查官可中止检查。在中止检查之前,检查官应当记录发现的滞留缺陷,并按规定对船舶实施滞留。签发"港口国监督检查报告"除满足相关规定外,还应注明中止检查。中止检查后,应及时将检查信息输入港口国监督计算机信息系统。海事管理机构采取中止检查并滞留船舶时应尽快通知相关方。通知应包括滞留信息并特别声明除非海事管理机构得到船舶已满足相关要求的通知,否则检查仍将被中止。如果相关方已采取相应措施,确保船舶满足了有关要求,检查官应对船舶继续实施详细检查。继续检查完毕后,检查人员应在原先签发的"港口国监督检查报告"B表中添加新发现的缺陷(如有)和继续检查日期。新发现的缺陷和继续检查的日期应输入港口国监督计算机信息系统。新发现的缺陷应添加在原先输入的船舶检查信息中;继续检查的日期,可输在相关的备注栏中。

滞留

在港口国监督检查中,如果发现的缺陷会对船舶、船上人员的生命造成危险或对海上环境构成不合理的威胁,检查官通常将对船舶采取滞留措施。

(1)决定被检查船的缺陷是否严重至需要实施滞留,检查官应当慎重地根据缺陷的性质进行综合分析和判断,结合下述①~⑭项,进一步评估船舶和(或)船员,以决定是否对船舶采取滞留措施。

①船舶是否具有有效证书和文件;

②船舶是否按规定配备了足够的合格船员;

③船舶是否能在未来的航程中安全航行;

④船舶是否能够安全地进行货物操作;

⑤船舶是否能安全地进行机舱操作和维持正常的推进及操舵;

⑥船舶是否具有在船上任何部位进行有效消防的能力;

⑦船舶是否具有安全迅速有效的救生(助)能力;

⑧船舶是否具有足够的稳性;

⑨船舶是否具有有效的水密完整性;

⑩船舶是否能在遇险情况下进行有效的通信联络;

⑪船舶是否提供了安全和健康的环境;

⑫船舶是否会造成水域环境污染;

⑬船舶安全与防污染管理体系是否存在重大不符合;

⑭船舶是否在保安方面存在严重缺陷。

如果对上述项目①~⑪项的判断得出的结论是否定的,或对⑫~⑭项的判断得出的结论是肯定的,应考虑所发现的所有缺陷,对该船实施滞留。多个缺陷组合起来可以判定船舶安全管理体系的运行存在严重缺陷,应考虑对船舶的滞留。

(2)超出公约或规范要求配备的设备发生故障或存在缺陷,如不会降低公约、法律、法规或强制性规范标准,不应视作滞留的理由。

(3)当数个代码 17 缺陷的组合使船舶不适航或对环境构成威胁时,检查官应考虑是否有必要根据 SOLAS 公约或 ISM 规则运用至少一个代码 30,在滞留的情况下纠正这些缺陷。

(4)由于滞留船舶是一个涉及诸多问题的严重事件,检查官最好同其他利益方共同行动,例如检查官可要求船东代表提供纠正方案。检查官也可以考虑同船旗国主管机关的代表或负责签发有关证书的认可组织合作,并就他们是否接受船东方案或是否有增加的要求进行协商。在不限制检查官各方面权力的条件下,各方的参与会有助于使船舶更安全,防止事后发生涉及滞留条件的争议,并在发生涉及"不适当延误"的诉讼中处于有利地位。

(5)如导致滞留的原因是船舶在驶往某一港口的途中遭受的意外损伤,在下列前提下,不应向船舶签发滞留令:

①船舶已充分考虑了公约有关船舶应将意外情况通知船旗国主管机关、负责签发证书的指定验船师或经认可的组织的要求;

②船舶进入港口之前,船长或公司已经向港口国当局报告船舶遭受的意外和损伤的细节,以及已经通知船旗国主管机关相关的信息;

③船舶正在采取令港口国当局满意的适当的纠正措施;并且

④在接到船舶已经采取纠正措施的通知后,港口国当局确认那些明显威胁安全、健康或环境的缺陷已经被消除。

(6)如船舶被滞留且检查中止,检查官应尽快通知各责任方。通知应包括有关滞留的信息,并须表明在船舶符合所有相关要求前,港口国当局将中止检查。

(7)检查官会将影响安全的重大缺陷以及导致船舶滞留的缺陷通知相关船舶检验机构或者认可组织。船舶检验机构或者认可组织应当核实有关缺陷的纠正情况,必要时开展附加检验,并将检验报告反馈给实施检查的港口国当局检查港。

(四)缺陷纠正

各港口国当局有责任确保发现的缺陷得以纠正,这些保障措施的实施往往在某一特定区域性合作组织范围内有效,比如东京备忘录组织、巴黎备忘录组织等。虽然国际海事组织在力推检查结果的互认,但是港口国监督检查区域性合作组织的性质决定了当下港口国监督检查缺陷纠正的认可难以突破备忘录组织壁垒,也就是环球航线船舶常遇到的一个航程下来各备忘录组织都检查了船舶,但检查结果互不参考的情况。

缺陷纠正按照缺陷代码的释义很容易领会纠正时限要求,可以按照要求予以及时整改。但缺陷纠正的特殊情形,法条上也有硬性的规定,船员应当了解和掌握。

(1)如果存在明显危害安全或环境的缺陷,一般情况下,检查官应保证在船舶被允许开航前,该危害已被消除。为此,应采取适当行动,包括滞留或正式禁止船舶继续某项作业,原因是这些缺陷会给继续作业带来严重危险。

(2)如果上述所指的导致滞留的缺陷不能在检查港纠正,港口国当局可以允许该船驶往最近的修理港(若因《2006 年海事劳工公约》滞留,可驶往实施"纠正行动计划49"的港口),该修理港由船长选择并经港口国当局同意,前提是船舶必须满足港口国当局和船旗国当局一致同意的限制条件。这些限制条件旨在确保船舶开航后,不会危害旅客和船员的安全,不会危害其他船舶,不会对海洋环境造成不合理的威胁。这些限制条件可包括来自船旗国已经对该船舶采取纠正措施的确认。在这种情况下,港口国当局将通知船舶下一挂靠港口的当局、船旗国和经授权的机构。

（3）除上述两种情形外,在船舶已尽一切努力以纠正其他缺陷后,可以被允许驶往其他能够纠正这些缺陷的港口。

（4）如果（2）段所述船舶在未满足检查港当局做出的限制条件的情况下开航,则:

①该当局应立即通知下一港（如已知）、船旗国和其他相关当局;及

②该船将被备忘录成员的任一港口的主管当局滞留,直至船公司提供令港口国主管当局满意的证据,表明该船已完全符合有关文件的要求。

（5）如果（2）段所述船舶没有驶往指定的修理港口,修理港的港口国当局应立即警示船旗国和滞留该船的港口国,以便其采取适当措施,并通知其他认为必要的当局。

（五）缺陷复查

对于查出的缺陷,在整改之后,船舶可以向某一备忘录组织范围内的任一港口国当局检查港申请复查。在一些国家,比如澳大利亚、新加坡等,复查属于港口国当局技术支持范畴,是收取费用的。中国海事管理机构对缺陷复查的要求较为宽松,除了滞留等严重缺陷外,并未要求强制复查,但要求船舶将所有缺陷及纠正情况记入法定日志。也有些国家,比如日本,对一般性的缺陷,将缺陷纠正的证据发给检查官,也会被认可完成了复查。

三、港口国监督检查的申诉

港口国监督检查的申诉是被检查船舶的一项基本权利,各港口国当局都有应诉的机制和组织。本部分介绍我国港口国监督检查申诉程序和东京备忘录组织港口国监督检查申诉程序。

（一）中国港口国监督检查申诉

船方可以就中国海事管理机构做出的缺陷处理决定（一般情况下是滞留缺陷）,按照港口国监督检查报告上给定的电子邮件（China_psc@ msa. gov. cn）或传真（＋86-10-65292875）,向中国海事局提出申诉;中国海事局会按照程序应诉。交通运输部海事局国际海事研究委员会港口国监督分委会秘书处,是我国港口国监督检查申诉应诉的机构。

1. 中国应诉人员组成

（1）秘书处结合专家的专业特长,在复议专家库中挑选合适人选,组成复议评议组。专家的选择一般应不与案件当事方有利害关系。

（2）复议评议组由7名专家组成,指定组长1名,成员包括直属海事系统专家5名、中国船级社专家1名和航运企业、院校等业内专家1名。复议案件结束,复议评议组解散。

（3）复议评议组实行组长负责制。复议工作职责如下:

①组长负责协调组内成员开展复议工作,汇总复议专家组成员意见,并形成"复议评议报告"上报秘书处。

②成员负责查看当事方相关证据,以及适用公约法律法规,运用专业知识对案件进行技术和程序审查,填写并递交"专家评议意见"。

2. 中国应诉程序

(1)接收申诉申请

中国海事局接收到申诉案件申请后,会交由港口国监督分委会秘书处组织复议评议。

(2)审核材料和收集证据

秘书处在自接收复议案件申请起3个工作日内完成材料初审,判断所需的材料是否齐全,与相关直属海事机构主管以及提出复议的相关方取得联系,要求提供进一步的资料和进一步了解相关情况。

(3)专家复议评议

秘书处从复议专家库中内抽取7名专家,组成复议评议组。秘书处负责将复议案件资料发送给复议评议组成员,专家开展复议评议工作。

(4)形成复议评议报告

秘书处负责协助复议评议组组长收集"专家评议意见",形成"复议评议报告",评议组组长签发后,经由秘书处上报部局。原则上在自接收复议案件申请起10个工作日内完成报告并上报。

(5)申诉结果反馈

中国海事局按照复议评议结果,综合考量各方因素后,会将申诉结果反馈给申请方。申请方如对申诉结果存在异议,应在收到申诉结果10个工作日内向中国海事局提出并提供新的有效证据材料,否则不再重复安排复议评议。

表2-3为港口国监督检查复议表。

表2-3　港口国监督检查复议表

1. Ship Particulars

Name of ship:		IMO number:	
Call sign:		Flag:	
Ship type:		Gross tonnage:	
Date keel laid:		Name and location of ISM company:	
Recognized organization(s) (RO(s)) and certificate(s) related:			

2. Inspection Particulars

Place of inspection:		Reporting Authority:	
Date of detention:		Date of release:	
Ground(s) for detention:			
RO responsible deficiency (if any):			

3. Reason(s) for requesting review

4. View(s) of the port State

```
┌─────────────────────────────────────────────────────────────┐
│                                                               │
└─────────────────────────────────────────────────────────────┘
```

Evaluated by:

5. OUTCOME OF REVIEW

Taking into account the Conventions and applicable IMO requirements, IMO Resolution A. 1052(27) as amended and the Asia-Pacific Port State Control Manual, was the detention order appropriate/justified?

☐Yes   ☐No   (double click to activate the check box)

```
┌─────────────────────────────────────────────────────────────┐
│  Please explain your decision (Enlarge the space as appropriate) │
│                                                               │
│                                                               │
└─────────────────────────────────────────────────────────────┘
```

Should the Port State be advised to reconsider it's decision?

☐Yes   ☐No   (double click to activate the check box)

```
┌─────────────────────────────────────────────────────────────┐
│  Please indicate the reason(s) (Enlarge the space as appropriate) │
│                                                               │
│                                                               │
└─────────────────────────────────────────────────────────────┘
```

(二)东京备忘录组织港口国监督检查申诉

东京备忘录组织的申诉受理原则上只针对滞留案例,申请可以通过电子邮件(secretariat @ tokyo-mou. org)向东京备忘录组织秘书处申诉;东京备忘录组织秘书处技术官会组织应诉。

1. 东京备忘录组织港口国监督检查申诉受理原则

(1)船长在就滞留决定提起申诉时,应当首先采用港口国当局国内官方程序;

(2)如果船东或者经营人拒绝通过港口国当局国内官方程序申诉,但依旧希望就滞留决定进行申诉,这一申诉应当送到船旗国或船旗国授权的认可组织;

(3)在这种情况下,港口国当局应当就滞留决定进行调查,并将结果通知船旗国或船旗国授权的认可组织,如果滞留被撤销,港口国当局应当通知秘书处和东京备忘录组织计算机信息系统管理员;

(4)如果船旗国或船旗国授权的认可组织不认可调查结果,方可以向秘书处提出申诉,申诉应在解除滞留后 120 天内提出,用英文书写(格式与上文中我国港口国监督检查复议表相同)。

2. 东京备忘录组织港口国监督检查应诉安排

(1)秘书处技术官会安排成立一个滞留复审小组,该小组由来自澳大利亚、加拿大、中国、日本、韩国、马来西亚、新西兰、俄罗斯和新加坡等中的 3 个港口国当局构成,且不包括实施检查的港口国、船舶船旗国和船舶 ISM 公司注册地的国家或地区。

(2)复审小组根据中国香港的材料,从程序和技术两个方面来考量检查结果,并将意见于 15 天内反馈给秘书处。

(3)如果复审意见不一致,秘书处会安排扩大复审,如果意见仍不一致,则按照多数人的意见做出结论。

（4）秘书处将在收到申诉申请30天内准备好终审意见,并通知船旗国或船旗国授权的认可组织。

四、近三年中国港口国监督检查数据分析

图2-4所示为2014—2016年PSC检查缺陷分布;图2-5所示为2014—2016年PSC检查滞留缺陷分布。

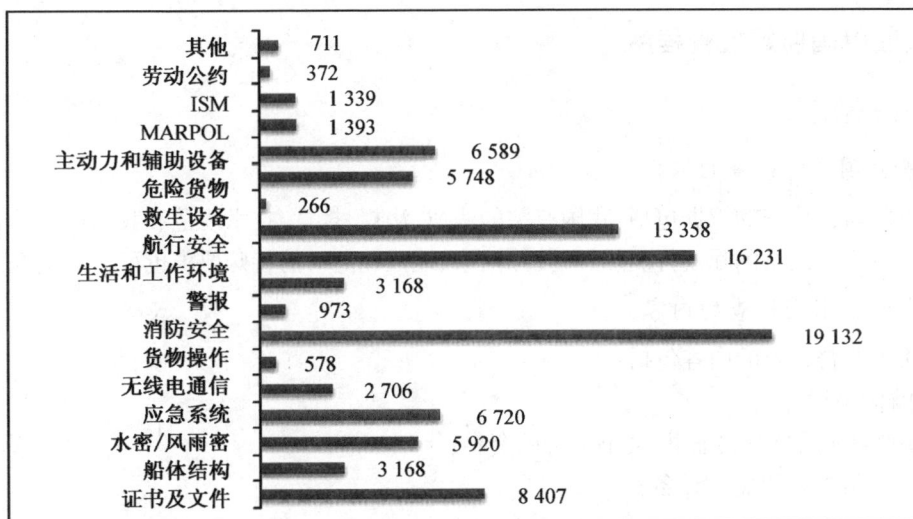

图2-4　2014—2016年PSC检查缺陷分布

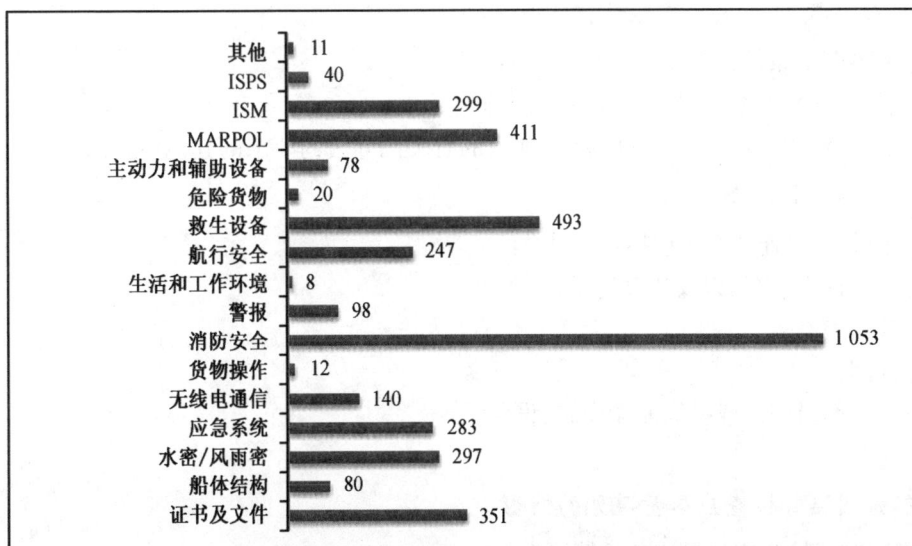

图2-5　2014—2016年PSC检查滞留缺陷分布

第四节　船旗国监督检查流程

交通运输部海事局作为我国船旗国监督检查管理单位,通过制定工作程序来规范检查行为;按照交通运输部海事局2015年事权层级划分,船旗国监督检查工作由各基层海事处(分支海事局的派出机构)具体实施。本部分内容主要介绍船旗国监督检查程序、船舶迎检,再简要介绍中国籍国际航行开航前检查制度的相关要求。

一、船旗国监督检查程序

(一)一般原则

1. 船旗国监督检查的依据

船旗国监督检查的依据包括:我国有关的法律、法规、规章、技术规范和我国认可的有关国际公约。对于中国籍国际航行船舶,所驶往国家、地区和港口的特殊要求也可作为检查依据。

2. 船旗国监督检查的内容

船旗国监督检查的内容包括:

(1)船舶配员;

(2)船舶和船员有关证书、文书、文件、资料;

(3)船舶结构、设施和设备;

(4)货物积载及其装卸设备;

(5)船舶保安相关内容;

(6)船员履行其岗位职责的情况,包括对其岗位职责相关的设施、设备的维护保养和实际操作能力等;

(7)海事劳工条件;

(8)船舶安全管理体系运行情况;

(9)法律、法规、规章以及我国缔结、加入的有关国际公约要求的其他检查内容。

3. 船旗国监督检查的方式

船旗国监督检查的方式包括:

(1)查阅证书、文书以及相关记录;

(2)近观检查;

(3)询问;

(4)要求船员测试或操纵船舶设施、设备;

(5)演习。

4. 船旗国监督检查应尽量避免的情形

船旗国监督检查应尽量避免的情形有:

(1)船舶起航前2 h内;

(2)拦截在航船舶驶往指定地点接受检查;

(3)不当延误船舶或影响船员正常履行船舶安全、防污染和保安职责。

5. 船舶安全检查官必须按照《中华人民共和国海事局船舶安全检查官管理规定》取得相应类别和等级的证书后,方可开展船舶安全检查工作;船旗国监督检查一般应由两名持证检查官登船实施;船舶安全检查官应当遵守《中华人民共和国船舶安全检查官行为规范》。

6. 船舶安全检查官实施船旗国监督检查前,会根据所检船舶的种类、建造时间、尺度、吨位、航区来确定适用的法律、法规、规章、技术规范以及我国缔结、加入的有关国际公约等。

7. 船旗国监督检查是海事管理机构实施的抽查行为,这种抽查是通过计算机信息系统数据综合分析来判定的,在海事处终端会直观显示在港船舶的风险等级和检查优先顺序;船舶安全检查官依据专业判断来确定实施检查船舶的检查范围和检查重点。

8. 船舶安全检查官在提出缺陷以及处理决定时应充分听取船方就此提出的陈述和申辩意见,如果争议不能在合理时间内解决,应当告知船舶申诉的途径和程序;这是一个技术探讨、认识交流环节,船员尤其是船长,应当积极与检查官充分交换意见,达成一致。

（二）目标船选择

海事管理机构 2016 年 12 月起实施了船旗国监督检查新的选船机制,对目标船的选择有了更加具体明细的界定;上节提及的支撑抽查行为的计算机信息系统数据综合分析,就是目标船选择的实现手段。本部分详细介绍船舶风险属性赋值和目标船选择机制的具体内容。

1. 船舶风险属性介绍

如表 2-4 所示:

（1）依据类别和历史参数,所有船舶可分为 3 类:高风险船舶、标准风险船舶和低风险船舶。

（2）高风险船舶是指满足对应标准,权重值之和大于或等于 8 的船舶。

（3）低风险船舶是指满足所有的对应参数标准,并且在过去 36 个月中至少接受过一次检查的船舶。

（4）除高风险及低风险之外的船舶为标准风险船舶。

2. 目标船选择机制介绍

（1）基于船舶风险属性,选船机制确定检查范围、频率和优先顺序。

（2）船舶风险属性决定了实施定期检查的时间间隔。

（3）对于绝对优先级可在定期检查间隔时间段内实施额外检查。

（4）按优先顺序分别为船旗国监督必检船、船旗国监督应检船、船旗国监督可检船和船旗国监督免检船(或者称为优先级 0、优先级 1、优先级 2 和优先级 3):

船旗国监督必检船(FP0):属于绝对优先的船舶,必须要实施船旗国监督检查(FP 是英文 Priority of Flag State Control,即船旗国监督优先级的简写);绝对优先级船舶一般情况下是指重点跟踪船舶和被实名举报需反馈信息的船舶。

船旗国监督应检船(FP1):规定的时间窗口期已过(超出检查窗口的船舶)和无船旗国监督检查记录船舶,或船舶属于在专项检查规定时间范围内的适用对象,应该要实施船旗国监督检查。

船旗国监督可检船(FP2):在规定的时间窗口期内(处于进入时间窗口但未出时间窗口的船舶),可以实施船旗国监督检查。

船旗国监督免检船(FP3):未到规定的时间窗口期(船旗国监督检查效应仍在,船舶状况得到认可），原则上免于实施船旗国监督检查，如表 2-5 所示。

表 2-4　船旗国监督检查—船舶风险属性表

参数	属性				
	高风险船舶（权重值之和≥8）		标准风险船舶	低风险船舶	
	标准	权值	标准	标准	
船型	化学品船 油船 液化气船 散货船 客船	2	既不属于高风险船舶，也不属于低风险船舶的船舶	—	
船龄	海船所有船型 >12 年 内河船船所有船型 >12 年	1		—	
航运公司绩效	低 极低	2		高	
缺陷	过去 36 个月内历次检查记录的缺陷数目	记录缺陷数超过过去 36 个月缺陷平均数（四舍五入取整）的检查次数?	过去 36 个月中，记录缺陷数超过缺陷平均数（四舍五入取整）的次数即为本项分值	历次检查缺陷数均等于或小于过去 36 个月缺陷平均数（四舍五入取整，且 36 个月内至少接受过一次检查）	
36 个月内的滞留情况	过去 36 个月内的滞留次数	大于或等于 2 次滞留	1	无滞留	
船舶是否属于重点跟踪船舶		是	8	否	
船舶行政处罚情况	过去 36 个月的行政处罚情况（以行政处罚处理的结案日期为准）	记录的行政处罚数量	每一项对船舶的行政处罚次数即为本项分值	无违章	
船舶发生事故情况	过去 36 个月的船舶事故责任分担情况（以事故处理的结案日期为准）	船舶承担主要责任及以上责任的次数	每一次承担主要责任及以上责任的次数即为本项分值	无事故发生记录	

表2-5　船旗国监督检查风险属性和时间窗口对照表

船舶风险属性	船旗国监督检查时间窗口(自上次检查日期起计)
低风险船	9~18个月
标准风险船	5~8个月
高风险船	2~4个月

(三)检查步骤

1.初始检查

(1)船舶安全检查官对船舶外观进行巡视,观察其油漆涂层、锈蚀或凹陷,或尚未修理的损伤,获得有关该轮保养状况的总体印象。

(2)船舶安全检查官核查船舶证书、文书和船员证件的有效性并查看船舶的总体状况,包括船上设备、驾驶台、含艏楼甲板在内的整个甲板、货舱区域、机舱和引航员登离船装置,以及历史检查缺陷的纠正情况。

(3)船舶在上述检查过程中未发现船舶在安全、防污染、保安、船上工作和生活条件等方面明显存在缺陷或者隐患,且经核查历史缺陷已按要求纠正,船舶安全检查官应结束检查,并按照相关规定签发"检查报告"交船方。这种情形下检查结果往往是我们常说的"零缺陷"报告。

2.详细检查

(1)船舶存在下列情形之一的,应进行详细检查:

①巡视或者核查过程中发现在安全、防污染、保安、船上工作和生活条件等方面明显存在缺陷或者隐患的;

②有明显迹象表明船舶安全管理存在较为严重问题的;

③发生水上交通事故或者污染事故的;

④历史缺陷未按要求纠正的;

⑤部海事局要求进行详细检查的。

(2)开展详细检查,船舶安全检查官应告知船方详细检查的理由,即在初始检查中发现的问题或存在的嫌疑。

3.缺陷判断和处理

(1)船舶安全检查官根据我国有关法律、法规、规章或技术规则的规定,正确运用专业知识判断船舶存在的缺陷;判定缺陷应当有具体的法律法规条文内容支撑。

(2)船舶安全检查官根据检查情况,结合本港船舶修理能力、船舶配送能力以及实施检验的可行性,参照《船舶安全检查缺陷处理指导原则》,给出下列一种或者几种处理决定:

①开航前纠正缺陷;

②在开航后限定的期限内纠正缺陷;

③滞留;

④禁止船舶进港;

⑤限制船舶操作;

⑥责令船舶驶向指定区域；

⑦责令船舶离港。

（3）在检查官做出缺陷处理决定前，检查官按照法定要求应当与船方沟通交流，听取船方就此提出的陈述和申辩意见。如果存在争议，且争议不能在合理时间内解决，检查官应当告知船舶申诉的途径和程序。这是一个技术探讨、交流环节，责任船员尤其是船长，应当积极与检查官充分交换意见，降低船舶被开列缺陷数量过多和严重程度过大的可能性，避免给公司造成可能不必要的损失。

4. 检查报告

（1）检查结束后，船舶安全检查官应签发"船旗国监督检查报告"，船长应当在"船旗国监督检查报告"上签署姓名。

（2）"船旗国监督检查报告"按照法定要求需要在船留存一定期限，以备行政机关执法查验。

（3）"船旗国监督检查报告"上开列的缺陷，应当按照检查官给定的处理代码整改关闭，并按照公司体系文件（如有）要求分析原因、提出整改措施并落实。

5. 整改和复查

（1）"船旗国监督检查报告"列明的所有缺陷都要按照处理代码及时整改关闭，否则会面临海事管理机构的行政处罚。

（2）对导致滞留、禁止船舶进港、限制船舶操作或责令船舶离港的缺陷，需要向海事管理机构提出复查申请，海事管理机构安排船舶安全检查官登船复查。

（3）对其他缺陷，也可以向海事管理机构提出复查申请，海事管理机构会视情况安排船舶安全检查官进行复查，若海事管理机构决定不予复查，会及时告知申请人。

（4）"船旗国监督检查报告"列明的所有缺陷都需要按照《中华人民共和国船舶安全检查规则》规定记入船上法定日志。

二、船旗国监督检查的迎检

船旗国监督检查作为船舶安全检查的一种类型，主要是核验船舶安全技术条件满足法定要求状况的维持和船上人员适任、管理情况，是检查官—船舶—船员三者互动的过程。笔者从一名有着十多年船舶安全检查管理实践工作者的角度，认为船旗国监督检查的迎检可从4个方面准备：

（一）内部准备

内部准备是指船上人员按照岗位职责，对船舶安全技术条件是否满足法定要求的情况进行自查自纠。船公司和海事管理机构都会编发船舶自查表，船长应定期带领甲板部和轮机部共同梳理完善，制定符合本船实际情况的自查清单，如此可以快速高效地开展船舶的自查。内部准备是迎检的重要基础和核心内容，一方面船上人员可以对本船技术条件了然于胸，便于汇总分析和后续整改；另一方面，原则上船舶安全检查官对船上自查发现、正在整改的问题不作为缺陷处理，也能很好地降低被滞留的可能性。但是，纠正船舶存在的安全隐患，加强船舶维护保养和检测试验，是保障船舶安全营运的重要因素，不应该心存侥幸。

（二）外部准备

外部准备主要分两部分：一部分是船上人员搜集分析相应港口近期船旗国监督检查重点项目，有针对性地开展内部准备；另一部分是公司岸基部门汇总整理近阶段相应港口特殊要求，比如某一类专项检查正在开展，某一方面地方性综合整治正在部署等，指导船上人员掌握新的法律、法规、规章、海事规范性文件和地方性规章特定内容，做好迎检准备。当然，如果建立与相应港口检查官沟通交流渠道、熟悉检查官业务能力和工作特点，对船上迎检的指导就更有针对性和实效性了。

（三）遵规守纪

船旗国监督检查是由持证海事执法人员按照规定的程序、依据具体的法条来实施的监督检查行为，检查官须遵从《中华人民共和国船舶安全检查官行为规范》规定要求，也需要遵守廉洁从政纪律要求，而这些规定和纪律对检查官约束的监督是主要由迎检人员实施的。不容避讳，前些年，个别地方船舶安全检查官有吃拿卡要、执权刁难的违纪违法现象，被举报的涉嫌人员也都受到了党纪国法的严惩。遵规守纪，既是对检查官的要求，也是对迎检人员的要求；作为船员，保障船舶安全、遵守法律法规是对个人生命财产和职业生涯的基础义务，切不可为了让检查官少开缺陷、为了船舶不被滞留而"抄小路、走捷径"，寻求检查官的"通融"，这些看似有效的"措施"实则害人害己，法条纪律不是儿戏，一旦选择了不正确的途径，就必然偏离保持船舶安全技术条件以满足法定要求和安全营运的正确道路，终将被法治进程所淘汰。因此，严格按照船旗国监督检查程序要求，在互相尊重、平等友好的基础上实施迎检才是正途，也是提高船舶安全技术和船上管理水平的根本所在。

（四）整改预防

船舶作为载运工具，在营运中被查出缺陷是很正常的事情，但是如何减少问题隐患、避免船舶被滞留，如何降低公司安全持续投入的总成本，整改发现的问题、制定并落实预防措施是管理学上实证过的有效举措。整改预防措施在船得到有效落实需要两个基础条件：一是公司在管理制度建立过程中尊重科学，允许船舶被查出缺陷，对整改预防做出合理的规定；二是船上人员结合专业知识和工作经验，分析缺陷产生的主要和次要因素，在整改缺陷的同时，尽可能地考虑有效消除或合理减少缺陷产生的要素。整改预防制度在船有效实施是船舶缺陷趋向数量减少、程度减轻的保障，也是从根本上保障船舶安全技术条件满足法定要求的重要措施。

三、中国籍国际航行开航前检查

开航前检查是船舶自愿申请，由海事主管机关、船舶检验机构和航运公司派员组成的联合工作组于船舶离港前共同实施的一种船旗国监督检查行为。目的是丰富船旗国监督管理手段，维护中国籍国际航行船舶安全、安保和防污染状况总体稳定，降低中国籍船舶在境外被滞留的可能性。

（一）开航前检查的法律依据

开航前检查是依据是我国缔结、加入的有关国际公约和船舶驶往境外港口所属国家或地区缔结、加入的有关国际公约。

（二）开航前检查的申请

船舶拟申请开航前检查的，由航运公司、船舶或代理在预计开航的 3 天前向海事主管机关申请开航前检查,航程不足 3 天的,可在船舶离开上一港口后立即申请。船舶申请开航前检查之前,宜先行开展船舶自查工作,纠正自查缺陷后再行申请开航前检查。船舶在申请开航前检查时应提交以下材料:

（1）开航前检查申请书,如表 2-6 所示;

（2）最近一次港口国监督检查报告复印件和最近一次船旗国监督检查报告复印件;

（3）船舶开航前检查自查报告或情况说明。

表 2-6　中国籍国际航行船舶开航前检查申请表

船名		船种	
IMO 编号		总吨/主机功率	/
航运公司			
预计到达时间		预计离港时间	
泊位		下一抵达港	
联系人		联系电话	

　　　　　　　　　　　　:

　　兹有 　　　　　　　　 轮,计划将于 　　　年　　　月　　　日从　　　　　　　　驶往　　　　　　　（国家）　　　　（港口),已经完成开航前检查自查并缺陷全部纠正,需申请开航前检查,请予以安排。

申请人（签名/盖章）　　　　　　　　

申请日期　　　　　　　　

附送材料	□ 船舶开航前检查自查报告 □ 最近 1 次船旗国监督检查报告复印件 □ 最近 1 次港口国监督检查报告复印件
受理意见	□ 材料齐全予以受理。 □ 材料不齐,不予受理。需补交材料:　　　　　　　　。 　　　　　　　受理人:　　　　　　 　　　　　　　日　期:
审核意见	□ 同意开展开航前检查。 □ 不同意开展开航前检查。具体原因:　　　　　　。 审核人:　　　　　　 　　　　　　　日　期:

(三)开航前检查的实施

海事主管机关收到船方申请并审核通过后,协调航运公司和船舶检验机构组成开航前检查联合工作组,制订开航前检查方案。开航前检查联合工作组指定一名船舶安全检查官为联合工作组组长,组长持有相应资质的船舶安全检查官证书,船舶检验机构参与联合工作组的人员须是取得验船师资质的验船师,且从事船舶检验工作3年及以上。开航前检查流程参照《船舶安全检查工作程序》,检查方式和缺陷判定都与船旗国监督检查类似。

(四)开航前检查缺陷处理

开航前检查查出的缺陷处理以督促整改纠正为主,这与通常船旗国监督检查对缺陷处理处罚与教育整改相结合的处理理念有区别。开航前检查联合工作组在检查过程中发现的缺陷与船方提供的自检报告出入较大,有可能会中止检查,要求船舶进一步自查并纠正有关缺陷,缺陷纠正后,船舶可再次申请开航前检查。对开航前检查中发现的缺陷,船舶应按开航前检查联合工作组开具的处理决定予以纠正,航运公司及船舶检验机构应予配合并提供支持。开航前检查中发现的缺陷符合以下任一情形,且船舶不能按联合工作组开具的处理决定予以纠正的,联合工作组组长会提请相关海事管理机构实施船旗国监督检查,以确保对有关缺陷予以纠正:

(1)严重危及海上人命和财产安全,可能导致船舶在接受港口国检查时被滞留的缺陷;

(2)明显违反驶往境外港口所属国家或地区缔结、加入的有关国际公约或对我国船舶有约束力的法律法规,可能导致船舶滞留的缺陷。

(五)开航前检查缺陷的纠正

通过开航前检查的船舶在接受首次港口国监督检查后,无论滞留与否,应及时将港口国监督检查报告及缺陷整改情况通报实施开检的联合工作组。船长应带领甲板部和轮机部责任船员对存在的缺陷进行梳理分析,制定并落实预防措施,不断提升船舶安全和船上管理水平。

第五节　船旗国监督检查处置要求

船旗国监督检查处置与港口国监督处置要求有类似的技术整改要求,究其原因是船旗国监督检查主要依据的《海船法定检验技术规则》与港口国监督检查的重要依据《国际海上人命安全公约》有相似的架构和规则要求。但是,船旗国监督检查处置是中国海事管理机构对中国海事管理机构登记发证船舶的监督检查,必然与港口国监督有本质性的区别,其以教育整改为主,以服务国内航运安全、健康、均衡发展为基调。

一、船旗国监督检查缺陷处理原则与纠正要求

(一)缺陷处理一般原则

(1)船旗国监督检查中发现的缺陷,检查官被要求应告知陪同的船员和船长。对缺陷进行处理时,检查官应根据我国有关的法律、法规和相关公约,运用良好的专业知识进行综合判断。根据缺陷的性质,并结合港口修理、供应的能力,纠正的难易程度,船舶装载情况,气象海况及各海事部门予以跟踪检查的可能程度,在保证安全和防污染的前提下,正确、合理地提出处理决定,并酌情考虑有关方面的意见。

（2）船旗国监督检查中发现船舶存在缺陷，涉嫌违反我国的法律、法规和规章的，则在做出纠正的处理决定时，应考虑下一步行政调查。

（3）船旗国监督检查中所发现船舶存在严重影响水上人命、财产安全或者可能造成水域环境污染的缺陷和隐患的，应依滞留原则做出处理。

（4）检查官应认识到任何设备都可能会失灵，而备件或替换部件又不一定随时可以获得。在此种情况下，如果检查官判定船舶采取了替代措施，且通过专业判断，认为替代措施安全、有效，则不应造成对船舶的不适当延误。

（5）在可预见时间内无离港计划的船舶，缺陷行动代号应避免选择开航前纠正（17），检查官根据缺陷的严重程度给予具体纠正时间限制（其他—文字说明）。

（6）在复查或跟踪检查时，对检查港海事管理机构做出的处理决定有疑问时，检查官应与检查港先行进行沟通。如复查港或跟踪检查港也没有条件纠正缺陷，或情况发生变化，可重新做出处理决定。

（7）当船舶装卸货物行为危及水上安全或可能造成环境污染时，必要时可对船舶立即采取"限制船舶作业"措施以控制、减轻、消除安全隐患。

（8）当船舶严重违反法律、行政法规或者国际公约规定，对港口安全、水域环境构成严重威胁、危险时，可以对船舶采取"责令船舶驶向指定区域"或"驱逐出港"的措施。

（9）在对缺陷处理时应充分考虑中国海事局的特殊规定。

（二）船舶滞留原则

（1）决定被检查船的缺陷是否严重至需要实施滞留，检查官会慎重地根据缺陷的性质进行综合分析和判断，结合下述①至⑭项，进一步评估船舶和（或）船员，以决定是否对船舶采取滞留措施。

①船舶是否具有有效证书和文件；

②船舶是否按规定配备了足够的合格船员；

③船舶是否能在未来的航程中安全航行；

④船舶是否能够安全地进行货物操作；

⑤船舶是否能安全地进行机舱操作和维持正常地推进及操舵；

⑥船舶是否具有在船上任何部位进行有效消防的能力；

⑦船舶是否具有安全迅速有效的救生（助）能力；

⑧船舶是否具有足够的稳性；

⑨船舶是否具有有效的水密完整性；

⑩船舶是否能在遇险情况下进行有效的通信联络；

⑪船舶是否提供了安全和健康的环境；

⑫船舶是否会造成水域环境污染；

⑬船舶安全与防污染管理体系是否存在重大不符合；

⑭船舶是否在保安方面存在严重缺陷。

如果对上述项目①～⑪项的判断得出的结论是否定的，或对⑫～⑭项的判断得出的结论是肯定的，检查官会考虑所发现的所有缺陷，对该船实施滞留。多个缺陷组合起来可以判定船舶安全管理体系的运行存在严重缺陷，应考虑对船舶的滞留。

（2）如果船舶在航行、停泊、作业过程中遭受意外损坏，虽然其后果足以达到被滞留的条件,但船方能够证明已经向检查港和船籍港海事管理机构及时报告,并正在采取令检查港海事管理机构满意的适当的纠正措施(开航前纠正),则不应被滞留。

(3)对船舶实施滞留或解除滞留,检查官应当遵守《船舶安全检查工作程序》。

(4)超出公约或规范要求配备的设备发生故障或存在缺陷,如不会降低公约、法律、法规或强制性规范标准,不应视作滞留的理由。

(5)导致滞留的缺陷不能在检查港纠正时,海事管理机构可以允许该船驶往最近的修理地点。该修理地点由船方选择并经检查港海事管理机构同意,前提是船舶已经采取临时替代或修理措施或满足其他限制条件。这些限制条件可包括来自船检机构已经对该船舶采取纠正措施的确认。在这种情况下,检查港海事管理机构将通知船舶修理地点。

(三)缺陷处理代码和检查行动代码说明

表2-7 为缺陷处理代码和检查行动代码说明。

表2-7 缺陷处理代码和检查行动代码说明

缺陷处理代码	检查行动代码说明
06	船籍港纠正
10	缺陷已纠正
15	下一港纠正
16	14天内纠正
17	开航前纠正
18	三个月内纠正(ISM/NSM)
30	滞留
40	禁止船舶进港
41	限制操作
42	责令船舶驶向指定区域
43	驱逐船舶出港
60	船员记分
99	其他措施(用文字说明)
检查行动代码	说明
45	滞留缺陷通知下一港跟踪检查
50	通知船籍港海事管理机构
70	通知船舶检验机构
99	其他措施(用文字说明)

(四)缺陷处理代码与检查行动代码的适用原则

1. 缺陷处理代码

(1)代码06——船籍港纠正

该代码适用于需回船籍港才能纠正的缺陷,通常是指缺陷涉及船籍港海事管理机构,如证书签发错误等,需用证书原件才能到船籍港海事管理机构办理的缺陷。

（2）代码 10——缺陷已纠正

该代码用以表明缺陷已纠正。该代码不能单独使用。

（3）代码 15——下一港纠正

该代码适用于当一个缺陷在检查港无法纠正或不具备纠正的条件,经检查官专业判断,认为从检查港至下一港的航行期间不会对航行安全或海洋环境造成严重危害,但需要在下一港纠正或做进一步检查时用此代码。

（4）代码 16——14 天内纠正

该代码适用于性质轻微的缺陷,经过检查官的专业判断,认为不会立即对航行安全或海洋环境造成危害,并不需要立即纠正时,可以使用该代码。

（5）代码 17——开航前纠正

该代码系缺陷处理代码,适用于:

①缺陷性质较轻,纠正不存在困难,能在本港纠正。

②对于缺陷性质较严重,但尚未引起船舶的不适航也可使用该代码。但如船方无法在开航前完成整改的缺陷,则应在满足相应的临时性修理或采取替代措施的前提下改签其他缺陷代码。

③对于明显船方无法在开航前纠正的缺陷,即使该缺陷对船舶的适航性有一定的影响,应慎用该代码。

④对于船舶存在的缺陷已严重影响船舶的适航性或数个缺陷的组合存在已表明船舶处于不适航状态,应避免使用该代码,建议采用代码 30,不论该船是否能在开航前纠正存在的缺陷。

⑤由于涉及 ISM/NSM 符合性的缺陷纠正需要过程,通常需较长的时间,因此该代码一般不适用涉及 ISM/NSM 符合性的缺陷。

⑥对于港作船,如果船舶存在的缺陷处理代码是 17,则应用 99 代替,具体纠正期限一般应不超过一个星期;对于液货船或客轮的 17 代码,应酌情判断,如实际情况不可能或不便于在开航前纠正,一般可给予一个星期的纠正期限。

（6）代码 18——三个月内纠正（ISM/NSM）

该代码仅适用于 ISM/NSM 缺陷,对于重大不符合 ISM/NSM 的缺陷,如认为会对船上人员或船舶造成严重威胁或对环境存有严重危险时,应采用代码 30。

（7）代码 30——滞留

该代码适用于严重危及船舶适航性或对船员/乘客的安全、环境构成威胁的缺陷。

①如果滞留缺陷无法在检查港纠正,则可在临时性修理或满足相关替代措施的前提下,代码 30 更改为代码 99。

②采用代码 30 时应综合考虑船舶的整体状况,充分发挥检查官的专业判断,慎用该代码,避免造成船舶的不适当滞留。

（8）代码 40——禁止船舶进港

该代码系缺陷处理代码,适用于船舶缺陷对港口安全及水域环境具有严重威胁时,主管机关根据《中华人民共和国海上交通安全法》第十八条的规定禁止其进港;

船舶不立即消除或逾期不消除内河交通安全隐患,主管机关根据《中华人民共和国内河交通安全管理条例》第五十九条规定,禁止其进港。

（9）代码41——限制操作

该代码系缺陷处理代码,适用于船舶缺陷造成船舶处于不适航或不适拖状态,主管机关根据《中华人民共和国海上交通安全法》第十九条的规定限制船舶操作;

船舶不立即消除或逾期不消除内河交通安全隐患,主管机关可根据《中华人民共和国内河交通安全管理条例》第五十九条规定,限制船舶操作。

（10）代码42——责令船舶驶向指定区域

该代码系缺陷处理代码,适用于对港口安全及水域环境具有严重威胁的缺陷,主管机关可责令船舶驶向指定区域。

（11）代码43——驱逐船舶出港

该代码系缺陷处理代码,适用于船舶缺陷对港口安全及水域环境具有严重威胁时,主管机关根据《中华人民共和国海上交通安全法》第十八条的规定,驱逐船舶出港;

船舶不立即消除或逾期不消除内河交通安全隐患,主管机关可根据《中华人民共和国内河交通安全管理条例》第五十九条规定,驱逐船舶出港。

（12）代码60——船员记分

该代码适用于发现船舶存在的缺陷系由责任船员引起,或船员的实际操作检查不合格。该代码如果要复查或跟踪检查合格,须同时满足:

①相关船员已经被记分处罚;

②引起60的原因在开航前已经消除。

（13）代码99——其他措施（用文字说明）

该代码系缺陷处理代码。使用时必须用文字明确说明纠正的时间期限,以方便船方的理解和其他海事主管机关的复查。

2.检查行动代码

（1）代码45——滞留缺陷通知下一港跟踪检查

该代码适用于导致船舶滞留的缺陷不能在检查港纠正时,海事管理机构可以允许该船驶往最近的修理港进行纠正,检查港海事管理机构应通知船舶下一修理靠地点的海事管理机构。

（2）代码50——通知船籍港海事管理机构

该代码适用于对船舶缺陷的处理决定为30（滞留）、40（禁止船舶进港）、43（驱逐船舶出港）时,则相应使用该行动代码。

（3）代码70——通知相关船舶检验机构

该代码适用于对船舶缺陷的处理决定为30（滞留）且判定船舶检验机构负有责任可使用该行动代码。

该代码适用的前提是基于以下原则判定船舶检验机构负有责任:

①船舶遭遇意外损坏不应视为与船舶检验机构有关;

②船舶结构的严重锈蚀应视为与船舶检验机构有关的缺陷;

③上一次检验时已过期的设备应视为与船舶检验机构有关;

④如某设备在最近三个月被检验过,则该设备存在的缺陷应视情考虑与船舶检验机构有关;

⑤船舶配员及操作性检查方面的缺陷不应视为与船舶检验机构有关;

⑥易耗品的短缺不应视为与船检机构有关，除非易耗品的大量短缺，且船舶在最近3个月被检验过。

（4）代码99——其他措施（用文字说明）

该代码适用于在检查中发现船舶涉及违反我国相关法律法规，需要对其违法行为实施行政调查，采取行动代码99（行政调查）。

（五）缺陷处理代码和检查行动代码的使用

对船旗国监督检查所发现的缺陷，检查官应根据缺陷的性质和严重程度，做出专业判断，对缺陷提出处理代码并填写在"船旗国监督检查报告"中"处理决定"栏。处理代码不能同时使用。

当船舶安全检查所发现的滞留缺陷，经判定与船舶检验机构负有责任的，则在"处理决定"栏中提出处理代码的同时，在"船检机构责任"栏中填写"是"。同时在报告下方的船检机构责任的"□"中标注"√"。

当缺陷需要采取检查行动的，如45（滞留缺陷通知下一港跟踪检查）、50（通知船籍港海事管理机构），则应在报告下方的"□"中标注"√"。如缺陷涉及违反法律法规需要进一步行政调查的，可在报告下方添加"缺陷代码—99（行政调查）"的标注。

二、船旗国监督检查典型缺陷举例

目前中国船旗国监督检查缺陷归类可分为22项，按照历年我国船旗国监督检查缺陷统计分析，主要的缺陷还是集中在航行安全、救生、消防、载重线、防污染和动力装置方面。近年来在各直属海事局同仁学术交流研讨中搜集了一些典型缺陷的照片（图2-6～图2-52），比较直观，在分享这些资料的同时笔者向各位同仁表示衷心的感谢。

（一）航行安全、无线电及信号设备

图2-6　测深仪故障

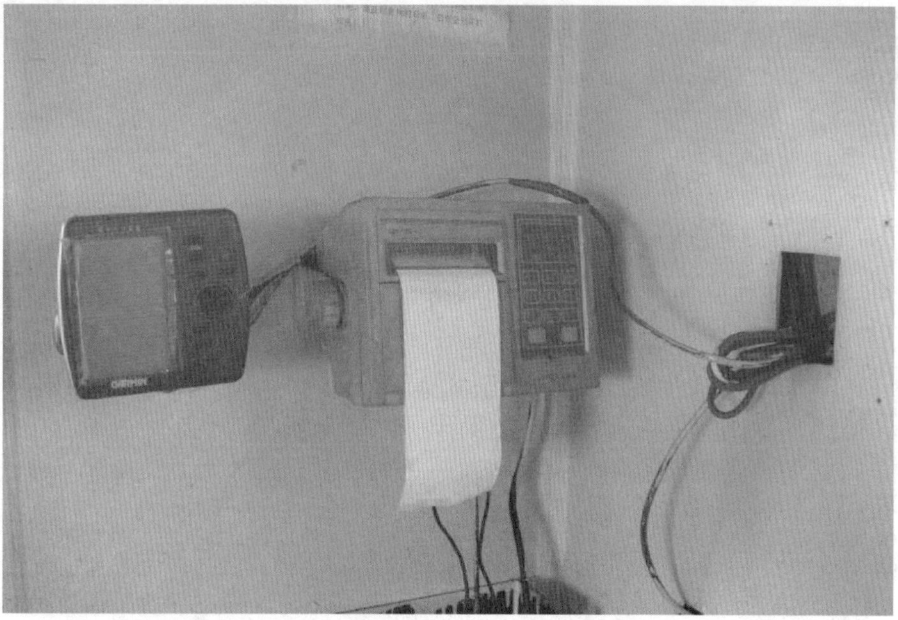

图 2-7　船上安全信息接收装置(NAVTEX)故障

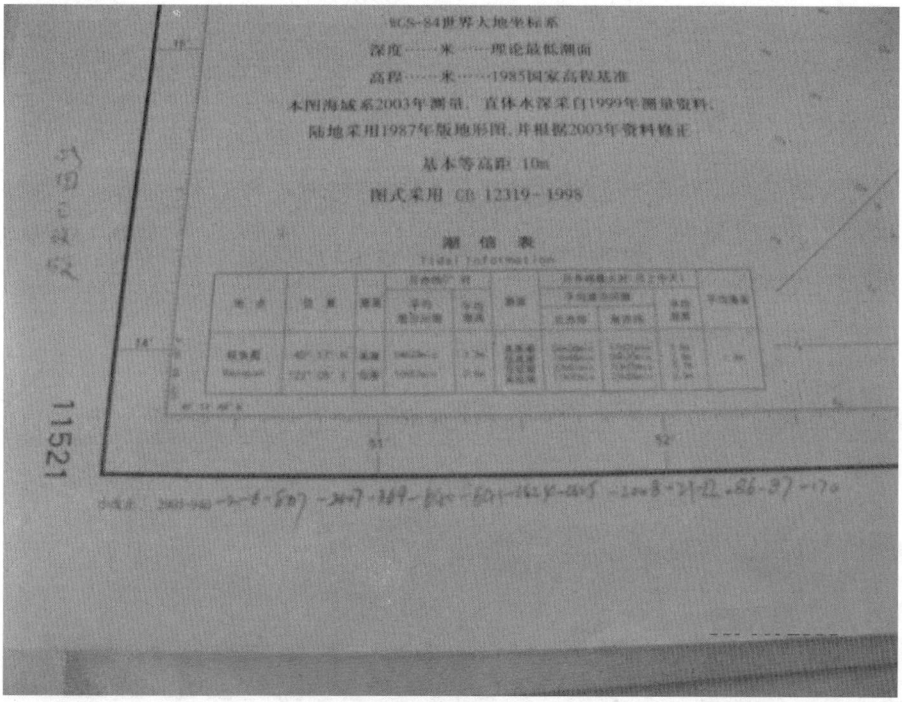

图 2-8　海图改正未改正到最新

图2-9   搜救手册未更新

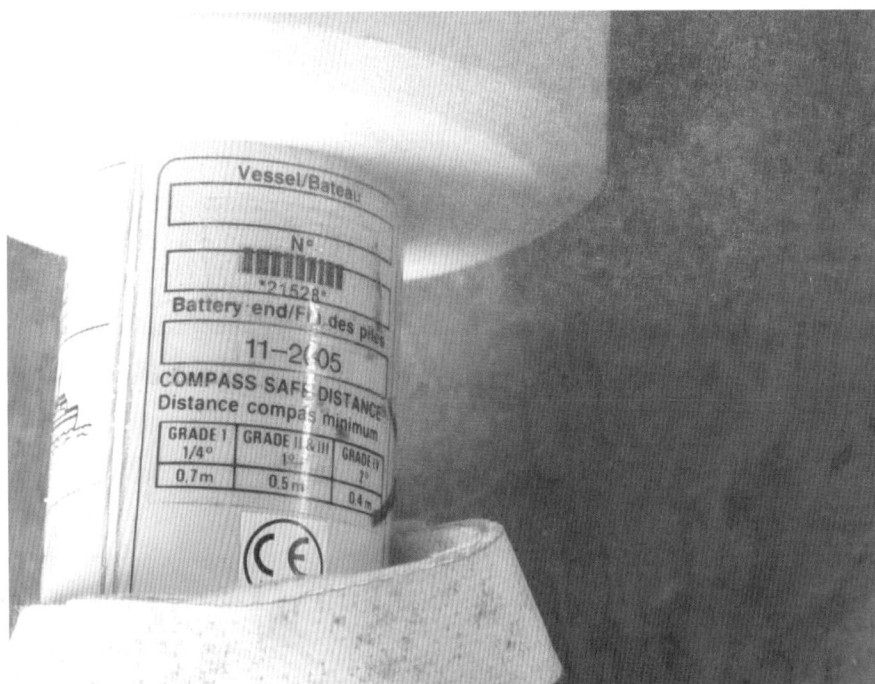

图2-10   雷达应答器电池过了有效期

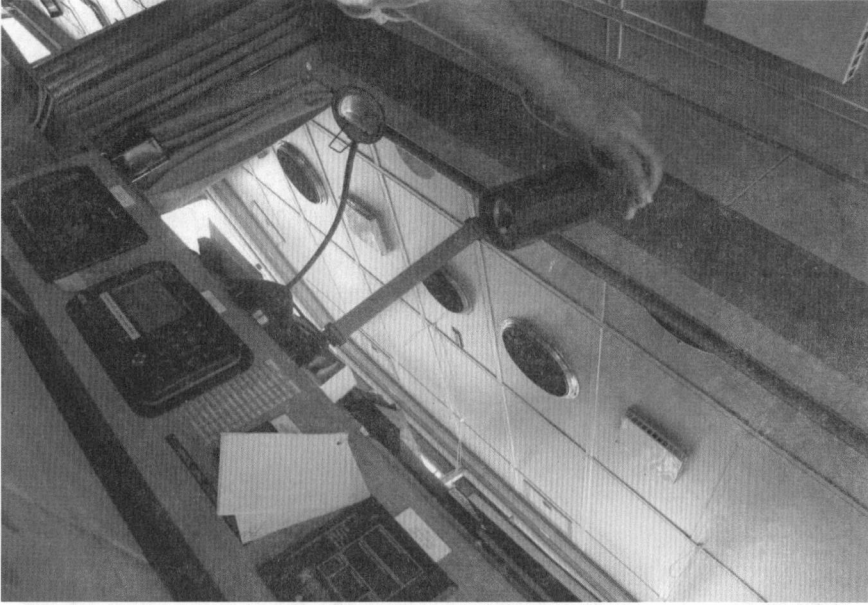

图 2-11 海图室应急照明不亮

(二)消防设备

图 2-12 干粉灭火器容量为 3 kg,不符合规范要求(至少 5 kg)

图 2-13　二氧化碳灭火站室内堆满杂物，不便于操纵、测量和维护保养

图 2-14　机舱通风筒防火滤网烂穿

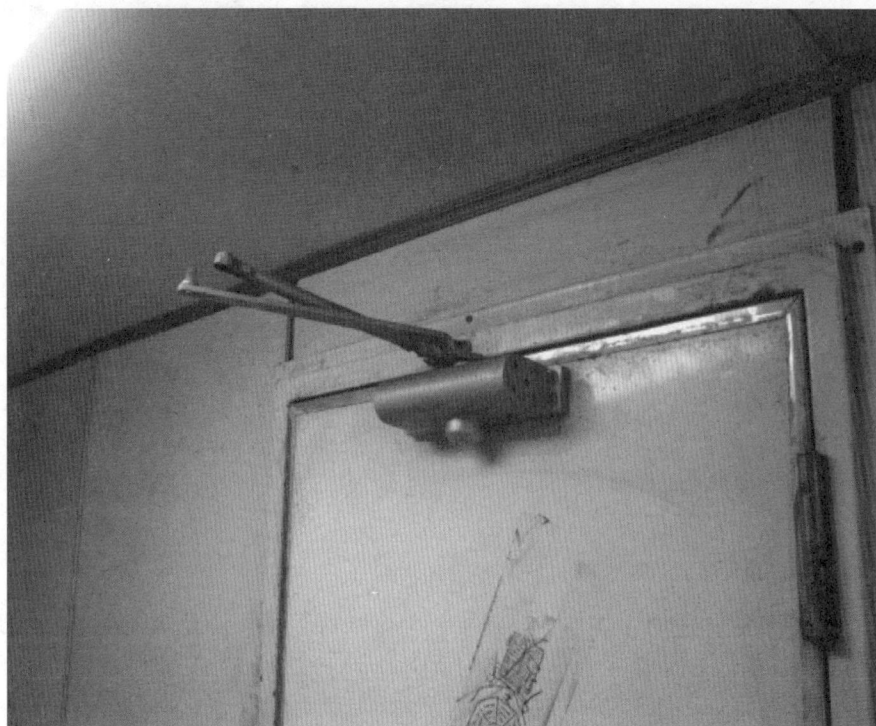

图 2-15　防火门闭门器故障

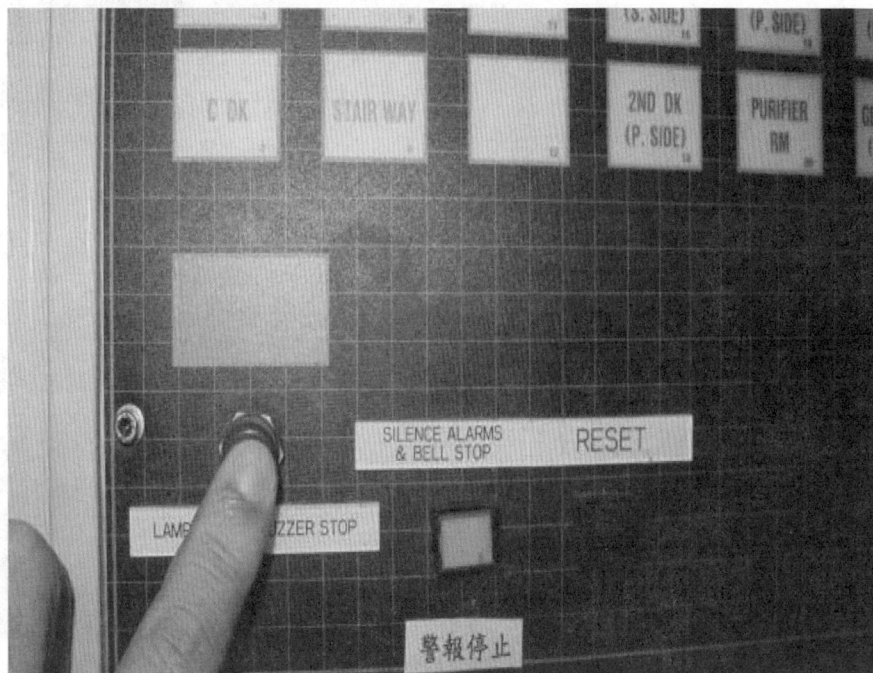

图 2-16　火警探测系统电源指示灯不亮

图 2-17　应急消防泵排出管穿入机器处所部分未用坚固的钢质罩壳覆盖

图 2-18　船上风油切断按钮安装于机舱应急逃生通道外侧，
但电缆贯穿，A 级防火分隔且未使用套管，破坏逃生通道防火结构

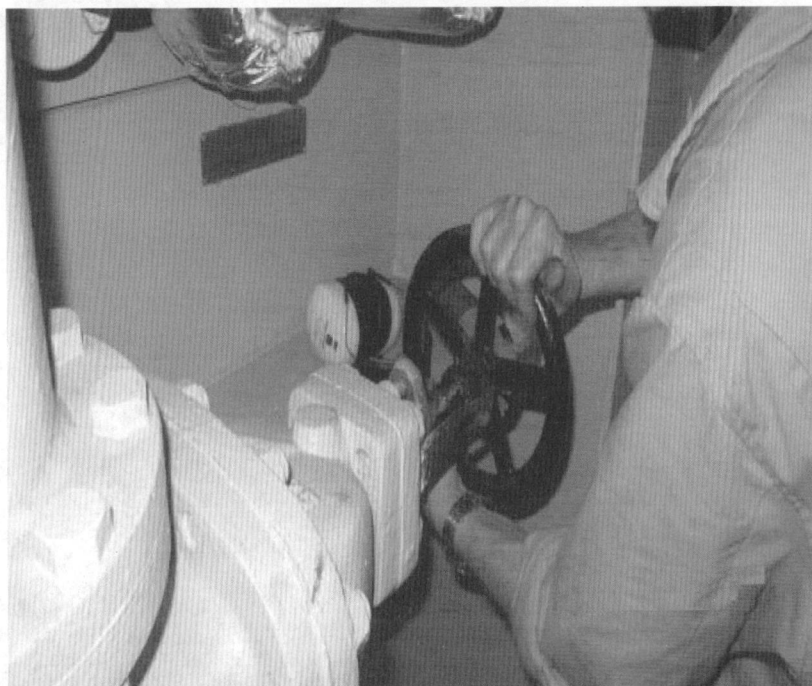

图 2-19　消防隔离总阀锈死

(三)救生设备

图 2-20　救生圈无船名、船籍港标识

图 2-21　救生艇无船名、船籍港标识

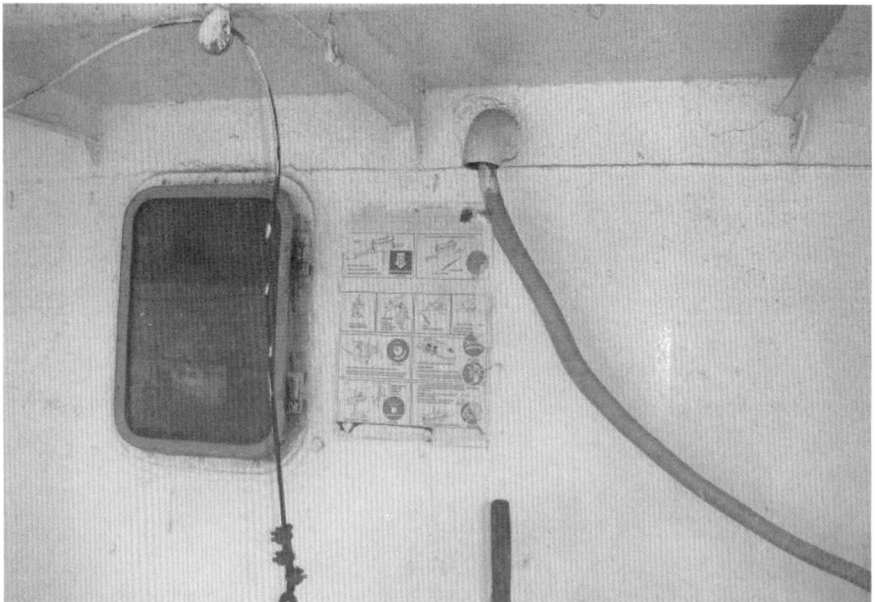

图 2-22　救生艇操作规程未置于应急照明下方

图 2-23　救生艇无艇底塞

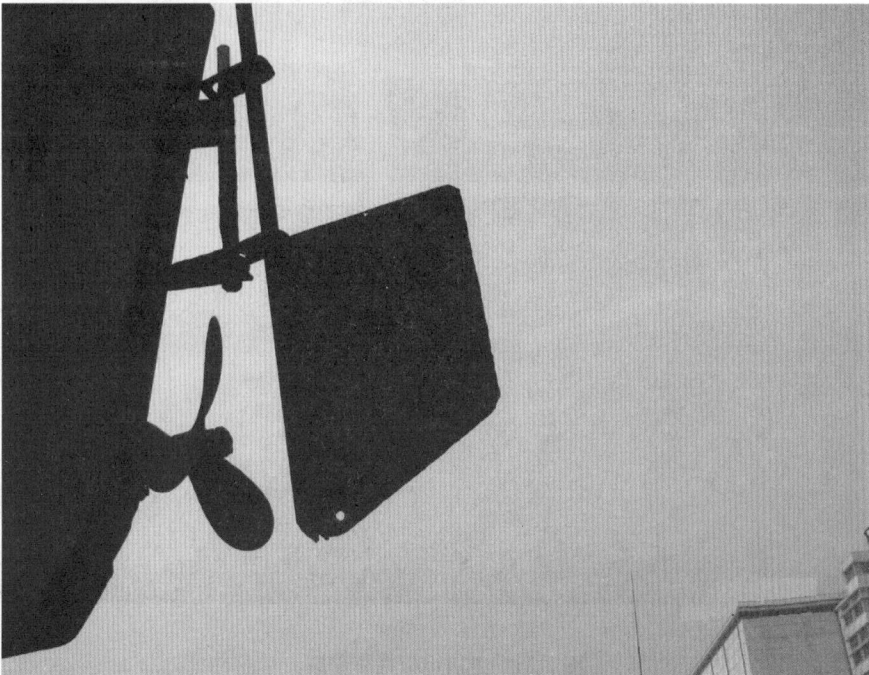

图 2-24　救生艇舵机锈蚀严重、洞穿

图 2-25　驾驶台两侧用来带动自发烟雾信号和自亮灯的救生圈为 2.5 kg

（四）载重线、船舶结构

图 2-26　主机甲板栏杆断裂

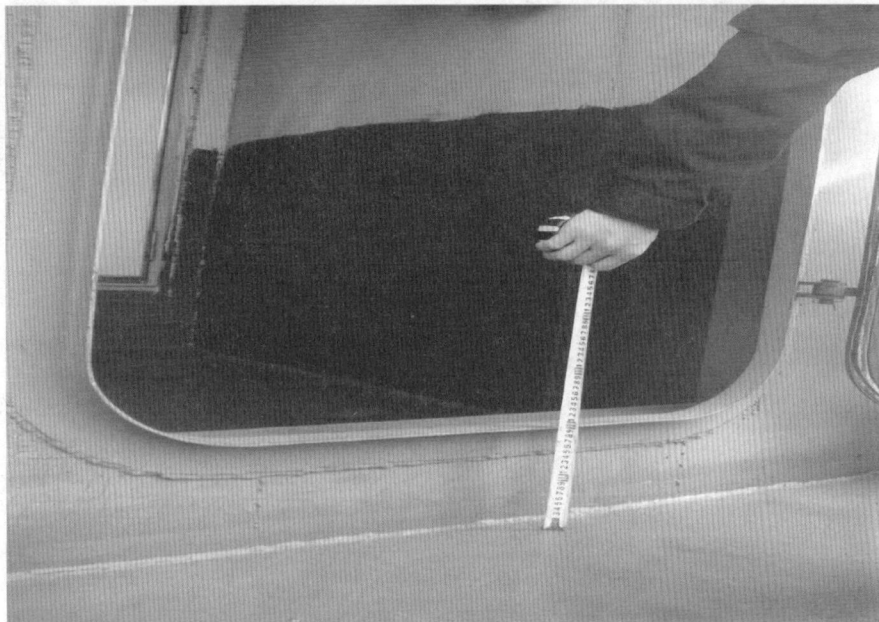

图 2-27　机舱通主甲板两扇门门槛高度小于 250 mm,不符合规范要求

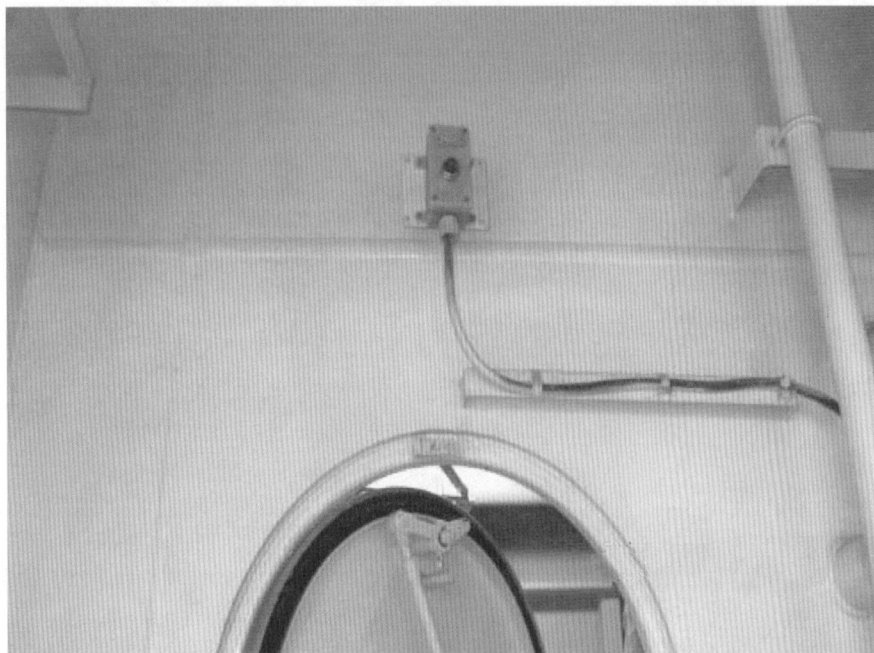

图 2-28　右舷通道的水密门指示器不能正常工作

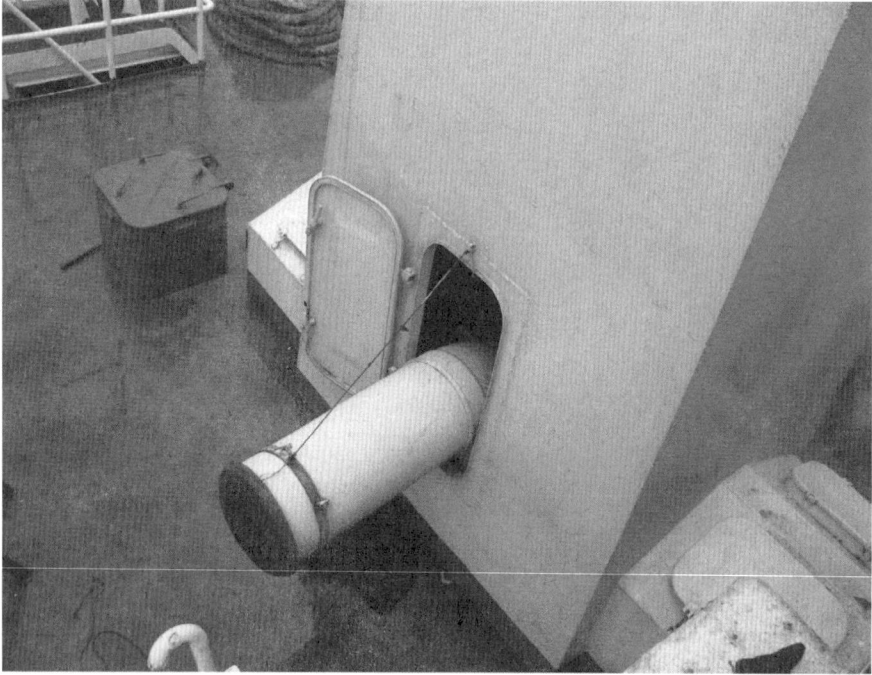

图 2-29　机舱通风筒为私自改造,无关闭装置,布置不符合规范要求

图 2-30　生活区甲板底层栏杆与甲板的距离大于 230 mm,不符合规范要求

图 2-31　生活区甲板栏杆距离大于 380 mm,不符合规范要求

(五)船舶防污染

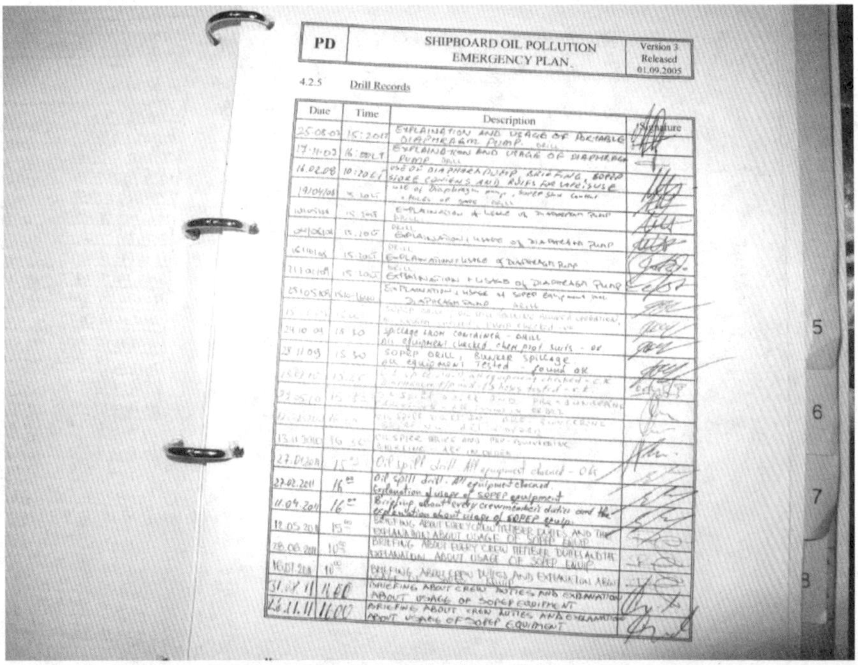

图 2-32　油污演习没有在船舶防污染计划中正确记录

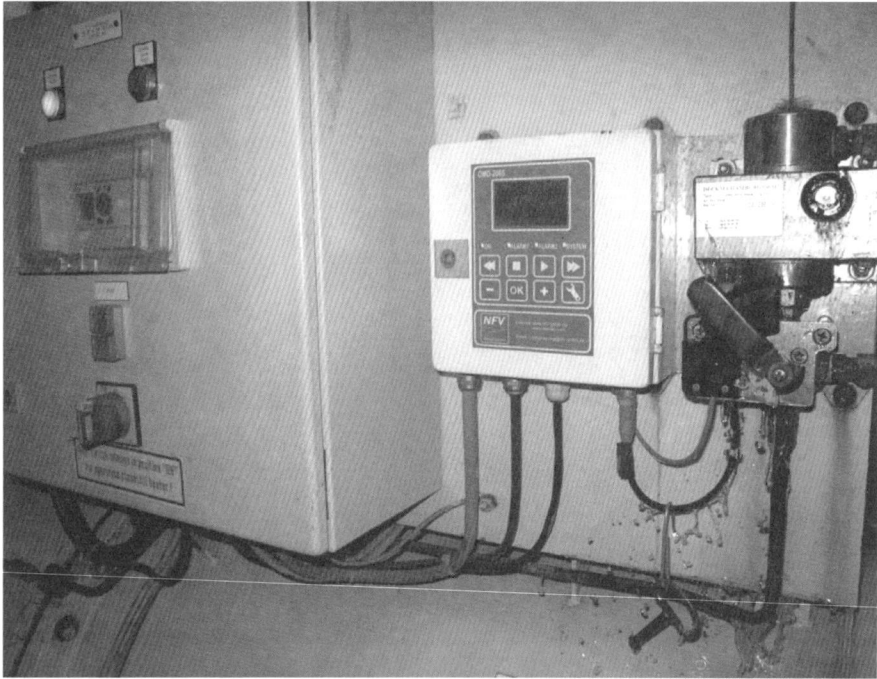

图 2-33　油水分离器 15ppm 报警测试失效

图 2-34　船上油水分离设备无法使用（管路未接）

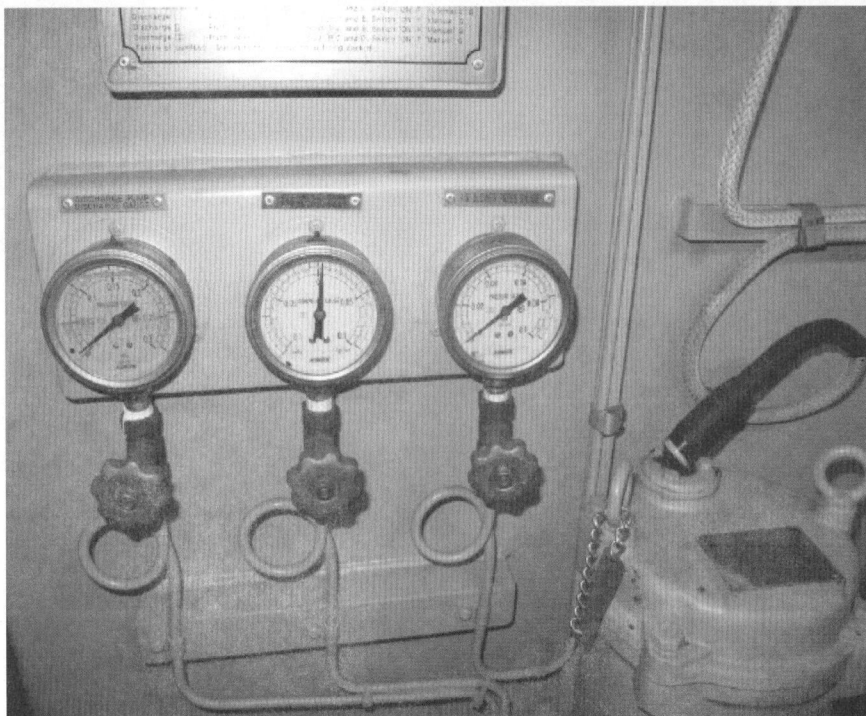

图 2-35　生活污水处理装置鼓风机出口压力表失效

图 2-36　生活污水进入处理装置的阀门，检查时处于关闭状态

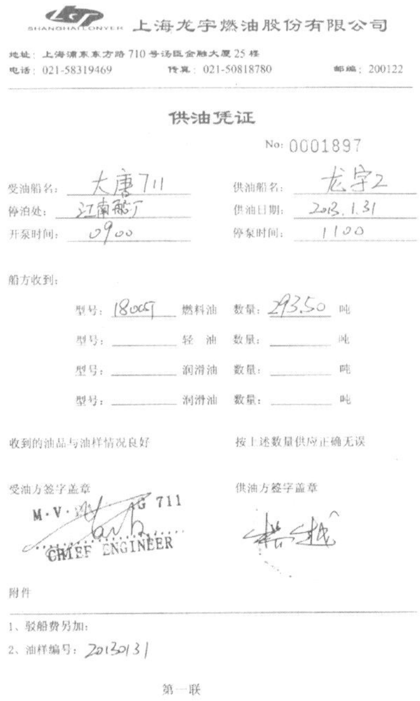

上海龙宇燃油股份有限公司

地址：上海浦东东方路710号汤臣金融大厦25楼
电话：021-58319469　传真：021-50818780　邮编：200122

供油凭证

No: 0001897

受油船名：大唐711　供油船名：龙宇2
停泊处：江南船厂　供油日期：2013.1.31
开泵时间：0900　停泵时间：1100

船方收到：

型号：180CST　燃料油　数量：293.50　吨
型号：______　轻　油　数量：______　吨
型号：______　润滑油　数量：______　吨
型号：______　润滑油　数量：______　吨

收到的油品与油样情况良好　按上述数量供应正确无误

受油方签字盖章　供油方签字盖章

M·V· G 711
CHIEF ENGINEER

附件

1、驳船费另加：
2、油样编号：20130131

第一联

图 2-37　供油的供油单证无含硫量的记录

(六)主推进及操舵设备

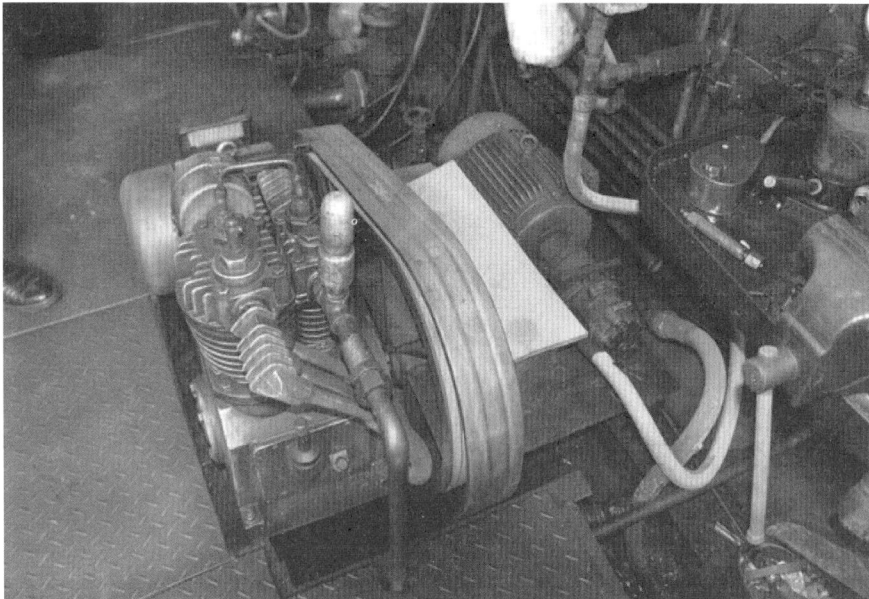

图 2-38　左、右主机传动部件无防护装置

图 2-39 重油柜液位计私自拆除,用塑料管代替

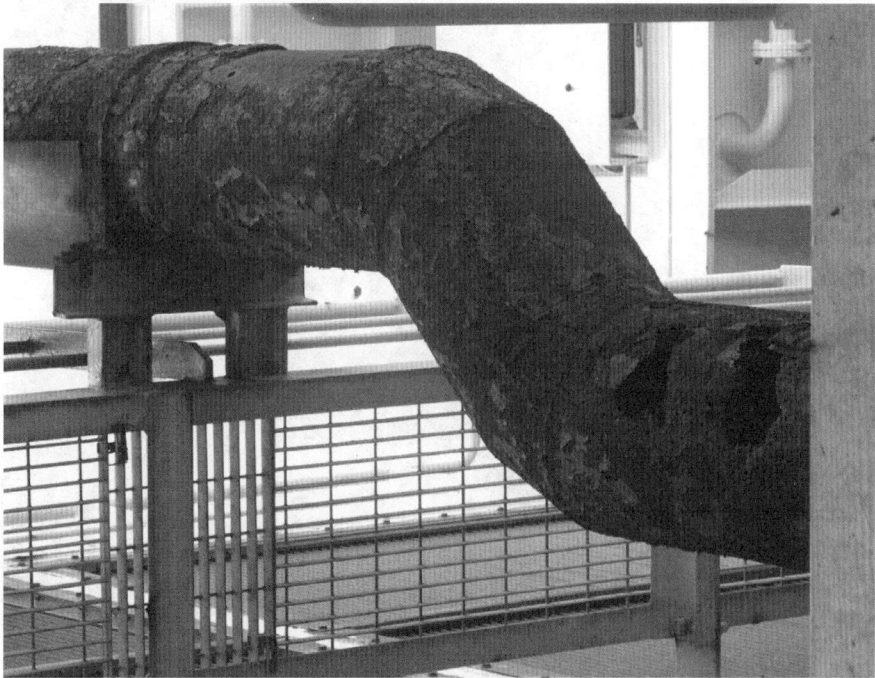

图 2-40 应急发电机排烟管锈烂严重

图 2-41　应急配电板 220 V 配电板绝缘值偏低，仅为 0.015 MΩ（应不低于 0.3 MΩ）

图 2-42　冷却装置异常导致热水井透气孔有大量蒸气冒出

图 2-43 机舱热水井低位报警失效

图 2-44 备用电瓶与应急配电板同处一室

（七）应急与脱险

图 2-45　无线电室另外一个逃生通道宽度不能满足船上人员逃生要求

图 2-46　左锚弃链器释放转轮无法转动

图 2-47 该轮机舱逃生通道底部有一对机舱开口(50 cm × 50 cm),达不到连续防火遮蔽要求

图 2-48 机舱报警装置闪光灯不亮

图 2-49　G 甲板通往室外的门未锁闭

图 2-50　电马达尾盖锈蚀严重

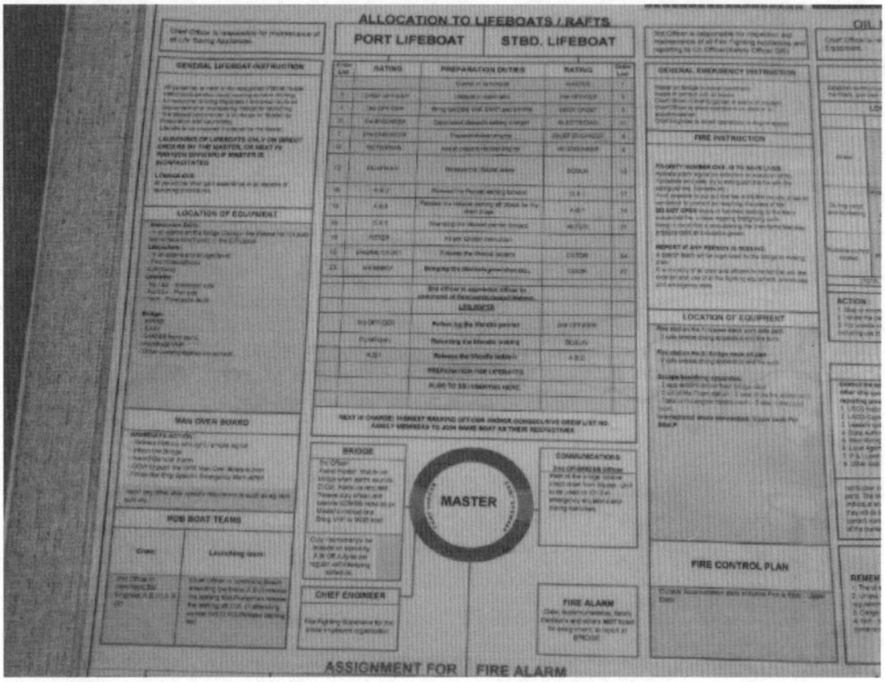

图 2-51 船舶应变部署表所示船员人数与实际在船人数不符,所附职责也不能跟船员——对应

图 2-52 作为脱险通道的走廊,未在其任意一侧装有扶手

（八）其他事项

（1）按照《港口国监督检查程序》，港口国监督检查应当由具备相应资格的船舶安全检查官于船舶停泊或者作业期间实施。在正常情况下，PSCO登船时应向船长或船东代表出示身份证件。如未出示，船方有权要求检查人员出示相应的身份证明证件。

（2）PSCO在开展详细检查前，应将发现的明显依据通知船长，并告知船长，如果他愿意，可与负责发证的主管机关或（如果合适的话）经授权的机构联系并邀请他们到船。

（3）船舶对港口国监督检查报告有陈述和申辩的权利，船方对船舶安全检查时发现的缺陷以及提出处理意见如有异议，可当场提出陈述和申辩。如缺陷及其处理意见不符合法律、行政法规和国际公约要求的，PSCO会对缺陷以及处理意见进行调整或撤销。

（4）公司或其代表有权对港口国当局采取的滞留行动提起申诉，但该申诉不会导致滞留的中止。

（5）港口国监督检查不免除船舶、船员及相关方在船舶安全、防污染和保安等方面应当履行的法定责任和义务。

第三章
国内法律法规

第一节　船员管理类

一、现有法律法规列表

近年来,我国船员队伍迅速发展壮大,当前的船员市场又正处在向市场化推进的快速转型期,船员管理相关政策法规调整变化的频度和幅度都较大;另外,有些政策文件还是跨部门的。这就给广大船员以及从事船员管理相关人员准确、及时、全面地了解、掌握政策法规增加了难度。为了及时跟进国家海船船员管理相关政策及相关规定的不断更新,满足大家的工作需要,提升船员管理工作质量,此次教材编写的过程中笔者在对海船船员管理工作所需的相关政策法规文件长期、系统跟踪、学习和研究的基础上,以船员以此为实用工具的视角,编辑成现有船员管理相关法律法规列表,详见表 3-1。为了查找、使用方便,该法规类别按照相关政策法律法规,考试、评估和发证,船员注册,履行《2006 年海事劳工公约》文件,健康证书管理,船员服务与外派,船员培训,船舶最低安全配员,海员证,行政处罚及违法记分,值班,规费,其他类等进行分类。特别需要声明及提醒使用者的是,该列表收录的文件截至交稿时,由于法规更新较快加之作者水平和资料信息来源渠道有限,资料收集中难免出现疏漏和错误,提请使用者关注此后政策法规文件的更新变化情况,并注意其对此前文件有效性的影响。本书出版的组织者、作者及出版商不承担任何因为参考本列表而引发的法律责任。

表 3-1　现有船员管理相关法律法规列表

类别	名称	文件号	生效时间
政策法律法规	全国人民代表大会常务委员会关于批准《2006 年海事劳工公约》的决定	2015 年 8 月 29 日第十二届全国人民代表大会常务委员会第十六次会议通过	2015 年 8 月 29 日
	最高人民法院关于海事诉讼管辖问题的规定	法释〔2016〕2 号	2016 年 3 月 1 日
	最高人民法院关于海事法院受理案件范围的规定	法释〔2016〕4 号	2016 年 3 月 1 日
	中华人民共和国海事诉讼特别程序法	主席令第 28 号	2000 年 7 月 1 日
	最高人民法院关于适用《中华人民共和国海事诉讼特别程序法》若干问题的解释	法释〔2003〕3 号	2003 年 2 月 1 日
	最高人民法院印发《关于审理涉外海上人身伤亡案件损害赔偿的具体规定（试行）》的通知	法发〔1992〕16 号	1992 年 5 月 16 日
	最高人民法院关于审理发生在我国管辖海域相关案件若干问题的规定（一）	法释〔2016〕16 号	2016 年 8 月 2 日
	最高人民法院关于审理发生在我国管辖海域相关案件若干问题的规定（二）	法释〔2016〕17 号	2016 年 8 月 2
	交通运输部海事局关于印发《海事法规体系框架》的通知	海政法〔2015〕694 号	2015 年 12 月 7 日
	中华人民共和国海上交通安全法	第十二届全国人民代表大会常务委员会第二十四次会议决定	2016 年 11 月 7 日
	中华人民共和国海商法	主席令（92）第 64 号	1993 年 7 月 1 日
	中华人民共和国出境入境管理法	主席令第 57 号	2013 年 7 月 1 日
	中华人民共和国护照法	主席令第 50 号	2007 年 1 月 1 日
	中华人民共和国船员条例	国务院令第 494 号，国务院令第 638 号	2013 年 7 月 18 日
	对外劳务合作管理条例	国务院令第 620 号	2012 年 8 月 1 日
	中华人民共和国劳动法	第十一届全国人民代表大会常务委员会第十次会议通过	2009 年 8 月 27 日
	中华人民共和国劳动合同法	第十一届全国人民代表大会常务委员会第三十次会议通过	2012 年 12 月 28 日

续表

类别	名称	文件号	生效时间
政策法律法规	中华人民共和国劳动合同法实施条例	国务院令第 535 号	2008 年 9 月 18 日
	中华人民共和国社会保险法	主席令第 35 号	2011 年 7 月 1 日
	实施《中华人民共和国社会保险法》若干规定	人力资源和社会保障部令 2011 年第 13 号	2011 年 7 月 1 日
	工伤保险条例	国务院第 136 次常务会议通过	2011 年 1 月 1 日
考试、评估和发证	关于修改《中华人民共和国海船船员适任考试和发证规则》的决定	交通运输部令 2013 年第 18 号	2013 年 12 月 24 日
	关于印发《〈中华人民共和国海船船员适任考试和发证规则〉实施办法》的通知	海船员〔2012〕171 号	2012 年 2 月 29 日
	中华人民共和国海事局关于进一步明确 STCW 公约履约过渡期考试发证相关事项的通知	海船员〔2015〕242 号	2015 年 5 月 13 日
	交通运输部海事局关于进一步明确 STCW 公约马尼拉修正案过渡期有关事宜的通知	海船员〔2016〕489 号	2016 年 9 月 3 日
	关于做好 STCW 公约马尼拉修正案履约准备工作有关事项的通知	海船员〔2011〕923 号	2011 年 12 月 29 日
	关于印发《STCW 公约马尼拉修正案过渡规定实施办法》的通知	海船员〔2012〕172 号	2012 年 2 月 29 日
	中华人民共和国海事局关于印发《特定人员申请海船船员适任证书考试和发证管理办法》的通知	海船员〔2013〕477 号	2013 年 7 月 15 日
	中华人民共和国海事局关于 STCW 公约马尼拉修正案履约过渡和海船船员管理系统应用相关事项的通知	海船员〔2014〕127 号	2014 年 2 月 26 日
	中华人民共和国海事局关于印发海船电子电气员过渡期综合业务考试大纲的通知	海船员〔2013〕327 号	2013 年 5 月 22 日
	中华人民共和国海事局关于海船船员培训考试和发证工作有关事项的通知	海船员〔2013〕266 号	2013 年 4 月 26 日
	中华人民共和国海事局关于进一步规范海船船员培训、考试和发证管理工作的通知	海船员〔2015〕596 号	2015 年 10 月 22 日
	中华人民共和国海事局关于调整海船船员理论考试事项的公告	海船员〔2013〕826 号	2014 年 1 月 1 日
	关于发布《中华人民共和国海船船员考试大纲》的通知	海船员〔2012〕458 号	2012 年 7 月 1 日
	关于发布《中华人民共和国船员考试考场规则》的通知	海船员〔2010〕170 号	2010 年 4 月 20 日

续表

类别	名称	文件号	生效时间
考试、评估和发证	关于印发中华人民共和国海船船员评估规范的通知	海船员〔2012〕700号	2012年9月28日
	中华人民共和国海事局关于印发《中华人民共和国船员计算机终端考试管理办法》的通知	海船员〔2012〕847号	2012年12月14日
	中华人民共和国高速客船安全管理规则	交通部令2006年第4号	2006年6月1日
	关于长江至上海洋山深水港区特定航线船员签注有关事项的通知	海船员〔2009〕189号	2009年4月13日
	中华人民共和国海事局关于启用新版海船船员证书的通知	海船员〔2012〕825号	2012年12月4日
船员注册	中华人民共和国船员注册管理办法	交通运输部令2008年第1号	2008年7月1日
	关于实施《中华人民共和国船员注册管理办法》有关事项的通知	海船员〔2008〕351号	2008年8月12日
	中华人民共和国海事局关于"船员服务簿"记载事项要求的通知	海船员〔2013〕330号	2013年5月23日
	中华人民共和国海事局关于"船员服务簿"记载事项的公告	中华人民共和国海事局公告〔2013〕第2号	2013年5月23日
	关于印发《国际航行船舶船员专业英语考试和发证管理办法》的通知	海船员〔2008〕529号	2008年11月4日
履行《2006年海事劳工公约》文件	交通运输部人力资源社会保障部关于履行《2006年海事劳工公约》的公告	交通运输部 人力资源社会保障部公告第48号	2016年9月29日
	交通运输部人力资源社会保障部关于印发《海事劳工条件检查办法》的通知	交通运输部 人力资源社会保障部·交海发〔2016〕202号	2016年11月22日
	交通运输部关于我国履行《2006年海事劳工公约》第一修正案有关事项的通知	交海发〔2016〕239号	2017年1月4日
	中华人民共和国海事局声明	中华人民共和国海事局声明	2016年11月2日
	中华人民共和国海事局关于国际航行船舶签发海事劳工证书过渡安排有关事项的通知	海船员〔2016〕683号	2016年12月19日
	中华人民共和国海事局关于海员外派机构符合《2006年海事劳工公约》规则1.4要求的公告	中华人民共和国海事局公告〔2013〕第3号	2013年6月4日
	交通运输部关于印发《中华人民共和国海员船上工作和生活条件管理办法》的通知	交海发〔2013〕442号	2013年7月26日

续表

类别	名称	文件号	生效时间
履行《2006年海事劳工公约》文件	中华人民共和国海事局关于中国籍国际航行船舶做好《2006年海事劳工公约》履约准备工作的通知	海船员〔2013〕498号	2013年7月26日
	中华人民共和国海事局关于同意授权中国船级社孙立成等4人签发"海事劳工符合证明"和"临时海事劳工符合证明"的批复	海船员〔2013〕515号	2013年7月31日
	关于船上膳食服务人员履行《2006年海事劳工公约》有关事宜的通知	海船员〔2013〕334号	2013年5月28日
健康证书管理	船员健康检查要求	中华人民共和国国家标准（GB 30035—2013）	2014年7月1日
	交通运输部海事局关于印发《中华人民共和国海船船员健康证明管理办法》的通知	海船员〔2016〕521号	2016年9月21日
	质检总局 交通运输部关于国际通行船舶上中国籍船员体检事项的通知	国家质量监督检验检疫总局 交通运输部·国质检卫联〔2013〕381号	2013年7月26日
	中华人民共和国海事局关于尽快落实《质检总局 交通运输部关于国际通行船舶上中国籍船员体检事项的通知》相关事项的通知	海船员〔2013〕538号	2013年8月6日
船员服务与外派	交通运输部关于修改《中华人民共和国海员外派管理规定》的决定	交通运输部令2016年第33号	2016年4月11日
	商务部 交通运输部关于加强外派海员类对外劳务合作管理有关事宜的通知	商务部交通运输部·商合发〔2010〕148号	2010年5月5日
	关于外派海员等劳务免征营业税的通知	财政部 国家税务总局·财税〔2012〕54号	2010年6月15日
	商务部 外交部关于印送《防范和处置境外劳务事件的规定》的通知	商务部外交部·商合发〔2009〕303号	2009年6月23日
	中华人民共和国海事局关于加强船员服务管理有关事项的公告	中华人民共和国海事局·公告〔2014〕第1号	2014年1月22日
	中华人民共和国海事局关于加强船员出境和服务管理有关事项的通知	海船员〔2014〕38号	2014年1月21日
	关于实施《中华人民共和国海员外派管理规定》有关事项的通知	海船员〔2011〕343号	2011年6月21日

续表

类别	名称	文件号	生效时间
船员服务与外派	中华人民共和国海事局关于调整船员服务机构审批权限和业务范围的通知	海船员〔2014〕677号	2014年11月20日
	关于修改《中华人民共和国船员服务管理规定》的决定	交通运输部令2013年第10号	2013年8月31日
	中华人民共和国海事局关于进一步规范船员服务机构管理的通知	海船员〔2015〕88号	2015年2月12日
船员培训	关于修改《中华人民共和国船员培训管理规则》的决定	交通运输部令2013年第15号	2014年4月1日
	关于印发《中华人民共和国海船船员培训合格证书签发管理办法》的通知	海船员〔2012〕170号	2012年2月29日
	关于做好海船船员合格证培训工作的通知	海船员〔2012〕646号	2012年9月10日
	交通运输部海事局关于中华人民共和国海船船员适任证书及培训合格证书再有效有关事宜的通知	海船员〔2016〕685号	2016年12月29日
	关于颁布《中华人民共和国海船船员船上培训管理办法》的通知	海船员〔2000〕779号	2000年4月13日
	关于印发《海船船员内河航线行驶资格证明培训、考试和发证办法》的通知	海船员〔2003〕447号	2003年10月30日
	关于修改《中华人民共和国船舶最低安全配员规则》的决定	交通运输部令2014年第10号	2014年9月5日
	交通运输部海事局关于调整海船最低安全配员有关事项的通知	海船员〔2016〕598号	2016年11月12日
	关于修改船舶最低安全配员表的通知	海船员〔2006〕145号	2006年4月13日
船舶最低安全配员	关于修改《中华人民共和国船舶最低安全配员规则》的决定	交通运输部令2014年第10号	2014年9月5日
	交通运输部海事局关于调整海船最低安全配员有关事项的通知	海船员〔2016〕598号	2016年11月12日
	关于修改船舶最低安全配员表的通知	海船员〔2006〕145号	2006年4月13日
海员证	中华人民共和国海事局关于海员证申办有关事项的通知	海船员〔2016〕195号	2016年4月15日
	中华人民共和国海事局关于个人申办海员证有关事项的通知	海船员〔2014〕680号	2014年12月2日
	交通运输部海事局关于取消"海员出境证明"的通知	海船员〔2013〕827号	2013年12月19日
	关于采集办理海员证船员电子照片的通知	海船员〔2006〕361号	2006年8月18日
	关于印发《船员出境证件管理规定》的通知	海船员〔2006〕430号	2006年9月29日
	关于办理船员出入境证件有关事项的通知	海船员〔2011〕948号	2011年12月21日

续表

类别	名称	文件号	生效时间
行政处罚及违法记分	中华人民共和国海上海事行政处罚规定	交通运输部令 2015 年第 8 号	2015 年 7 月 1 日
	中华人民共和国海事局关于印发《中华人民共和国船员违法记分办法》的通知	海船员〔2015〕600 号	2015 年 10 月 20 日
	中华人民共和国海事局关于实施《中华人民共和国船员违法记分办法》工作事项的通知	海船员〔2015〕737 号	2015 年 12 月 24 日
值班	中华人民共和国海船船员值班规则	交通运输部令 2012 年第 10 号	2013 年 2 月 1 日
规费	交通运输部关于发布船员考试费等收费标准的通知	交海发〔2016〕154 号	2016 年 8 月 25 日
	关于取消海员证工本费等行政事业性收费项目的通知	海财会〔2008〕646 号	2008 年 12 月 24 日
	交通运输部办公厅转发财政部国家发展改革委关于取消和暂停征收一批行政事业性收费有关问题的通知	交办财审〔2015〕156 号	2015 年 10 月 16 日
	财政部国家发展改革委关于取消和暂停征收一批行政事业性收费有关问题的通知	财政部 国家发展改革委·财税〔2015〕102 号	2015 年 9 月 29 日
	交通运输部海事局关于贯彻落实国家取消和暂停征收一批行政事业性收费有关问题的通知	海征稽〔2015〕616 号	2015 年 10 月 30 日
其他	关于印发《〈船舶专业技术资格考试暂行规定〉航运船舶实施办法》的通知	交人劳发〔2002〕20 号	2002 年 1 月 17 日
	关于印发《船舶中初级专业技术资格证书管理办法》的通知	厅人劳字〔2002〕293 号	2002 年 7 月 16 日
	中华人民共和国海事局关于公布第一批便利船员服务清单的公告	中华人民共和国海事局公告〔2014〕第 3 号	2014 年 6 月 19 日
	中华人民共和国海事局关于公布第二批便利船员服务清单的公告	中华人民共和国海事局公告〔2015〕第 2 号	2015 年 6 月 15 日
	中华人民共和国海事局关于公布第三批便利船员服务清单的公告	中华人民共和国海事局公告〔2016〕第 1 号	2016 年 6 月 21 日
	交通运输部海事局关于实施第三批便利船员服务清单有关事项的通知	海便函〔2016〕658 号	2016 年 6 月 21 日
	交通运输部关于明确交通运输部规章中客船乘客（乘员）定额 12 人的含义的意见	海政法〔2015〕516 号	2015 年 8 月 27 日
	中华人民共和国海事局关于进一步规范船员任解职管理工作的通知	海船员〔2015〕458 号	2015 年 8 月 3 日

二、考试发证类

海员考试发证的政策法规除了《海上交通安全法》《海商法》《船员条例》中做了原则性规定之外,主要依靠交通运输部有关海员适任考试和发证的部门规章(部令),以及交通运输部的规范性文件加以规定,交通运输部海事局适时对相关规定进行补充和细化。

(一)适任证书考试发证

2011 年 12 月 8 日,交通运输部第 12 次部务会议通过了《中华人民共和国海船船员适任考试和发证规则》(交通运输部令 2011 年第 12 号,以下简称《11 规则》),自 2012 年 3 月 1 日起施行。2013 年 12 月 16 日经第 13 次部务会议通过《关于修改〈中华人民共和国海船船员适任考试和发证规则〉的决定》(交通运输部令 2013 年第 18 号),2013 年 12 月 24 日发布并施行。

1.《11 规则》修订的主要内容

(1)取消航海类学历作为申请适任证书的条件之一的规定

《11 规则》是新中国成立以来,交通运输部制定的有关海员考试和发证的第 7 部规定,是对《04 规则》的修订。在证书体系上,《11 规则》对之前的考试发证规则进行了较大的调整。自 1998 年 8 月 1 日,《中华人民共和国海船船员适任考试、评估和发证规则》(交通部令 1997 年第 14 号,以下简称《97 规则》)施行以来,航海类中专(或 2 年航海职业教育)、大专一直是新加入高级船员队伍人员的必要条件,成为一些有海上服务资历但没有学历的支持级船员晋升高级船员难以逾越的门槛。《11 规则》取消了多年来晋升操作级、管理级船员需要航海类中专、大专学历的政策限制,航海类学历不再成为加入高级船员的门槛。即在船上担任值班的普通船员达到 18 个月的海上服务资历,并满足相应的培训要求可申请参加三副、三管轮适任证书考试。同时,根据《船员条例》的规定,《11 规则》增加了相应适任培训的要求。《11 规则》并没有否定航海教育的作用,而是按不同层次和类型的航海教育,采取层级管理的模式区别对待,如接受不少于 2 年全日制航海类中职/中专及以上教育的学生完成全部理论和实践教学内容后,可以相应地申请沿海航区三副、三管轮、电子电气员的适任考试;接受全日制航海类高职/高专及以上教育的学生完成全部理论和实践教学内容后,可以相应地申请无限航区三副、三管轮、电子电气员的适任考试。需要指出的是《11 规则》要求的航海教育的类型是全日制,即非全日制,如函授、自考等方式将不被认可。这一点值得航海教育和培训机构注意。

同时,《11 规则》还借鉴吸收 2006 年交通部实施的全日制非航海类工科毕业生海员培训政策的经验,将其正式纳入《11 规则》中,并规定完成全日制非航海类大专及以上教育并接受不少于 18 个月三副、三管轮、电子电气员岗位适任培训的学员,完成全部理论和实践教学内容后,可以相应地申请无限航区三副、三管轮、电子电气员的适任考试。新的非航海毕业生海员培训政策主要有两个方面的调整:一是培训时间延长了,由原来的 12 个月增加到 18 个月;二是参加培训的对象范围放宽了,由原来的理学、工学、农学、医学、管理学五个门类,以及法学门类中的法学专业、文学门类中的英语专业的非航海专业毕业生放宽到所有全日制非航海类大专及以上教育的毕业生。需要注意的是,除了学历要求外,该政策对教育类型做了限定,仅适用于全日制学员,非全日制,如函授、自考等不属于该政策的范围。

(2)重新调整了适任证书航区和等级

《11 规则》对适任证书等级重新做了划分,其中无限航区船长、驾驶员、轮机长和轮机员适任证书分为两个等级,一等适任证书适用于总吨位 3 000 及以上或者主推进动力装置 3 000 kW 及以上的船舶,二等适任证书适用于总吨位 500 及以上至总吨位 3 000 或者主推进动力装置 750 kW 及以上至 3 000 kW 的船舶。无限航区值班水手、值班机工适任证书仅有一个等级,即适用于总吨位 500 及以上或者主推进动力装置 750 kW 及以上的船舶。沿海航区船长、驾驶员、轮机长和轮机员适任证书分为三个等级,一等、二等适任证书的划分与无限航区的相同,三等适任证书适用于总吨位未满 500 或者主推进动力装置未满 750 kW 的船舶。沿海航区值班水手、值班机工适任证书分为两个等级,其中一等适用于总吨位 500 及以上或者主推进动力装置 750 kW 及以上的船舶,二等适任证书适用于总吨位未满 500 或者主推进动力装置未满 750 kW 的船舶。高级值班水手、高级值班机工适任证书仅有一个等级,即适用于总吨位 500 及以上或者主推进动力装置 750 kW 及以上的船舶。电子电气员和电子技工适任证书仅有一个等级,即适用于主推进动力装置 750 kW 及以上的船舶。

（3）调整了船员职务

根据 STCW 公约马尼拉修正案新的规定和要求,《11 规则》调整了《04 规则》中的船员职务,增加了电子电气员、电子技工、高级值班水手、高级值班机工四个新职务,同时也明确了这四个职务适任证书的条件、培训、海上任职资历和适任考试要求等。调整后的适任证书职务、航区、等级详见表3-2。

表 3-2　适任证书职务、航区、等级对应表

职务	航区	等级	对等级的说明	备注
船长、驾驶员、轮机长和轮机员	无限航区	一等	适用于总吨位 3 000 及以上或者主推进动力装置 3 000 kW 及以上的船舶	
		二等	适用于总吨位 500 及以上至总吨位 3 000 或者主推进动力装置 750 kW 及以上至 3 000 kW 的船舶	
	沿海航区	一等	适用于总吨位 3 000 及以上或者主推进动力装置 3 000 kW 及以上的船舶	
		二等	适用于总吨位 500 及以上至总吨位 3 000 或者主推进动力装置 750 kW 及以上至 3 000 kW 的船舶	
		三等	适用于总吨位未满 500 或者主推进动力装置未满 750 kW 的船舶	
电子电气员和电子技工	无限航区、沿海航区	一等	适用于主推进动力装置 750 kW 及以上的船舶	不区分航区
高级值班水手、高级值班机工、	无限航区、沿海航区	一等	适用于主推进动力装置 750 kW 及以上的船舶	不区分航区
值班水手、值班机工	无限航区	一等	适用于总吨位 500 及以上或者主推进动力装置 750 kW 及以上的船舶	
	沿海航区	一等	适用于总吨位 500 及以上或者主推进动力装置 750 kW 及以上的船舶	
		二等	适用于总吨位未满 500 或者主推进动力装置未满 750 kW 的船舶	

（4）放宽证书再有效的条件

《11 规则》中适任证书再有效的条件除了保留《04 规则》规定的从申请之日起向前计算 5 年内具有与其适任证书所记载范围相应的不少于 12 个月的海上服务资历，且任职表现和安全记录良好的要求外，还根据 STCW 公约马尼拉修正案的新要求增加了一项等效条款，即从申请之日起向前计算 6 个月内具有与其适任证书所记载的范围相应的累计不少于 3 个月的海上服务资历，且任职表现和安全记录良好。正常情况下满足这两项条件之一均可以保持证书再有效。此外，《11 规则》还对适任证书过期保持再有效的条件进行了细化，针对证书过期 5 年以内的、过期 5 年及以上 10 年以下的以及过期 10 年及以上的三种情况，分别做出了应当参加模拟器培训和知识更新培训，并通过相应的抽查项目的评估；参加模拟器培训和知识更新培训，并通过相应的抽查科目的理论考试和项目的评估；参加模拟器培训和知识更新培训，通过相应的抽查科目的理论考试和项目的评估，并在适任证书记载的相应航区、等级范围内按照"船上见习记录簿"规定完成不少于 3 个月的船上见习三种对应的措施，避免了《04 规则》对证书过期需参加并通过规定的抽查科目和项目的考试和评估"一刀切"的方式，适任证书再有效的处理方式更加科学、合理、人性化。适任证书再有效抽考理论考试科目和评估项目详见表 3-3。

表 3-3　适任证书再有效抽考理论考试科目和评估项目

职　务 理论考试和评估项目		船长	大副	二/三副	轮机长	大管轮	二/三管轮	电子电气员	无线电操作人员
船长及驾驶员	船舶操纵与避碰	☆★	☆★	☆★					
	船舶管理	☆★	☆	☆					
	船舶结构与货运		☆★						
	电子海图显示与信息系统/电子海图系统		☆	☆					
	船舶操纵、避碰与驾驶台资源管理	☆★		☆★					
	货物积载与系固		☆★						
	航海仪器的使用			☆					
	航海英语听力与会话	☆	☆	☆					

续表

职 务 理论考试和评估项目		船长	大副	二/三副	轮机长	大管轮	二/三管轮	电子电气员	无线电操作人员
轮机长及轮机员	主推进动力装置					☆★	☆★		
	船舶辅机						☆		
	船舶电气与自动化					☆			
	船舶管理				☆★		☆		
	轮机模拟器				☆				
	动力装置测试分析与操作					☆			
	动力设备拆装					★	☆★		
	动力设备操作						☆★		
	机舱资源管理				☆	☆	☆		
电子电气员	船舶电气							☆	
	船舶管理							☆	
	船舶电站操作与维护							☆	
	船舶电子电气管理与工艺							☆	
无线电操作人员	GMDSS 综合业务								☆
	GMDSS 设备操作								☆
	通信英语听力与会话								☆

注:1. 表中标注"☆"的为申请总吨位 500 及以上或主推进动力装置 750 kW 及以上船员对应职务的理论考试科目和评估项目。

2. 表中标注"★"的为申请总吨位未满 500 或主推进动力装置未满 750 kW 船员对应职务的理论考试科目和评估项目。

(5)融合其他类型船舶船员申请海船船员适任证书的规定

《11 规则》梳理、总结了内河船舶、海洋渔业船舶或军事船舶的人员申请海船船员适任证书的基本精神和经验做法,拟合形成规则的条文。《11 规则》规定的上述三类船员申请海船船员适任证书的三项原则是:一是拟申请证书的等级和职务不高于其在内河船舶、海洋渔业船舶或者军事船舶上相应的证书等级和职务,其中可以申请的职务最高为大副或者大管轮;二是在内河船舶、海洋渔业船舶或者军事船舶上的水上服务资历能够与《11 规则》规定的海上服务资历相适应,且任职表现和安全记录良好;三是参加相应的岗位适任培训,并通过与申请职务相应的理论考试和评估。

(6)免除了申请适用于液货船适任证书的学历要求

《04 规则》对适用于液货船的适任证书规定了学历要求,其中申请适用于无限航区、近洋航区液货船船长、轮机长、大副、大管轮适任证书者,应完成航海类相关专业的高等职业教育,或者完成航海类相关专业的大专及以上学历教育;申请适用于无限航区、近洋航区液货船二副、二管轮、三副、三管轮及沿海航区液货船船长、轮机长、大副、大管轮适任证书者，应完成不少于 2 年的航海类相关专业的职业教育，或者完成航海类相关专业的中专及以上学历教育。因《船员条例》并没有对申请适任证书做出学历方面的要求，《04 规则》对适用于液货船的适任证书有关学历的要求显然超出了上位法《船员条例》的规定，增加了许可条件，不符合立法的原则和要求。因此，《11 规则》取消了适用于液货船的适任证书学历方面的要求，以保持和《船员条例》的一致。

(7) 调整了普通船员适任证书的有效期

根据 STCW 公约马尼拉修正案的规定，值班水手、高级值班水手、值班机工、高级值班机工、电子技工可以持有培训合格证，且证书可以长期有效。这种发证方式，证书不需要知识更新和再有效换证，对船员、船公司更有利，对海事管理机构也非常有利，既减少了换证工作量，又降低了行政成本，《04 规则》修订也比较倾向这种意见。但依据国内立法《船员条例》的规定这些船员应当取得相应的适任证书，且适任证书的有效期不超过 5 年。《04 规则》也规定值班水手和值班机工需要取得相应的适任证书，证书的有效期不超过 5 年。显然在证书名称和证书有效期的问题上出现了国内立法和国际公约不一致的地方，国内立法在先，而国际公约的修订在后，国内立法滞后国际公约，启动国内立法的修订程序以保持与公约的一致是履行国际公约的正常途径。但《船员条例》属于国务院的行政法规，其修订程序复杂，修订历程较长，不可能在短时间内完成修订工作，无法满足履约的急迫需要。因此，既要履行国际公约，又要服从国内立法程序和权限的需要，普通船员证书的名称和有效期问题处理起来变得非常棘手。《11 规则》采取了 STCW 公约马尼拉修正案和《船员条例》规定折中的方式，做出了"我国缔结或者加入的国际公约对普通船员适任证书有效期有特别规定的，按照其规定执行"的规定。该规定的含义是我国对值班水手、高级值班水手、值班机工、高级值班机工、电子技工采取签发适任证书的形式，但证书有效期为长期有效，兼顾 STCW 公约马尼拉修正案中证书长期有效的规定和《船员条例》中适任证书名称的规定。通过立法技巧的艺术处理，巧妙地解决了普通船员适任证书有效期的问题。

(8) 重新整合了适任考试科目

《04 规则》以附件的形式明确了适任考试科目和评估项目。《11 规则》则授权部海事局制定考试科目，制定考试科目以覆盖 STCW 公约马尼拉修正案确定的职能模块、新适任标准及适当减少现有的适任考试科目为原则，借鉴吸收了以往科目的成果，重新调整、合并现有的适任考试科目，避免海员在职务晋升、航区扩大和吨位/功率提高考试中重复考某些知识点的现象发生。调整后的船长和甲板部船员适任证书考试科目为航海学、船舶操纵与避碰、船舶管理、船舶结构与货运、航海英语、水手业务、水手英语，评估项目为航次计划、气象传真图分析、电子海图显示与信息系统、航线设计、雷达操作与应用、船舶操纵、避碰与驾驶台资源管理、货物积载与系固、航海仪器的使用、航海英语听力与会话、水手值班、水手工艺、水手英语听力与会话；轮机部船员适任证书考试科目为主推进动力装置、船舶辅机、船舶电气与自动化、船舶管理、轮机英语、船舶动力装置、机工业务、机工英语，评估项目为轮机模拟器、动力装置测试分析与操作、动力设备拆装、电气与自动控制、动力设备操作、船舶电工工艺和电气设备、金工工艺、机舱资源管理、轮机英语听力与会话、机工英语听力与会话、设备拆装与操作、动力设备操作与管理。

2.其他配套的规范性文件对考试发证的规定

(1)《〈中华人民共和国海船船员适任考试和发证规则〉实施办法》(海船员〔2012〕171号)

该办法规定船员参加岗位适任培训时需满足《11规则》和《中华人民共和国船员培训管理规则》有关船员年龄、持证情况、海上服务资历、安全任职记录、身体健康状况等方面的要求,并向培训机构提交"海船船员岗位适任培训、考试申请表"。船员培训机构应将有关岗位适任培训的要求告知船员,并对其提交的材料进行审核,船员符合要求后方可参加相应的岗位适任培训。

船员岗位适任培训证明有效期为5年,过期未申请参加适任证书考试的船员应重新参加岗位适任培训后再申请。具有开展全日制航海中专、专科及以上学历教育资格的院校,经中华人民共和国海事局认可后,招收的全日制航海专业学生完成学校规定的教程并取得毕业证书,等同完成三副、三管轮、电子电气员岗位适任培训;学生毕业后5年内可以直接参加相应航区的三副、三管轮适任考试;学生毕业5年后,需具有12个月的海上服务资历后,方可直接参加相应的适任考试;在校期间没有申请参加值班水手、值班机工和电子技工适任考试的学生,毕业后申请参加相应的支持级船员适任考试时,可免于相应的岗位适任培训。

船员申请适任考试和证书需要的海上服务资历,《11规则》没有特殊说明的,均指申请者需具有相应航区、相应等级、相应职务的海上服务资历。对于船员海上服务资历中航区的认定,以其所服务船舶的"船舶最低安全配员证书"载明的要求界定。持有船长或驾驶员适任证书者申请无线电操作人员适任证书再有效时,其船长或驾驶员任职资历等同于无线电操作服务资历;其他无线电操作人员必须具备《11规则》第十五条要求的无线电操作资历。

现职船员在任职期间发生负有主要责任的大事故①及以上等级事故,并受到海事管理机构行政处罚的,其在发生事故前的海上服务资历不能作为申请培训、考试和发证的海上服务资历。海上服务资历自发生事故后重新开始计算。因违反海事行政管理规定被吊销适任证书者,在按照《11规则》第十八条第一款规定申请低一职务的适任考试和发证时,免于岗位适任培训和船上见习。《11规则》第十八条第二款所要求的"安全记录良好"是指申请人在原来担任现申请的低一职务期间未发生负有主要责任的大事故及以上等级事故。发生《11规则》第四十四条第一款第(一)(三)(四)项情形的,须对事故责任船员进行"船舶操纵、避碰与驾驶台资源管理"项目评估;发生第四十四条第一款第(二)项情形的,需对责任船员进行防污染规定、设备操作程序和方法的现场考核。

---

① 根据《水上交通事故统计办法》(中华人民共和国交通运输部令2014年第15号)的规定,水上交通事故按照人员伤亡、直接经济损失或者水域环境污染情况等要素,分为以下等级:

(一)特别重大事故,指造成30人以上死亡(含失踪)的,或者100人以上重伤的,或者船舶溢油1 000吨以上致水域污染的,或者1亿元以上直接经济损失的事故;

(二)重大事故,指造成10人以上30人以下死亡(含失踪)的,或者50人以上100人以下重伤的,或者船舶溢油500吨以上1 000吨以下致水域污染的,或者5 000万元以上1亿元以下直接经济损失的事故;

(三)较大事故,指造成3人以上10人以下死亡(含失踪)的,或者10人以上50人以下重伤的,或者船舶溢油100吨以上500吨以下致水域污染的,或者1 000万元以上5 000万元以下直接经济损失的事故;

(四)一般事故,指造成1人以上3人以下死亡(含失踪)的,或者1人以上10人以下重伤的,或者船舶溢油1吨以上100吨以下致水域污染的,或者100万元以上1 000万元以下直接经济损失的事故;

(五)小事故,指未达到一般事故等级的事故。

（2）《中华人民共和国海事局关于进一步明确 STCW 公约履约过渡期考试发证相关事项的通知》（海船员〔2015〕242 号）

该文件规定船员证书污损、遗失申请补发的，应到原证书签发机关办理。

凡未参加并通过"电子海图显示与信息系统/电子海图系统"项目适任评估或过渡期适任培训电子海图显示与信息系统（ECDIS）项目考核的，申请大副职务晋升船长考试、航区扩大或吨位提高时应加考"电子海图显示与信息系统/电子海图系统"项目。

船员申请职务晋升、航区扩大、吨位或功率提高所需要的海上服务资历，应是申请岗位适任培训之日起前 5 年内相应的有效资历。

海船船员健康体检机构应按照《船员健康检查要求》（GB 30035—2013）规定的标准，为符合检查要求的人员签发健康证书。但在 2014 年 7 月 1 日之前已经注册为海船船员的，其听力检查标准可按以下规定执行：

船长和甲板部船员：以电测听力计测定，双耳裸听力在 0.5、1.0、2.0、3.0 kHz 频段上平均小于等于 30 dB。船长和甲板部以外的其他船员：以电测听力计测定，双耳裸听力在 0.5、1.0、2.0、3.0 kHz 频段上平均小于等于 40 dB。

（3）中华人民共和国海事局便利船员服务清单相关规定

2014 年第一批便利船员服务清单对外承诺：

一是公布海船船员适任证书（《11 规则》中/英文版）信息。在中华人民共和国交通运输部官方网站、中华人民共和国海事局官方网站公布海船船员适任证书信息（中文版），供船员和社会查询。在中华人民共和国海事局英文官方网站公布海船船员适任证书信息（英文版），供相关缔约国政府查询。

二是公布海船船员考试成绩。在中华人民共和国海事局官方网站公布海船船员考试成绩，供船员和企业查询。

三是取消海船船员办证调档，实行异地办证。取消海船船员办证调档，实现海船船员培训考试与发证分离，即船员在某一海事管理机构所管辖的培训机构参加培训且考试合格后，可以在任一直属海事管理机构申请办证。

四是开放海船船员实操评估题库。2014 年 6 月 25 日在中国海事服务中心考试中心网站公布海船船员实操评估题库，供船员培训机构、企业和船员查询。

登录中国海事服务中心网站 http://exam.cmaritime.com.cn，可以在"考试大纲"—"考试资料"栏目下查看实操评估试题库。

五是开通"幸福船员"微信服务。2014 年 6 月 25 日后，所有中国海员和企业可通过搜索"幸福船员"微信服务号或扫描"幸福船员"二维码关注"幸福船员"微信服务。服务内容包括：可以通过"幸福船员"微信服务查阅本人的证书、培训、考试成绩、任解职、合同等信息，同时可查阅船员服务相关的机构信息（包括培训机构、服务机构、外派机构、体检机构）；在江苏局试点"幸福船员"移动客户端终端应用，江苏海事局辖区船员通过"幸福船员"微信下载安装"幸福船员"移动客户端，可以申请办理培训合格证、适任考试补考等业务，可以查询业务办理状态。

六是开通船员服务邮箱。开通中华人民共和国海事局、各直属海事局船员服务邮箱，接受和答复船员和企业的业务咨询、管理建议和意见等。

七是提供船员证书邮寄服务。海事管理机构制证完毕后短信告知船员或企业，并可根据船员需要为其提供证书邮寄服务。

2015年第二批便利船员服务清单对外承诺：

一是统一公布海船船员适任考试计划。在中华人民共和国交通运输部官方网站、中华人民共和国海事局官方网站、"幸福船员"微信平台公布海船船员适任考试计划，供船员和社会查询。

登录中华人民共和国交通运输部官方网站(http://www.mot.gov.cn)，进入"服务园地"—"船员管理"—"船员信息"，点击"海船船员适任考试计划查询"，查询海船船员适任考试计划。

登录中华人民共和国海事局官方网站(http://www.msa.gov.cn)，进入"公共服务"—"船员管理"—"信息查询"，或直接访问http://cyxx.msa.gov.cn，点击"海船船员适任考试计划查询"，选择海事机构名称，查询海船船员适任考试计划。

关注"幸福船员"微信。在"微信息"—"考试信息"—"适任考试计划"查询海船船员适任考试计划。

二是增加海船船员短信提醒服务内容，包括：为社会船员考生提供考试信息提醒服务，提供准考证号码，提示船员及时打印准考证并参加考试；为社会船员考生提供考试成绩短信推送服务，提示船员考试通过情况；为船员提供证书到期提醒服务，提醒船员提前做好换证准备。

三是海船船员理论考试可申请异地补考。船员可以选择就近的具有相应考试发证权限的海事管理机构，申请参加海船船员适任考试或者合格证考试理论统考科目的补考。

2016年第三批便利船员服务清单对外承诺：

一是实行海船船员证书无纸化申办。自2016年10月1日起，经过信息采集和证书核对且无不良诚信记录的海船船员，可以通过船员电子申报暨综合信息平台申请下列证书，无须向海事管理机构提交纸质材料：

①海员证；

②游艇驾驶证；

③基本安全培训合格证；

④精通快速救助艇培训合格证；

⑤高级消防培训合格证；

⑥精通急救培训合格证；

⑦船上医护培训合格证；

⑧保安意识培训合格证；

⑨负有指定保安职责船员培训合格证；

⑩油船和化学品船货物操作基本培训合格证；

⑪液化气船货物操作基本培训合格证；

⑫客船船员特殊培训合格证；

⑬船舶装载散装固体危险和有害物质作业船员特殊培训合格证；

⑭船舶装载包装危险和有害物质作业船员特殊培训合格证。

二是自2016年10月1日起，海船船员管理系统中记载的海上服务资历和学历满足相应要求且无不良诚信记录的海船船员，也可以通过船员电子申报暨综合信息平台申请下列证书，无须向海事管理机构提交纸质材料：

①海船船员适任证书；

②精通救生艇筏和救助艇培训合格证；

③船舶保安员培训合格证；

④油船货物操作高级培训合格证；

⑤化学品船货物操作高级培训合格证；

⑥液化气船货物操作高级培训合格证；

⑦大型船舶操纵特殊培训合格证；

⑧高速船船员特殊培训合格证。

三是提供内河船舶船员手机短信提醒服务,包括:证书到期提醒;办证申请受理、办结提醒;考试成绩和结果推送。

四是缩短船员考试成绩公布时间。自 2016 年 10 月 1 日起,海船船员理论考试成绩当场公布,英语评估及气象传真图分析评估成绩在当期考试结束后 5 个工作日内公布,其他科目海船船员评估成绩当天公布。

(4)《交通运输部海事局关于调整海船最低安全配员有关事项的通知》(海船员〔2016〕598 号)

该文件调整了海船最低安全配员标准,详见表 3-4,自 2017 年 1 月 1 日起实施。自 2017 年 1 月 1 日起,启用新版证书,即"船舶最低安全配员证书(2016 版)"。自 2018 年 1 月 1 日起,海事管理机构在监督检查中发现船舶持有"船舶最低安全配员证书"低于"海船甲板部、轮机部和客运部最低安全配员表"规定标准的,应当责令改正,并按照相关规定依法处理。

(5)海员出入境证件申办有关规定

为了便利海员出境,经商公安部出入境管理局同意,自 2014 年 1 月 1 日起,各海事管理机构和有权签发"海员出境证明"的单位不再向海员签发"海员出境证明";海员出境时,边防检查站除查验海员的"海员证"外,不再查验"海员出境证明"。

为促进船员职业发展,便利船员办理海员证,自 2015 年 3 月 1 日起,取消海员证单位申办限制,施行个人申办海员证。船员申办海员证,免于提交体检合格证明。船员申办海员证,免于提交无法律、行政法规规定禁止出境的情形证明。对于有无法律、行政法规规定禁止出境的情形,海员证签发审核人员应通过交通运输部海事局与公安部共享信息进行校验。

(6)《中华人民共和国海上海事行政处罚规定》(交通运输部令 2015 年第 8 号)

《中华人民共和国海上海事行政处罚规定》是为规范海上海事行政处罚行为,保护当事人的合法权益,保障和监督海上海事行政管理,维护海上交通秩序,防止船舶污染水域而制定的法规,2014 年 11 月 20 日,《中华人民共和国海上海事行政处罚规定》经第 13 次部务会议通过,2015 年 5 月 29 日中华人民共和国交通运输部令 2015 年第 8 号公布,自 2015 年 7 月 1 日起施行。《海上海事行政处罚规定》规定了海事行政违法的具体行为和行政处罚,包括违反安全营运管理秩序,违反船舶、海上设施检验和登记管理秩序,违反船员管理秩序,违反航行、停泊和作业管理秩序,违反危险货物载运安全监督管理秩序,违反海难救助管理秩序,违反海上打捞管理秩序,违反海上船舶污染沿海水域环境管理秩序,违反交通事故调查处理秩序,明确了海事行政处罚的具体程序。

表 3-4　海船甲板部、轮机部和客运部最低安全配员表

甲 板 部			
船舶种类、航区、吨位或总功率		一般规定	附加规定
一般船舶	总吨位 3 000 及以上	船长、大副、二副、三副各 1 人,值班水手或者高级值班水手 3 人(国际航行船舶配备高级值班水手 2 人,值班水手 1 人)	连续航行时间不超过 36 h,可减免三副和值班水手各 1 人
	总吨位 500 及以上至总吨位未满 3 000	船长、大副、三副各 1 人,值班水手或者高级值班水手 3 人(国际航行船舶配备高级值班水手 2 人,值班水手 1 人)	连续航行时间不超过 36 h,可减免值班水手 1 人;连续航行时间不超过 8 h,可再减免三副 1 人
	总吨位 200 及以上至总吨位未满 500	船长、三副各 1 人,值班水手 2 人	连续航行时间超过 24 h,须增加二副 1 人 连续航行时间不超过 4 h,可减免三副 1 人及值班水手 1 人
	总吨位 100 及以上至总吨位未满 200	船长、三副各 1 人,值班水手 1 人	连续航行时间超过 36 h,须增加二副 1 人 连续航行时间不超过 8 h,可减免三副 1 人
	总吨位未满 100	驾驶员(国际航行船舶为船长;机驾合一为驾机员)1 人,值班水手 1 人	连续航行时间超过 8 h,须增加驾驶员(机驾合一为驾机员)1 人。连续航行时间不超过 4 h,可减免值班水手 1 人
客船	总吨位 500 及以上	(1)船长、大副、二副各 1 人,值班水手或者高级值班水手 3 人(国际航行船舶配备高级值班水手 2 人,值班水手 1 人) (2)配有与救生艇数量相等的持有精通救生艇筏及救助艇操纵证书的人员(不包括船长和大副)	连续航行时间超过 24 h,须增加二副 1 人。连续航行时间不超过 8 h,可减免二副和值班水手各 1 人
	总吨位 200 及以上至总吨位未满 500	(1)船长、二副各 1 人,值班水手 2 人 (2)同上	连续航行时间超过 8 h,须增加二副 1 人
	总吨位 100 及以上至总吨位未满 200	(1)船长、二副各 1 人,值班水手 1 人 (2)同上	连续航行时间超过 16 h,须增加二副 1 人 连续航行时间不超过 4 h,可减免二副 1 人
	总吨位未满 100	(1)船长〔机驾合一为驾机(驶)员〕1 人,值班水手 1 人 (2)同上	限白天航行。连续航行时间超过 4 h,须增加二副(机驾合一为驾机员)1 人
拖船	海上 3 000 kW 及以上	船长、大副、二副、三副各 1 人,值班水手 3 人	连续航行时间不超过 36 h,可减免二副、值班水手各 1 人;连续航行时间不超过 8 h,可再减免三副 1 人
	海上 3 000 kW 以下	船长、三副各 1 人,值班水手 2 人	连续航行时间超过 8 h,须增加二副 1 人
	港内 750 kW 及以上	二副 1 人,值班水手 2 人	
	港内 未满 750 kW	三副 1 人,值班水手 1 人	

123

续表

轮 机 部			
所有船舶	航区和总功率	一般规定	附加规定
	海上	3 000 kW 及以上：轮机长、大管轮、二管轮、三管轮各1人，值班机工或者高级值班机工3人（国际航行船舶配备高级值班机工2人，值班机工1人）	（1）连续航行时间不超过36 h，可减免三管轮和值班机工各1人。（2）AUT-0自动化机舱可减免二管轮、三管轮和值班机工2人。（3）AUT-1自动化机舱可减免三管轮和值班机工2人。（4）BRC半自动化机舱可减免值班机工2人
		750 kW 及以上至未满3 000 kW：轮机长、大管轮各1人，值班机工或高级值班机工2人（国际航行船舶配备高级值班机工1人，值班机工1人）	连续航行时间超过16 h，须增加三管轮1人和值班机工1人（自动化机舱及BRC半自动化机舱除外）
		220 kW 及以上至未满750 kW：轮机长、三管轮各1人，值班机工2人	连续航行时间超过24 h，须增加二管轮1人（自动化机舱及BRC半自动化机舱除外）连续航行时间不超过8 h，可减免值班机工1人；连续航行时间不超过4 h，可再减免三管轮1人
		75 kW 及以上至未满220 kW：轮机员1人，值班机工（自动化机舱、BRC半自动化机舱及机驾合一可减免）1人	连续航行时间不超过8 h，可减免值班机工1人
		未满75 kW：值班机工（机驾合一的免）1人	
	港内	二管轮、三管轮（或轮机员）各1人，值班机工1人（机驾合一的免）	未满750 kW，可减免二管轮1人；未满75 kW，可再减免三管轮（或轮机员）1人；机驾合一，可再减免值班机工1人

客 运 部	
客船	按船舶载客定额，每50名乘客配客运部人员1名；航程不超过40 n mile或航行时间不超过4 h的，可按每100名乘客配客运部人员1名；航程不超过10 n mile或航行时间不超过1 h的，可按每150名乘客配客运部人员1名；航程不超过5 n mile或航行时间不超过0.5 h的，可按每200名乘客配客运部人员1名；航程不超过5 n mile或航行时间不超过0.5 h，且载客定额不足50名的，可不配客运部人员

注：1. 客运部人员包括乘警、船医、厨工及旅客服务员；

2. 在船上担任电子电气员、电子技工职务的船员须持有相应的适任证书；

3. 实际配员超过10人（含10人）的国际航行船舶，应至少额外配备一名船上厨师；

4. 载员100人及以上且航行时间在3天以上的国际航行船舶须配备医生1名；

5. 国际航行船舶的机舱自动化程度按其轮机入级证书载明情况为准；国内航行船舶的机舱自动化程度按照船舶检验证书簿载明情况为准，主推进装置驾驶室遥控的可按半自动化机舱进行减免；

6. 轮机部可按航行时间减免，或按机舱自动化程度减免，但不应按航行时间和机舱自动化程度同时减免；

7. 废钢船需航行时按其检验时的船舶种类及相关参数核定配员，不适用减免规定；

8. 船舶在中途港或海上作业点停留时间不超过4 h的，计入连续航行时间；

9. 机驾合一指在驾驶室能直接操纵主机；

10. 低级岗位可由持有相应等级适任证书的较高级岗位船员担任，也可由持有较高等级适任证书的同级岗位船员担任。

11. 总吨位未满50且主机功率未满75 kW的载客不超过12人的船艇（包括游艇、舷外挂机船舶、摩托艇、快艇、乡镇自用船舶、农用船舶），可只配驾驶员或驾机员1名。

（7）《中华人民共和国船员违法记分办法》（海船员〔2015〕600号）

为增强船员遵守法律的意识，减少人为因素对水上交通安全和防治船舶污染水域的影响，进一步规范船员违法记分工作，根据《船员条例》等有关法规，交通运输部海事局修订了原来的《中华人民共和国船员违法记分办法》。该办法规定了船员累计记分周期和分值。船员累计记分周期（即记分周期）为1个公历年，满分15分，自每年1月1日始至12月31日止。根据船员违法行为的严重程度，一次船员违法记分的分值为：15分、8分、4分、2分、1分五种。船员违法记分分值标准见表3-5、表3-6。

表3-5　海船船员水上交通安全类违法记分分值标准

代码	行为名称	对象	分值	法律依据
11001	船舶、设施上的人员在船上值班期间，体内酒精含量超过规定标准的；在船上履行船员职务，服食影响安全值班的违禁药物的	当事船员	15	《海上交通安全法》第九条
11002	船长在弃船或者撤离船舶时未最后离船的	船长	15	《船员条例》第二十二条第（九）项
11003	由他人代替参加考试或者代替他人参加考试的	当事船员	15	《海上交通安全法》第九条
11004	发生海上交通事故的船舶、设施在不严重危及自身安全的情况下，擅自离开事故现场或逃逸的	船长	15	《海上交通安全法》第三十七条
11005	转让、买卖或租借船员职务证书的	当事船员	15	《海上交通安全法》第七条
11006	船舶、设施遇难时，不及时向海事管理机构报告出事时间、地点、受损情况、救助要求以及发生事故的原因的	船长	8	《海上交通安全法》第三十四条
11007	在事故现场附近的船舶、设施，不听从海事管理机构统一指挥实施救助的	船长及值班驾驶员	8	《海上交通安全法》第三十八条
11008	船舶、设施不符合安全航行条件而开航的	船长	8	《海上交通安全法》第十条
11009	船舶、设施不符合安全作业条件而作业的	船长	8	《海上交通安全法》第十条
11010	船舶、设施未按照规定进行夜航的	船长	8	《海上交通安全法》第十条
11011	船舶、设施未按规定拖带，或非拖带船从事拖带作业的	船长	8	《海上交通安全法》第十条
11012	船舶、设施储存、装卸、运输危险货物，装运危险货物的船舶擅自在非停泊危险货物船舶的锚地、码头或其他水域停泊的	船长	8	《海上交通安全法》第三十二条《危险化学品安全管理条例》第四十五条
11013	引航员在引领船舶时，未持有相应的引航员适任证书的	当值引航员	8	《船员条例》第九条第一款
11014	船员在船工作期间，未持有相应的船员适任证书的	未持证船员	8	《船员条例》第九条第一款
11015	船舶、设施不按照规定载运旅客、车辆的	船长	8	《海上交通安全法》第十条
11016	船舶、设施超过核定载重线载运货物的	大副	8	《海上交通安全法》第十条
11017	未按照规定保障船舶的最低安全配员的	船长	8	《船员条例》第二十二条第（三）项
11018	伪造船舶服务资历，或者提供虚假材料申请船员证书的	责任船员	8	《船员条例》第五十三条
11019	船舶无正当理由进入或者穿越禁航区的	值班驾驶员	8	《海上交通安全法》第十五条
11020	船员考试作弊的	当事船员	8	《海上交通安全法》第九条
11021	船舶、设施上的人员在船上履行船员职务，未按照船员值班规则实施值班的	当事船员	8	《海上交通安全法》第九条

续表

代码	行为名称	对象	分值	法律依据
11022	船舶、设施储存、装卸、运输危险货物，不遵守国家关于危险货物管理和运输规定的	当事船员	4	《海上交通安全法》第三十二条《危险化学品安全管理条例》第四十五条
11023	船舶、设施上的人员不按规定使用明火的	大副或轮机长	4	《海上交通安全法》第九条
11024	船舶进出港口或通过交通管制区、通航密集区和航行条件受到限制的区域时，不遵守中国政府或海事管理机构公布的特别规定的	船长	4	《海上交通安全法》第十四条
11025	引航员未按照水上交通安全和防治船舶污染操作规则引领船舶的	当值引航员	4	《船员条例》第二十条第（三）项
11026	船舶、设施上的人员不采用安全速度航行的	值班驾驶员	4	《海上交通安全法》第九条
11027	船舶、设施上的人员不按规定的航路航行的	值班驾驶员	4	《海上交通安全法》第九条
11028	船舶、设施上的人员不遵守避碰规则的	值班驾驶员	4	《海上交通安全法》第九条
11029	船舶、设施上的人员不按照规定停泊、倒车、调头、追越的	值班驾驶员	4	《海上交通安全法》第九条
11030	船舶、设施上的人员不按规定进行试车、试航、测速、辨校方向的	船长	4	《海上交通安全法》第九条
11031	船舶、设施不遵守强制引航规定的	船长	4	《海上交通安全法》第十条
11032	船舶触碰航标不报告的	值班驾驶员	4	《航标条例》第十四条第二款
11033	未按照规定抄收海岸电台播发的海上航行警告的	船长、二副或值班驾驶员	4	《海上交通安全法》第九条
11034	船舶、设施超过核定航区航行的	值班驾驶员	4	《海上交通安全法》第十条
11035	游艇的航行水域超出检验证书所载明的适航范围的	游艇操作员	4	《游艇安全管理规定》第十七条第一款
11036	船长、高级船员在航次中，擅自辞职、离职或者中止职务的	当事船员	4	《船员条例》第二十三条
11037	船员未如实填写或者记载有关船舶法定文书的	当事船员	4	《船员条例》第二十条
11038	引航员在引领船舶时，未携带规定的有效证件的	未带证引航员	2	《船员条例》第二十条第（一）项
11039	船员在船工作期间未携带规定的有效证件的	未带证船员	2	《船员条例》第二十条第（一）项
11040	游艇操作人员操作游艇时未携带合格的适任证书的	操艇员	2	《游艇安全管理规定》第十五条第三款
11041	船舶、设施上的人员不按规定显示信号的	值班驾驶员	2	《海上交通安全法》第九条
11042	船舶、设施不遵守航行通信和无线电通信管理规定的	值班驾驶员	2	《海上交通安全法》第十条
11043	船舶、设施上的人员不按规定保持船舶自动识别系统处于正常工作状态，或者不按照规定在船舶自动识别设备中输入准确信息，或者船舶自动识别系统发生故障未及时向海事管理机构报告的	值班驾驶员	2	《海上交通安全法》第九条
11044	船舶、设施违反船舶并靠或者过驳有关规定的	船长	2	《海上交通安全法》第十条
11045	游艇未在海事管理机构公布的专用停泊水域或者停泊点停泊，或者临时停泊的水域不符合《游艇安全管理规定》的要求的	操艇员	1	《游艇安全管理规定》第二十条

表 3-6 海船船员防治船舶污染类违法记分分值标准

代码	行为名称	对象	分值	法律依据
12001	因发生事故或其他突发性事件,造成海洋环境污染事故,不立即采取处理措施的	船长	15	《海洋环境保护法》第六十五条
12002	船舶向沿海水域排放《海洋环境保护法》等有关规定禁止排放的污染物或其他物质的	大副或轮机长,及责任船员	15	《海洋环境保护法》第六十二条第一款
12003	发生船舶污染事故,船舶、有关作业单位迟报、漏报、瞒报和谎报事故的	船长	8	《防治船舶污染海洋环境管理条例》第三十七条
12004	船舶超过标准排放污染物的	大副或轮机长,及责任船员	8	《海洋环境保护法》第六十二条第一款
12005	未经海事管理机构批准,使用消油剂的	船长	8	《海洋环境保护法》第七十条第(三)项、《防治船舶污染海洋环境管理条例》第四十三条
12006	未经海事管理机构批准,船舶载运污染危害性货物进出港口、过境停留、进行装卸的	大副	4	《海洋环境保护法》第六十七条《防治船舶污染海洋环境管理条例》第二十二条
12007	载运污染危害性货物的船舶不符合污染危害性货物适载要求的	大副	4	《防治船舶污染海洋环境管理条例》第二十一条第一款
12008	未经海事管理机构批准,船舶进行散装液体污染危害性货物过驳作业的	船长	4	《防治船舶污染海洋环境管理条例》第二十六条
12009	船舶未按照规定在船舶上留存船舶污染物处置记录的;船舶污染物处置记录与船舶运行过程中产生的污染物数量不符合的	船长、大副或轮机长,及责任船员	4	《防治船舶污染海洋环境管理条例》第十六条第一款

船员在一个记分周期内累计记分达到 15 分的,最后实施船员违法记分的海事管理机构应当扣留其船员适任证书,责令其参加为期 5 日的水上交通安全、防治船舶污染等有关法律、行政法规的培训(以下简称"法规培训")并进行相应的考试。船员在一个记分周期内累计记分未达到 15 分的,记分分值重新起算。船员在一个记分周期内两次及以上达到 15 分,或在连续 2 个记分周期内分别达到 15 分,或连续 2 个记分周期内累计记分达到 40 分的,最后实施船员违法记分的海事管理机构应当扣留其船员适任证书,责令其参加法规培训和考试(不得收取费用),考试内容除理论部分外,还包括船员适任能力考核。

船员需参加法规培训的,可向最后被实施船员违法记分地、船员注册地或船员适任证书签发地的海事管理机构报名。海事管理机构收到船员的报名后,对符合上款规定的应在 15 个工作日内组织培训。法规培训应包括水上交通安全和防治船舶污染等管理法规、安全知识的教育和海事案例等内容。被扣留船员适任证书的船员经相应考试合格后,海事管理机构应发还其船员适任证书,记分分值重新起算。被扣留船员适任证书的船员未经考试合格的,不得在船舶上继续服务。

(二)培训合格证书考试发证

根据《中华人民共和国海船船员培训合格证书签发管理办法》(海船员〔2012〕170 号)的规定,海船船员培训合格证书项目、代码及有效期详见表 3-7。

表 3-7　海船船员培训合格证书项目、代码及有效期对照表

序号	海船船员培训合格证书项目	代码	有效期
1	基本安全培训合格证	Z01	5 年
2	精通救生艇筏和救助艇培训合格证	Z02	5 年
3	精通快速救助艇培训合格证	Z03	5 年
4	高级消防培训合格证	Z04	5 年
5	精通急救培训合格证	Z05	长期
6	船上医护培训合格证	Z06	长期
7	保安意识培训合格证	Z07	长期
8	负有指定保安职责船员培训合格证	Z08	长期
9	船舶保安员培训合格证	Z09	长期
10	油船和化学品船货物操作基本培训合格证	T01	长期
11	油船货物操作高级培训合格证	T02	5 年
12	化学品船货物操作高级培训合格证	T03	5 年
13	液化气船货物操作基本培训合格证	T04	长期
14	液化气船货物操作高级培训合格证	T05	5 年
15	客船船员特殊培训合格证	T06	5 年
16	大型船舶操纵特殊培训合格证	T07	长期
17	高速船船员特殊培训合格证	T08	5 年
18	船舶装载散装固体危险和有害物质作业船员特殊培训合格证	T09	长期
19	船舶装载包装危险和有害物质作业船员特殊培训合格证	T10	长期

备注:上述海船船员培训合格证书有效期截止日期均不超过持证人 65 周岁生日。

1. 关于申请培训合格证书相关见习的规定和要求

申请某些培训合格证,通过相应的考试后,还应具有相应的海上服务资历或完成船上见习,具体如下:申请精通救生艇筏和救助艇培训合格证的,应当具有不少于 6 个月的海上服务资历;申请油船、化学品船、液化气船货物操作高级培训合格证的,应当具有不少于 3 个月认可的相应种类船舶的海上服务资历,或完成不少于 1 个月的相应种类船舶的船上见习及不少于3 次装货操作、3 次卸货操作;申请高速船船员特殊培训合格证者,应当完成高速船船长、驾驶员、轮机长、轮机员相应职务的不少于 1 个月或 50 个单航次的船上见习。申请船舶保安员培训合格证的,在参加培训前应当具有不少于 12 个月的海上服务资历;申请高速船船员特殊培训合格证的,在参加培训前应当具有担任船长、驾驶员、轮机长、轮机员职务不少于 12 个月,或者高速船上不少于 12 个月的海上服务资历;申请大型船舶操纵特殊培训合格证的,在参加培训前应当具有担任船长、驾驶员职务不少于 12 个月的海上服务资历。

2. 培训合格证书再有效的相关规定和要求

持有基本安全培训合格证、精通救生艇筏和救助艇培训合格证、精通快速救助艇培训合格

证、高级消防培训合格证、油船货物操作高级培训合格证、化学品船货物操作高级培训合格证、液化气船货物操作高级培训合格证、客船船员特殊培训合格证以及高速船船员特殊培训合格证者,应当在培训合格证有效期截止日期前,向海事管理机构申请培训合格证书再有效。

申请培训合格证书再有效者,应当满足以下条件:

(1)申请基本安全培训合格证、精通救生艇筏和救助艇培训合格证、精通快速救助艇培训合格证、高级消防培训合格证再有效的,应当完成规定的知识更新并通过考核。

(2)申请油船货物操作高级培训合格证、化学品船货物操作高级培训合格证、液化气船货物操作高级培训合格证再有效的,应当在证书有效期截止日期前5年内具有不少于3个月相应种类船舶上任职的海上服务资历和合格的任职表现,完成规定的知识更新并通过考核。不满足以上要求的重新参加培训并通过考试。

(3)申请客船船员特殊培训合格证再有效的,应当在证书有效期截止日期前5年内具有不少于24个月客船上任职的海上服务资历和合格的任职表现,或完成规定的知识更新并通过考核。

(4)申请高速船船员特殊培训合格证再有效的,应当在证书有效期截止日期前5年内具有不少于12个月高速船上任职的海上服务资历和合格的任职表现,或完成规定的知识更新并通过考核。

以上培训合格证书失效的,想申请再有效,应在申请培训合格证前5年内具有不少于18个月相应种类船舶上任职的海上服务资历和合格的任职表现,完成规定的知识更新并通过考核。不满足以上要求的重新参加培训并通过考试。

三、船员权益保护类

船员作为劳动者的一员,规定并调整其权益保护的有关法律法规涵盖在国家公民权益保护的整体法律法规框架中,即《劳动法》《劳动合同法》《社会保险法》《劳动合同法实施条例》《工伤保险条例》《实施〈中华人民共和国社会保险法〉若干规定》同样适用于船员。在《海事法规体系框架》中没有针对船员职业特殊权益保护的专门法律法规,部分涉及船员权益保障的规定散见于《海商法》《船员条例》的个别条款中。如《海商法》第三十四条明确规定"船员的任用和劳动方面的权利、义务,本法没有规定的,适用有关法律、行政法规的规定"。

《船员条例》用了一章的篇幅(第四章"船员职业保障")来规定船员的权益保障,具体条款有:第二十五条"船员用人单位和船员应当按照国家有关规定参加工伤保险、医疗保险、养老保险、失业保险以及其他社会保险,并依法按时足额缴纳各项保险费用。船员用人单位应当为在驶往或者驶经战区、疫区或者运输有毒、有害物质的船舶上工作的船员,办理专门的人身、健康保险,并提供相应的防护措施"。第二十六条"船舶上船员生活和工作的场所,应当符合国家船舶检验规范中有关船员生活环境、作业安全和防护的要求。船员用人单位应当为船员提供必要的生活用品、防护用品、医疗用品,建立船员健康档案,并为船员定期进行健康检查,防治职业疾病。船员在船工作期间患病或者受伤的,船员用人单位应当及时给予救治;船员失踪或者死亡的,船员用人单位应当及时做好相应的善后工作"。第二十七条"船员用人单位应当依照有关劳动合同的法律、法规和中华人民共和国缔结或者加入的有关船员劳动与社会保障国际条约的规定,与船员订立劳动合同。船员用人单位不得招用未取得本条例规定证件的人员上船工作"。第二十八条"船员工会组织应当加强对船员合法权益的保护,指导、帮助船员与船员用人单位订立劳动合同"。第二十九条"船员用人单位应当根据船员职业的风险性、艰苦性、流动性等因素,向船员支付合理的工资,并按时足额发放给船员。任何单位和个人不得克扣船员的工资。船员用人单位应当向在劳动合同有效期内的待派船员,支付不低于船员用人单位所在地人民政府公布的最低工资"。第三十条"船员在船工作时间应当符合国务院交通主管部门规定的标准,不得疲劳值班。船员除享有国家法定节假日的假期外,还享有在船舶上每工作2个月不少于5日的年休假。船员用人单位应当在船员年休假期间,向其支付不低于该船员在船工作期间平均工资的报酬"。第三十一条"船员在船工作期间,有下列情形之一的,可以要求遣返:船员的劳动合同终止或者依法解除的;船员不具备履行船上岗位职责能力的;船舶灭失的;未经船员同意,船舶驶往战区、疫区的;由于破产、变卖船舶、改变船舶登记或者其他原因,船员用人单位、船舶所有人不能继续履行对船员的法定或者约定义务的"。第三十二条"船员可以从下列地点中选择遣返地点:船员接受招用的地点或者上船任职的地点;船员的居住地、户籍所在地或者船籍登记国;船员与船员用人单位或者船舶所有人约定的地点"。第三十三条"船员的遣返费用由船员用人单位支付。遣返费用包括船员乘坐交通工具的费用、旅途中合理的食宿及医疗费用和30 kg行李的运输费用"。第三十四条"船员的遣返权利受到侵害的,船员当时所在地民政部门或者中华人民共和国驻境外领事机构,应当向船员提供援助;必要时,可以直接安排船员遣返。民政部门或者中华人民共和国驻境外领事机构为船员遣返所垫付的费用,船员用人单位应当及时返还。"

《最高人民法院关于海事法院受理案件范围的规定》(法释〔2016〕4号)规定,船员劳动合同、劳务合同(含船员劳务派遣协议)项下与船员登船、在船服务、离船遣返相关的报酬给付及人身伤亡赔偿纠纷案件是海事法院受理案件的范围。

《最高人民法院关于适用〈中华人民共和国海事诉讼特别程序法〉若干问题的解释》(法释〔2003〕3号)第八条规定:因船员劳务合同纠纷直接向海事法院提起的诉讼,海事法院应当受理。

第二节　船舶管理类

一、现有法律法规列表

船舶管理类法律法规作为海事法律体系的重要组成部分,主要涉及船舶登记、船舶进出港口管理、船舶安全检查及现场监督、航运公司的体系审核和监督等,以达到保障船舶航行安全,防止船舶污染环境的目的。

近年来,船舶管理相关政策法规调整变化的频度和幅度都较大,为了不断更新、及时跟进国家海船船舶管理相关政策及相关规定,满足大家的工作需要,现整理成现有国家海船船舶管理相关法律法规列表,详见表3-8。需要特别指出的是表3-8不含各地针对各自辖区所制定的地方性法律法规和规范性文件。为了查找、使用方便,该法规类别按照相关政策法律法规,船舶登记、船舶进出港口管理、船舶安全检查及现场监督、航运公司的体系审核和监督和其他类等进行分类。特别需要声明及提醒使用者的是,该列表收录的文件截至交稿时,由于法规更新较快加之作者水平和资料信息来源渠道有限,资料收集和编辑中难免出现疏漏和错误,提请使用者关注此后政策法规文件的更新变化情况,并注意其对此前文件有效性的影响。本书出版的组织者、作者及出版商不承担任何因为参考本列表而引发的法律责任。

表 3-8　现有船舶管理相关法律法规列表（按照生效时间排序）

类别	名称	文件号	生效时间
政策法律法规	中华人民共和国海商法	主席令（92）第 64 号	1993 年 7 月 1 日
	中华人民共和国海事诉讼特别程序法	主席令第 28 号	2000 年 7 月 1 日
	中华人民共和国港口法	主席令第 5 号	2004 年 1 月 1 日
	中华人民共和国物权法	主席令（2007）第 62 号	2007 年 10 月 1 日
	中华人民共和国内河交通安全管理条例	2011 年国务院关于废止和修改部分行政法规的决定修订（国务院令 588 号）	2011 年 1 月 8 日
	中华人民共和国海事行政许可条件规定	交通运输部令 2015 年第 7 号	2015 年 7 月 1 日
	中华人民共和国海上交通安全法	第十二届全国人民代表大会常务委员会第二十四次会议决定	2016 年 11 月 7 日
船舶登记	中华人民共和国交通部拆解船舶监督管理规则	(89)交安监字 723 号	1990 年 1 月 1 日
	国际航行船舶配备《连续概要记录》规定	海船舶〔2004〕245 号	2004 年 4 月 14 日
	关于发布《〈中华人民共和国船舶登记条例〉实施若干问题说明》的通知	海船舶〔2004〕562 号	2004 年 10 月 28 日
	中华人民共和国国际航运公司和登记船东识别号管理暂行办法	海船舶〔2008〕566 号	2008 年 12 月 1 日
	关于发布国际航行船舶配备《连续概要记录》补充规定的通知	海船舶〔2008〕621 号	2009 年 1 月 1 日
	关于实施《中华人民共和国船舶识别号管理规定》有关事项的通知	海船舶〔2010〕622 号	2010 年 12 月 16 日
	中华人民共和国船舶识别号管理规定	交通运输部令 2010 年第 4 号	2011 年 1 月 1 日
	关于加强进口游艇管理的公告	交通运输部公告 2011 年第 55 号	2011 年 9 月 15 日
	私人武装保安在船护航证明签发管理办法	海船舶〔2015〕471 号	2015 年 8 月 11 日
	交通运输部关于取消调整水运行业管理事项的公告	交通运输部公告 2014 年第 49 号	2014 年 9 月 28 日
	中华人民共和国船舶登记办法	交通运输部令 2016 年第 85 号	2017 年 2 月 10 日

续表

船舶登记	交通运输部海事局关于印发《船舶登记工作规程》的通知	海船舶〔2017〕46号	2017 年 2 月 10 日
	中华人民共和国对外国籍船舶管理规则	1979年8月25日国务院批准,1979年交通部发布,交港字〔1979〕1606号	1979 年 9 月 18 日
	船舶升挂国旗管理办法	交通部令1991年第32号	1991 年 10 月 10 日
	国际航行船舶进出中华人民共和国口岸检查办法	国务院令第175号	1995 年 3 月 21 日
	中国籍小型船舶航行香港、澳门地区安全监督管理规定	1990年交通部令第25号发布,交安监发〔2016〕1号修订	1996 年 1 月 1 日
	中华人民共和国外国籍船舶航行长江水域管理规定	交通运输部令1997年第7号	1997 年 8 月 1 日
	海上滚装船舶安全监督管理规定	交通运输部令2002年第1号	2002 年 7 月 1 日
	中华人民共和国高速客船安全管理规则	交通运输部令2006年第4号	2006 年 6 月 1 日
	中华人民共和国国际船舶保安规则	交通运输部令2007年第2号	2007 年 7 月 1 日
	中华人民共和国国内船舶保安规则(试行)	交海发〔2008〕249号	2008 年 9 月 1 日
	游艇安全管理规定	交通运输部令2008年第7号	2009 年 1 月 1 日
	老旧运输船舶管理规定	交通运输部令2009年第14号	2014 年 9 月 5 日
	关于实施国内航行海船进出港报告制度有关事项的通知	海船舶〔2016〕619号	2016 年 11 月 22 日
	关于做好内河船舶进出港报告准备工作暨内河船舶实施电子签证的通知	海船舶〔2016〕628号	2016 年 11 月 25 日
	关于实施内河航行船舶进出港报告制度有关事项的通知	海船舶〔2017〕145号	2017 年 3 月 22 日
船舶安全检查及现场管理	国务院关于修改和废止部分行政法规的决定	2017年国务院令第676号	2017 年 3 月 1 日
	关于使用国家标准"航海日志"的通知	海船舶〔2001〕572号	2001 年 9 月 25 日
	关于使用国家标准轮机日志和车钟记录簿的通知	海船舶〔2004〕107号	2004 年 3 月 25 日
	关于发布《船舶港内安全作业监督管理办法》通知	海船舶〔2004〕362号	2004 年 7 月 20 日
	关于印发《台湾海峡两岸直航船舶监督管理暂行办法》的通知	海船舶〔2008〕597号	2008 年 12 月 12 日

续表

船舶安全检查及现场管理	关于公布中华人民共和国国内航行船舶保安联络点及联络方式的通知	海船舶〔2010〕24 号	2010 年 1 月 14 日
	关于发布《停航船舶安全与防污染监督管理办法》的通知	海船舶〔2010〕61 号	2010 年 2 月 9 日
	中华人民共和国船舶安全检查规则	交通运输部令 2009 年第 15 号	2010 年 3 月 1 日
	关于印发《中华人民共和国船舶安全检查规则》实施意见的通知	海船舶〔2010〕113 号	2010 年 3 月 15 日
	关于船舶配备《国内航行船舶货物系固手册》的通知	海船舶〔2010〕357 号	2010 年 8 月 24 日
	关于印发《船舶安全检查工作程序》的通知	海船舶〔2010〕614 号	2010 年 12 月 13 日
	关于印发《国际航行船舶境外滞留应急处理和跟踪处置暂行办法》的通知	海船舶〔2010〕629 号	2010 年 12 月 17 日
	关于香港登记有关船舶办理出口岸查验手续的通知	海船舶〔2011〕43 号	2011 年 1 月 26 日
	关于印发《中国籍国际航行船舶开航前检查管理办法》的通知	海船舶〔2011〕669 号	2011 年 11 月 7 日
	关于印发《中华人民共和国海事局境外实施船旗国监督检查管理办法》的通知	海船舶〔2012〕666 号	2012 年 9 月 18 日
	关于加强船舶进出港许可业务代理诚信管理的通知	海船舶〔2012〕763 号	2012 年 11 月 5 日
	关于实施东京备忘录港口国监督新检查机制有关事项的通知	海船舶〔2013〕854 号	2013 年 12 月 15 日
	关于印发《重点跟踪船舶监督管理规定》的通知	海船舶〔2013〕328 号	2013 年 5 月 22 日
	关于印发内河液化天然气燃料动力船舶安全监督管理规定的通知	海船舶〔2014〕784 号	2014 年 12 月 8 日
公司审核	关于营运多船旗船队的公司审核发证事的通知	安监字〔1997〕11 号	1997 年 1 月 7 日
	交通部安全监督局通告	1998 年第 1 号	1998 年 1 月 1 日
	关于第二批国际航行船舶及其公司强制实施《国际安全管理规则》的通告	海事局 1999 年第 1 号	1999 年 5 月 20 日
	关于发布《客滚船安全和防污染操作程序手册编制指南》的通知	海安全〔2000〕146 号	2000 年 3 月 14 日
	关于发布《移动式近海钻井平台公司安全管理体系审核若干准则》的通知	海安全〔2001〕266 号	2001 年 5 月 17 日
	关于第一批国内航行船舶强制实施《中华人民共和国船安全营运和防止污染管理规则》的通告	中华人民共和国海事局通告	2001 年 9 月 29 日
	关于发布《航运公司安全管理体系审核发证机构资质管理办法》的通知	海安全〔2002〕10 号	2002 年 1 月 14 日

续表

公司审核	关于对同时经营国际和国内航行船舶的公司审核发证安排的通知	海安全〔2002〕153 号	2002 年 4 月 1 日
	关于加强对多船旗船公司安全管理体系审核管理的通知	海安全〔2002〕324 号	2002 年 7 月 4 日
	关于拖船和驳船实施《国际安全管理规则》或《国内安全管理规则》有关问题的通知	海安全〔2002〕368 号	2002 年 8 月 8 日
	关于印发《签发 DOC 副本及 DOC 年度审核签注的补充规定》的通知	海安全〔2002〕426 号	2002 年 8 月 26 日
	关于简化改换中国旗船舶签发 ISM 证书工作程序的通知	海安全〔2002〕430 号	2002 年 8 月 26 日
	关于非独立法人申请安全管理体系审核事宜的通知	海安全〔2006〕458 号	2006 年 10 月 12 日
	关于发布《航运公司安全管理体系审核发证机构监督管理办法（试行）》的通知	海安全〔2009〕288 号	2009 年 6 月 17 日
	关于做好《国际船舶安全营运和防止污染管理规则》修正案实施相关工作的通知	海安全〔2009〕426 号	2009 年 8 月 4 日
	关于发布《涉外航运公司安全管理体系委托审核发证程序》的通知	海安全〔2009〕721 号	2009 年 12 月 2 日
	关于印发《航运公司安全诚信管理办法》和《安全诚信公司评选工作程序》的通知	海安全〔2013〕142 号	2013 年 2 月 26 日
	关于做好《国际船舶安全营运和防止污染管理规则》2013 年修正案实施相关工作的通知	海安全〔2014〕479 号	2014 年 7 月 28 日
	关于印发《重点跟踪航运公司安全监督管理规定》的通知	海安全〔2014〕517 号	2014 年 8 月 21 日
	关于印发《航运公司安全管理体系审核发证规则》的通知	海安全〔2015〕120 号	2015 年 3 月 17 日
	《航运公司安全管理体系审核发证程序》	海安全〔2016〕62 号	2016 年 2 月 5 日
其他	交通运输部关于明确交通运输部规章中客船乘客（乘员）定额 12 人的含义的意见	海政法〔2015〕516 号	2015 年 8 月 27 日
	关于取消、停征和免征一批行政事业性收费的通知	财税〔2014〕101 号	2015 年 1 月 1 日
	关于取消有关水运涉企行政事业性收费项目的通知	财税〔2015〕92 号	2015 年 10 月 1 日

二、船舶规范类

海船船舶规范的政策法规除了《中华人民共和国海上交通安全法》《内河交通安全管理条例》中做了原则性规定之外，主要依靠交通运输部有关船舶管理的部门规章（部令），以及交通运输部的规范性文件加以规定，交通运输部海事局适时对相关规定进行补充和细化。

一般来说，船舶进出港口会涉及海事管理机构以下环节。进口申报（仅限国际航行船舶）、进口手续（签证、进港报告或进口查验）办理、港内作业审批或报备（如有）、根据规定接受船舶安全检查、船舶审核(如有)、缴纳相关费用(如港口建设费)、出口手续(签证、出港报告或出口查验)办理、交管信号申请、经过报告线的报告等。这里需要着重指出的是,国际航行船舶进出非开放水域需要预先审批。

2016年11月7日第十二届全国人民代表大会常务委员会第二十四次会议《关于修改〈中华人民共和国对外贸易法〉等十二部法律的决定》,将《中华人民共和国海上交通安全法》第十二条"国际航行船舶进出中华人民共和国港口,必须接受主管机关的检查。本国籍国内航行船舶进出港口,必须办理进出港签证"修订为"国际航行船舶进出中华人民共和国港口,必须接受主管机关的检查。本国籍国内航行海船进出港口,必须向主管机关报告船舶的航次计划、适航状态、船员配备和载货载客等情况"。为便利船舶进出港口,依据《中华人民共和国海上交通安全法》的修改决议,交通运输部海事局印发了《关于实施国内航行海船进出港报告制度有关事项的通知》(海船舶〔2016〕619号),决定取消国内航行海船进出港签证,实施船舶进出港报告制度。同时由于内河船舶进出港实施报告制的法规建设正在推进中,为做好内河船舶报告制准备工作,交通运输部海事局印发了《关于做好内河船舶进出港报告准备工作暨内河船舶实施电子签证的通知》(海船舶〔2016〕628号),决定自2016年12月1日起内河航行船舶进出港实施电子签证,电子签证与窗口签证并行。2017年3月1日,国务院印发了《国务院关于修改和废止部分行政法规的决定》(国务院令第676号),将《内河交通安全管理条例》第十八条调整为"船舶进出内河港口,应当向海事管理机构报告船舶的航次计划、适航状态、船员配备和载货载客等情况"。交通运输部海事局据此于2017年3月22日印发了《关于实施内河航行船舶进出港报告制度有关事项的通知》(海船舶〔2017〕145号),决定自2017年3月22日起,内河航行船舶和进入内河航行的海船实施进出港报告制度。考虑到内河船舶进出港报告和海船进出港报告制度的要求、流程相似,且本书主要针对海船船员,在此不多做表述。

1.《关于实施国内航行海船进出港报告制度有关事项的通知》的主要内容

(1)实施船舶进出港报告制度

自2016年11月22日起,中国籍国内航行海船在中国管辖水域内航行实施船舶进出港报告制度。船舶应当按照《国内航行海船进出港报告办理指南》的要求,做好船舶进出港报告工作。

(2)船舶进出港报告注册和办理

中国籍国内航行海船或者公司应当登录海事船舶进出港报告服务网(原船舶电子签证服务网,http://180.169.34.36)进行在线注册和办理船舶进出港报告。

已注册过电子签证账号的船舶无须重新申请注册,使用原账号登录和办理。

(3)取消国内航行海船"船舶签证簿"

自2016年11月22日起,取消中国籍国内航行海船"船舶签证簿"的配备和使用,"船舶签证簿"不再作为中国籍国内航行海船的法定文书。

(4)航运公司加强安全管理

各相关航运公司应根据船舶进出港签证取消和相关要求,及时修订完善公司和船舶安全生产管理制度,全面落实船舶安全主体责任。船长应保证船舶遵守船舶航行、停泊、作业的各项安全管理规定;保证船舶关键设施设备处于良好技术状态;保证船舶自动识别系统的正常开启和使用。

2. 国内航行海船进出港报告办理相关指南

（1）总则

1.1　适用范围：国内航行海船在中国管辖水域内航行进行船舶进出港报告。

1.2　定义：进出港报告是指船舶或者其经营人通过互联网、传真、短信等方式报告船舶进出港信息的行为。

1.3　船舶、航运公司或其代理人可办理进出港报告。

（2）船舶进出港信息报告一般规定

2.1　船舶首次办理船舶进出港报告前，应当登录海事船舶进出港报告服务网（http://180.169.34.36）进行在线注册。注册需提交船名、船舶识别号、船舶移动业务识别码（MMSI码）、联系人姓名和手机号码、船舶营运证等相关信息。手机号码为接收业务办理信息提示及验证的唯一途径，在船舶进出港报告业务申办过程中，需保持该手机号码的畅通。对于总吨位200以下的海船，可免于提交船舶移动业务识别码（MMSI码）。核验无误后，由系统生成船舶进出港报告账号和身份认证方式。

当船舶进出港报告注册信息发生变化时，应当及时登录船舶进出港报告服务网办理变更。

2.2　船舶有下列情形的，应当向预计离泊或者抵达港口的海事管理机构报告船舶进出港信息：

①由港内驶出港外；

②由港外驶入港内；

③因作业需要在港内航行驶出港内泊位；

④因作业需要在港内航行驶入港内泊位；

⑤驶出船舶修造（厂）点、港外作业点、海上作业平台；

⑥驶入船舶修造（厂）点、港外作业点、海上作业平台。

第①③⑤项统称出港报告，第②④⑥项统称进港报告，船舶应当在预计离港或者抵港 4 h 前向将要离泊或抵达港口或作业点的海事管理机构报告进出港信息。航程不足 4 h 的，在驶离上一港口或作业点时报告。船舶在港时间不足 4 h 的，应在靠港后立即办理出港报告。

2.3　拖带运输的，被拖船进出港信息可由被拖船或拖船报告。

2.4　船舶应登陆海事船舶进出港报告服务网或使用海事船舶进出港报告手机 APP 客户端，办理船舶进出港报告。

2.5　船舶进出港报告，应当填写报送以下内容：

2.5.1　进港报告

.1　船舶航次动态信息：上一港、拟靠泊码头泊位、拟进港时间、进港船舶艏/艉吃水。

.2　在船人员信息：船员姓名、职务、适任证号。

.3　客货载运信息：载客人数、货物种类及货物数量、集装箱数量及重量等。

2.5.2　出港报告

.1　船舶航次动态信息：下一港、拟出港时间、出港船舶艏/艉吃水。

.2　在船人员信息：船员姓名、职务、适任证号。

.3　客货载运信息：载客人数、货物种类及货物数量、集装箱数量及重量等。

2.6　船舶向海事管理机构报告的信息应当如实反映情况，并对信息的完整性和真实性负责。当船舶报告的信息发生变化或与实际不符时，应重新办理进出港报告，并在备注栏中注明原因。

2.7 船舶应在航海日志内对办理进出港报告信息情况做相应的记载。

2.8 船舶由于抢险、救生等紧急事由不能按照规定程序报告进港或出港信息应在任务完成后及时补办进出港报告。

2.9 拖驳在中途要加解驳船时,加、解的船舶应当办理进出港报告。

2.10 所有适用船舶应当始终保持船载自动识别系统(AIS)处于正常工作状态,准确显示本船舶信息。

(3)船舶进出港报告特殊情形

符合下列情形之一的船舶可以每天至少报告一次进出港信息:

.1 船舶在固定航线航行且单次航程不超过 2 h 的;

.2 船舶在固定水域范围内航行且单次航程不超过 2 h 的;

.3 港内作业船舶在港内作业时。

进出港报告信息应包括自上一次报告至本次报告期间的总航次数和客货载运信息。

(4)船舶进出港报告信息反馈

4.1 船舶成功提交进出港报告信息后,系统会向船舶预留的手机反馈信息收妥回执,并对船舶提交的进出港报告信息进行安全校验,校验后的提示信息也将反馈至船舶。

4.2 船舶应当根据接收到的安全校验提示信息,及时采取相应措施。

4.3 船舶在提交进出港报告信息后,未收到确认回执的,应主动联系拟抵达港口或者驶离港口的海事管理机构。

(5)船舶进出港报告注意事项

5.1 船舶应当妥善保管船舶进出港报告账号和身份认证方式,并承担因保管或使用不善而造成的不利后果。

5.2 船舶应当遵守国家有关互联网、通信信息安全以及保密、人身权益、版权等相关规定,不得利用船舶进出港报告系统进行任何违法、侵权等活动。

三、船舶登记类

1.综述

船舶登记是指船舶登记机关按照《中华人民共和国船舶登记条例》的规定,对船舶所有权、船舶国籍、船舶抵押权、光船租赁、船舶烟囱标志和公司旗进行登记的行为。船舶登记具有以下意义:

"一、船舶登记是确定船舶和船旗国法律关系的依据,具有一系列的法律功能:

(一)行政法上的监管功能,通过船舶登记建立船旗国与船舶之间的真正联系,达到保护海上人命、财产安全和防止海洋环境污染的目标。

(二)国际公法上的管辖与保护功能。登记国对本国登记的船舶可以行使管辖权、外交保护权,具有一国国籍的船舶在公海航行时可以获得船旗国军舰保护。

(三)国际私法上的法律适用功能。因登记而取得的船舶国籍具有确定涉外法律关系所应适用的准据法的功能。如《海商法》规定,船舶抵押权适用船旗国法律。船舶在光船租赁以前或者光船租赁期间,设立船舶抵押权的,适用原船舶登记国的法律。

(四)经济法上的市场准入功能。船舶从事国际航运时,必须悬挂一国国旗,否则由于缺乏船旗国的保护和港口国的监管依据,无法实现国际海上运输业务。同时,各国一般都规定船舶只有本国籍船舶方可从事国内沿海运输。

（五）私法上的物权公示功能。船舶经过登记可以向第三人公示船舶权利人对船舶享有的权利。我国《物权法》规定,船舶、航空器和机动车等物权的设立、变更、转让和消灭,未经登记,不得对抗善意第三人。这正是船舶登记公示功能的具体体现。

二、船舶登记是船舶取得国籍和航行权的前提。船舶通过登记取得一国国籍,可以悬挂该国国旗航行。

三、船舶登记是登记国推行一国航运政策的重要手段。一方面船舶登记国可以用技术条件放宽吸引或限制排斥外国船登记;另一方面取得登记的船舶可享受登记国优惠政策,包括登记国制定的本国船舶可享受的优惠政策,也包括登记国与其他国家签订的海运协定以及登记国参加的国际公约中所享有优惠政策。"

1994 年,中华人民共和国国务院发布《中华人民共和国船舶登记条例》,从 1995 年 1 月 1 日起实施。从此船舶登记的专门立法上升为国家行政法规。此后,中华人民共和国海事局又先后公布并实施了《船舶登记工作程序》（2000 年）、《船舶登记工作规程》（2003 年）、《船舶名称管理办法》（2004 年）、《船舶登记机关管理办法》（2008 年）、《中华人民共和国船舶识别号管理规定》（2010 年）、《船舶登记工作规程》（2015 年）等制度和规范性文件。船舶登记工作进入了相对完善和稳定的状态。但随着我国经济社会的快速发展,船舶登记制度也逐渐显现出很多现实上的无奈。为保障船舶登记有关各方的合法权益,进一步规范船舶登记行为,2016 年,交通运输部出台了《中华人民共和国船舶登记办法》（交通运输部令 2016 年第 85 号）,并于 2017 年 2 月 10 日起正式实施。同时为了配套《中华人民共和国船舶登记办法》,交通运输部对《船舶登记工作规程》（2015 年）进行了修改,印发了《船舶登记工作规程》（2017 年）,并于 2017 年 2 月 10 日生效。

2.《中华人民共和国船舶登记办法》的主要内容

《中华人民共和国船舶登记办法》（以下简称《办法》）以依法、公正、便民为原则,着力解决船舶登记实践中的重点、热点问题,明确了《中华人民共和国船舶登记条例》（以下简称《条例》）未尽的船舶登记规范,汇总了船舶登记规范性文件中的要求,并落实 2016 年国务院要求进行了自由贸易试验区国际船舶登记制度创新。

（1）扩大船舶登记的适用对象范围,外商独资企业也可以在中国办理船舶登记。

《办法》明确,外商出资额超过 50% 的中国企业法人仅供本企业内部生产使用,不从事水路运输经营的趸船、浮船坞可以适用本办法。《条例》原本限制外商出资额超过 50% 企业法人的船舶办理登记,主要目的在于保护国内沿海运输权,限制此类船舶从事国内水运经营,而仅供本企业内部生产使用的趸船、浮船坞不从事水路运输,不具备沿海运输权,不会对水路运输市场产生影响。增加这一类别的船舶登记主要是从提供服务的角度满足多样化的市场主体需求,而且不违背《条例》规定精神。

为适应自贸区国际船舶登记制度创新要求,《办法》还规定,在自由贸易试验区注册的企业法人的船舶,都可适用本办法。

（2）提供简便快捷又实惠的自贸区国际船舶登记。

为落实 2016 年《国务院关于在自由贸易试验区暂时调整有关行政法规、国务院文件和经国务院批准的部门规章规定的决定》（国发〔2016〕41 号）的要求,《办法》进行了自由贸易试验

区国际船舶登记制度创新,促进符合条件的船舶在自贸区落户登记。制度创新主要体现在:

一是根据国务院有关规定,取消了国际船舶在自贸区登记主体的股比限制;

二是对标其他国家和地区国际船舶登记的成功经验,开拓信息系统网络申请;

三是进一步突出服务理念,为行政相对人提供便利服务,在海事管理机构、船舶检验机构、无线电管理机构和地方交通运输管理部门之间简化办理条件,优化办理程序,缩短办结时间,并建立信息共享机制,提供海事一站式办理服务。

(3)企业可以依据分支机构所在地就近选择船籍港。

随着经济发展,企业分支机构不断涌现,船舶融资租赁风生水起,单一的登记地选择导致大量企业分支机构管理和使用的船舶以及融资租赁下船舶登记管理上的烦琐与不便,也造成了船舶营运地与船籍港的人为不一致,给公司管理以及海事监管都带来不便。随着信息化发展,全国船舶登记信息均已实现入网联网并与其他相关系统共享,登记地的选择应主要基于方便管理而不是查询、公示、扣押等的便利。因此《办法》中增加了登记地的选择:企业法人依法成立的开展经营活动的分支机构经营的船舶,可依据分支机构营业所所在地就近选择船舶登记港。同时,融资租赁的船舶,也可由租赁双方依其约定,在出租人或承租人住所地或主要营业所所在地就近选择船舶登记港。

(4)有异议的第三人可以主张合法权益。

《办法》明确,船舶登记申请受理后,登记证书签发前,第三人主张存在尚未解决的权属争议且提供证据的,登记机关经审查后可以不予登记。船舶登记机关是行政机关而不是司法机关,不应成为权利争议的确权机关。《办法》明确此种情况下不予登记,争议双方可以向法院起诉,由法院查清事实,判明责任。

(5)所有权登记不再收存船舶办结海关手续的证明材料,相关单位可以在船舶交接完成后就申请办理船舶所有权登记。

《办法》删除了所有权登记申请材料中的船舶办结海关手续的证明材料,旨在减少行政审批前置条件,减少船舶所有人办理审批的时间。但需要指出的是,尽管海事部门在办理所有权登记时不再收存船舶办结海关手续的证明材料,但申请人依旧需要按照规定缴纳关税。

(6)国籍证书简化改版。

《办法》删除了办理船舶国籍证书时需提交船舶经营人的身份证明和委托经营协议的规定,明确登记机关在办理船舶国籍证书时不再审核经营人的资质问题,新版船舶国籍证书将删除经营人的相关内容。但需要指出的是,尽管海事部门在办理国籍登记时不需要提交船舶经营人的身份证明和委托经营协议,但申请人依旧需要遵守国家水运资质的法律法规。

(7)试航船舶无须申请临时国籍证书。

《办法》删除了船舶试航签发临时国籍证书的规定。船舶试航时处于未建造完毕状态,还不能完全意义上称其为船舶,应视为船厂生产过程的延伸。原本为试航船舶签发临时国籍证书是为了满足船舶签证的要求。鉴于中国籍国内海船船舶进出港签证已取消,因此,《办法》中签发临时船舶国籍证书的情形中未包括试航临时国籍证书的签发。但需要指出的是,船舶试航时还需要遵守海事部门其他方面的规定。

第三节　防污染类

一、现有法律法规列表

近年来,随着我国改革开放不断深入,航运经济快速发展,海上船舶运输及有关作业活动明显增加,船舶运输越来越向大型化和专业化转化,船舶污染物种类越来越多,给海洋环境保护工作带来了新的压力。为了应对航运业快速发展对海洋环境带来的威胁,根据我国保护海洋环境的实际需要和我国缔结或加入的国际条约的要求,全国人大常委会、国务院和交通运输部分别对《中华人民共和国海洋环境保护法》《中华人民共和国大气污染防治法》《中华人民共和国水污染防治法》《防治船舶污染海洋环境管理条例》《中华人民共和国船舶及其有关作业活动污染海洋环境防治管理规定》《中华人民共和国船舶污染海洋环境应急防备和应急处置管理规定》等船舶防污染相关法律、法规和部门规章进行了多次修订。特别是按照国家行政体制改革、转变政府职能和简政放权的总体部署和安排,国家取消和下放了一些船舶防污染行政许可项目,船舶防污染相关法律、法规及部门规章变化和更新较快。这些变化都给广大船员以及从事船舶防污染管理工作相关人员准确、及时、全面了解掌握政策法规带来了困难。为了满足大家工作需要,作者在长期跟踪研究相关法律法规及部门规章的基础上,编辑成现有船舶防污染管理相关法律法规、部门规章及规范性文件列表,详见表3-9。该列表按照法律、法规、部门规章及规范性文件进行分类。特别需要声明及提醒使用者的是,该列表收录的文件截止为交稿时,由于法规更新较快加之作者水平和资料信息来源渠道有限,资料收集和编辑中难免出现疏漏和错误,提请使用者关注此后政策法规文件的更新变化情况,并注意其对此前文件有效性的影响。本书出版的组织者、作者及出版商不承担任何因为参考本列表而引发的法律责任。

表 3-9　现有船舶防污染管理相关法律法规列表

类别	名称	文件号	生效时间
法律	中华人民共和国海洋环境保护法	第十二届全国人民代表大会常务委员会第二十四次会议决定	2016 年 11 月 7 日
	中华人民共和国大气污染防治法	第十二届全国人民代表大会常务委员会第十六次会议决定	2016 年 1 月 1 日
	中华人民共和国水污染防治法	第十届全国人民代表大会常务委员会第三十二次会议决定	2008 年 6 月 1 日
	中华人民共和国海上交通安全法	第十二届全国人民代表大会常务委员会第二十四次会议决定	2016 年 11 月 7 日
	中华人民共和国海商法	主席令(92)第 64 号	1993 年 7 月 1 日
	中华人民共和国港口法	第十二届全国人民代表大会常务委员会第十四次会议决定	2015 年 4 月 24 日

续表

类别	名称	文件号	生效时间
法律	中华人民共和国固体废物污染环境防治法	第十二届全国人民代表大会常务委员会第十四次会议决定	2015 年 4 月 24 日
	中华人民共和国放射性污染防治法	主席令（2003）第 6 号	2003 年 10 月 1 日
法规	防治船舶污染海洋环境管理条例	国务院令（2017）第 676 号	2017 年 3 月 1 日
	危险化学品安全管理条例	国务院令（2011）第 591 号	2011 年 12 月 1 日
	中华人民共和国海洋倾废管理条例	国务院令（2017）第 676 号	2017 年 3 月 1 日
	中华人民共和国防止拆船污染环境管理条例	国务院令（2017）第 676 号	2017 年 3 月 1 日
	中华人民共和国水污染防治法实施细则	国务院令（2000）第 284 号	2000 年 3 月 20 日
	中华人民共和国船舶和海上设施检验条例	国务院令（1993）第 109 号	1993 年 2 月 14 日
部门规章	中华人民共和国船舶及其有关作业活动污染海洋环境防治管理规定	交通运输部令 2016 年第 83 号	2016 年 12 月 13 日
	中华人民共和国船舶污染海洋环境应急防备和应急处置管理规定	交通运输部令 2016 年第 84 号	2016 年 12 月 13 日
	中华人民共和国海上船舶污染事故调查处理规定	交通运输部令 2013 年第 16 号	2013 年 12 月 24 日
	中华人民共和国船舶油污损害民事责任保险实施办法	交通运输部令 2013 年第 11 号	2013 年 8 月 31 日
	中华人民共和国防治船舶污染内河水域环境管理规定	交通运输部令 2015 年第 25 号	2016 年 5 月 1 日
	中华人民共和国船舶载运危险货物安全监督管理规定	交通运输部令 2012 年第 4 号	2012 年 3 月 14 日
	中华人民共和国航运公司安全与防污染管理规定	交通部令 2007 年第 6 号	2008 年 1 月 1 日
	港口危险货物安全管理规定	交通运输部令 2012 年第 9 号	2013 年 2 月 1 日
规范性文件	交通运输部关于印发珠三角、长三角、环渤海（京津冀）水域船舶排放控制区实施方案的通知	交海发〔2015〕177 号	2015 年 12 月 2 日
	集装箱装运危险货物现场检查官培训、考核办法	水监字〔1987〕36 号	1987 年 2 月 23 日
	关于颁布《消油剂产品检验发证管理办法》的通知	海船舶〔2000〕798 号	2000 年 10 月 27 日

续表

规范性文件	关于禁止滚装客船载运白酒的批复	海船舶〔2006〕508号	2006年11月1日
	关于实施《73/78防污公约》1997年议定书的通知	海船舶〔2006〕523号	2006年11月7日
	关于执行《73/78防污公约》附则Ⅰ和附则Ⅱ2004年修正案的通知	海船舶〔2006〕629号	2006年12月26日
	关于印发《船舶载运散装液体物质分类评估管理办法》的通知	海船舶〔2007〕239号	2007年5月15日
	转发交通运输部等部门关于农药运输的通知	海船舶〔2009〕230号	2009年5月11日
	关于发布海运污染危害性货物名录的通知	海船舶〔2011〕26号	2011年1月17日
	关于印发《船舶污染和船舶载运危险货物违法行为举报奖励办法》的通知	海船舶〔2011〕63号	2011年2月10日
	关于印发《船舶污染海洋环境风险评价技术规范（试行）》的通知	海船舶〔2011〕588号	2011年9月16日
	关于微生物环保型消油剂产品管理有关事项的通知	海船舶〔2012〕241号	2012年4月9日
	关于颁布《船舶压载水管理系统申报暂行规定》的通知	海船舶〔2012〕265号	2012年6月15日
	关于印发《船舶污染清除协议管理制度实施细则（修订）》的通知	海船舶〔2012〕658号	2012年9月29日
	关于加强对装运种子饼船舶管理的通知	海船舶〔2012〕705号	2012年10月8日
	关于实施《73/78防污公约》附则Ⅴ2011年修正案的通知	海船舶〔2012〕798号	2012年11月20日
	关于执行经1978年议定书修正的1973年国际防止船舶造成污染公约附则Ⅵ2011年修正案的通知	海船舶〔2012〕814号	2012年12月23日
	关于加强船载外贸放射性物品运输管理有关事项的通知	海船舶〔2013〕2号	2013年1月4日
	关于加强船舶载运进口散装直接还原铁安全监督管理的通知	海船舶〔2013〕160号	2013年3月8日
	关于加强船舶载运易流态化固体散装货物安全监督管理有关事项的通知	海船舶〔2013〕349号	2013年5月29日
	关于碳酸二甲酯分类及散装运输要求的函	海船舶〔2013〕348号	2013年5月29日
	关于做好中国籍船舶油污损害民事责任保险相关工作的通知	海危防〔2013〕845号	2013年12月10日
	关于国内沿海航行船舶执行《MARPOL》附则Ⅳ的通知	海危防〔2014〕22号	2014年1月15日
	关于执行《国际散装运输危险化学品船舶构造和设备规则》2012年修正案有关事项的通知	海危防〔2014〕245号	2014年4月27日

续表

规范性文件	关于启用新版油污损害民事责任保险证书的通知	海危防〔2014〕543 号	2014 年 9 月 2 日
	关于执行《国际海运固体散装货物规则》第 02-13 修正案有关事项的通知	海危防〔2014〕812 号	2014 年 12 月 25 日
	关于印发《水上液化天然气加注站安全监督管理暂行规定》的通知	海危防〔2014〕825 号	2014 年 12 月 31 日
	关于执行《国际海运固体散装货物规则》有关事项的通知	海危防〔2015〕136 号	2015 年 3 月 18 日
	关于做好《国际海运危险货物规则》(2014 版)执行工作的通知	海危防〔2015〕594 号	2015 年 10 月 20 日
	关于执行《国际海运固体散装货物规则》第 03-15 修正案有关事项的通知	海危防〔2016〕721 号	2016 年 12 月 28 日
	关于做好部分船舶防污染作业行政审批项目取消后的事中事后监管工作的通知	海危防〔2016〕729 号	2016 年 12 月 30 日

二、我国排放控制区相关规定

改革开放以来,我国经济建设取得了世界瞩目的成就,随着国民经济高速增长,重化工产业高速发展,能源消耗迅猛增长,二氧化硫和二氧化碳排放量均居世界前列,特别是京津唐、长三角、珠三角等经济快速发展地区,臭氧浓度居高不下,大气光化学污染日趋严重,雾霾、酸雨、沙尘等环境污染事件层出不穷,造成了巨大经济损失,严重危害到人民群众健康,影响到社会稳定和环境安全。另外,社会公众对环保重视程度逐年提高,环保意识普遍增强,全国各地涌现出一批环保志愿者,并出现了一些民间环保组织和社团。因此,第十二届全国人民代表大会常务委员会第十六次会议对《中华人民共和国大气污染防治法》进行了修订,进一步细化了政府环境保护责任,明确了排放总量控制和排污许可、重点领域大气污染防治、重点区域大气污染防治和重污染天气预警和应对等方面内容,并提出国务院交通运输主管部门可以在沿海海域划定船舶大气污染物排放控制区,进入排放控制区的船舶应当符合船舶相关排放要求。为贯彻落实国家关于水污染防治工作的相关要求,交通运输部在充分调研的基础上,出台了在全国设定珠三角、长山角及环渤海(京津冀)三个排放控制区的规定,相关省市也结合本地实际情况进行了进一步细化,提出了具体实施要求。

(一)交通运输部关于船舶排放控制区的相关要求

2015 年 12 月 2 日,交通运输部印发了《交通运输部关于印发珠三角、长三角、环渤海(京津冀)水域船舶排放控制区实施方案的通知》(以下简称《方案》)(交海发〔2015〕177 号),在全国设立了珠三角、长三角、环渤海(京津冀)三个船舶排放控制区。其主要内容如下:

1. 适用对象

适用于在排放控制区内航行、停泊、作业的船舶,军用船舶、体育运动船艇和渔业船舶除外。

2. 排放控制区范围

设立珠三角、长三角、环渤海(京津冀)水域船舶排放控制区,确定排放控制区内的核心港

口区域,具体如下:

①珠三角水域船舶排放控制区。

海域边界:下列 A、B、C、D、E、F 六点连线以内海域(不含香港、澳门管辖水域)。

A:惠州与汕尾大陆岸线交界点

B:针头岩外延 12 n mile 处

C:佳蓬列岛外延 12 n mile 处

D:围夹岛外延 12 n mile 处

E:大帆石岛外延 12 n mile 处

F:江门与阳江大陆岸线交界点

内河水域范围为广州、东莞、惠州、深圳、珠海、中山、佛山、江门、肇庆 9 个城市行政管辖区域内的内河通航水域。

本排放控制区内的核心港口区域为深圳、广州、珠海港,如图 3-1 所示。

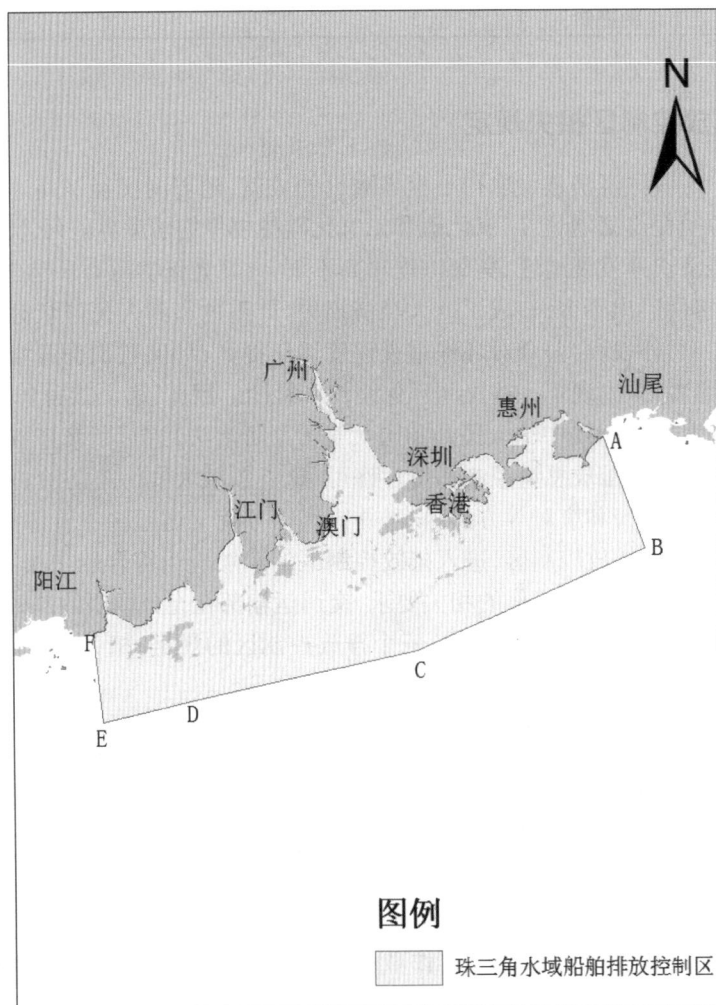

图 3-1　珠三角水域船舶排放控制区示意图

②长三角水域船舶排放控制区。

海域边界：下列 A、B、C、D、E、F、G、H、I、J 十点连线以内海域。

A：南通与盐城大陆岸线交界点

B：外磕脚岛外延 12 n mile 处

C：佘山岛外延 12 n mile 处

D：海礁外延 12 n mile 处

E：东南礁外延 12 n mile 处

F：两兄弟屿外延 12 n mile 处

G：渔山列岛外延 12 n mile 处

H：台州列岛（2）外延 12 n mile 处

I：台州与温州大陆岸线交界点外延 12 n mile 处

J：台州与温州大陆岸线交界点

内河水域范围为南京、镇江、扬州、泰州、南通、常州、无锡、苏州、上海、嘉兴、湖州、杭州、绍兴、宁波、舟山、台州 16 个城市行政管辖区域内的内河通航水域。

本排放控制区内的核心港口区域为上海、宁波—舟山、苏州、南通港，如图 3-2 所示。

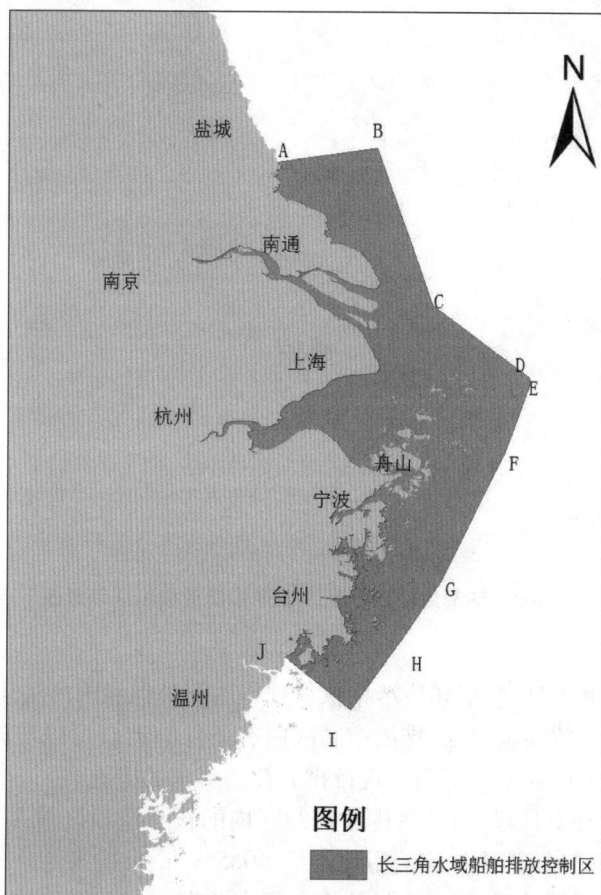

图 3-2　长三角水域船舶排放控制区示意图

③环渤海（京津冀）水域船舶排放控制区。

海域边界：大连丹东大陆岸线交界点与烟台威海大陆岸线交界点的连线以内海域。

内河水域范围为大连、营口、盘锦、锦州、葫芦岛、秦皇岛、唐山、天津、沧州、滨州、东营、潍坊、烟台13个城市行政管辖区域内的内河通航水域。

本排放控制区内的核心港口区域为天津、秦皇岛、唐山、黄骅港，如图3-3所示。

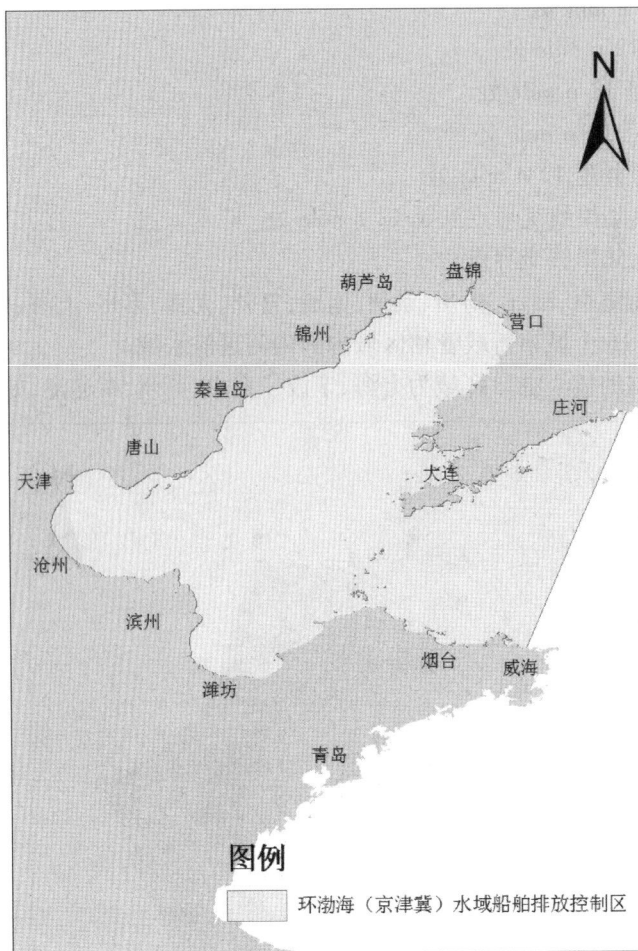

图3-3　环渤海（京津冀）水域船舶排放控制区示意图

3. 控制要求

（1）自2016年1月1日起，船舶应严格执行现行国际公约和国内法律法规关于硫氧化物、颗粒物和氮氧化物的排放控制要求，排放控制区内有条件的港口可以实施船舶靠岸停泊期间使用硫含量≤0.5% m/m的燃油等高于现行排放控制要求的措施。

（2）自2017年1月1日起，船舶在排放控制区内的核心港口区域靠岸停泊期间（靠港后的1 h和离港前的1 h除外，下同）应使用硫含量≤0.5% m/m的燃油。

（3）自2018年1月1日起，船舶在排放控制区内所有港口靠岸停泊期间将使用硫含量≤0.5% m/m的燃油。

（4）自2019年1月1日起，船舶进入排放控制区将使用硫含量≤0.5% m/m的燃油。

（5）2019 年 12 月 31 日前，评估前述控制措施实施效果，确定是否采取以下行动：①船舶进入排放控制区将使用硫含量≤0.1% m/m 的燃油；②扩大排放控制区地理范围；③其他进一步举措。

（6）船舶可采取连接岸电、使用清洁能源、尾气后处理等与上述排放控制要求等效的替代措施。

（二）各省市关于船舶排放控制区的相关要求

《方案》中提到，自 2016 年 1 月 1 日起，排放控制区内有条件的港口可以实施船舶靠岸停泊期间使用硫含量≤0.5% m/m 的燃油等高于现行排放控制要求的措施。各相关省市结合本地实际情况，为改善环境空气质量，促进航运绿色发展，先后出台了船舶排放控制区实施的相关规定。

1. 上海市实施船舶排放控制区的相关要求

上海市人民政府办公厅印发了《上海港实施船舶排放控制区工作方案》（沪府办〔2016〕7号）（以下简称《上海方案》），主要内容如下：

（1）实施区域

上海市港口区域（包括海域和内河水域）自 2016 年 4 月 1 日起率先实施高于现行排放控制要求的措施。

（2）适用船舶

除军用船舶、体育运动船艇和渔业船舶外，所有在上海市港口区域内航行、停泊、作业的船舶都应严格遵守《方案》和《上海方案》的相关要求。

（3）国际船舶和国内沿海船舶应使用符合国际公约和《上海方案》要求的船用燃料。

自 2016 年 4 月 1 日起，船舶在上海港区域靠岸停泊期间（靠港后的 1 h 和离港前的 1 h 除外，下同）应使用硫含量≤0.5% m/m 的燃油。

（4）内河船和江海直达船应使用符合 GB 252 标准的柴油，禁止使用船用残渣油。

自 2017 年 1 月 1 日起，上海市公务船、黄浦江旅游船、客渡船、港作船、环卫船以及在黄浦江核心区段和苏州河（中环线以内航段）中航行、停泊、作业的船舶使用的柴油的硫含量应不高于国Ⅳ标准车用柴油。

（5）上海市交通委和上海海事局组织对上海港船舶排放控制区实施情况进行跟踪评估，经上海市政府同意后，适时提前公告采取以下措施的时间：①船舶进入排放控制区应使用硫含量≤0.5% m/m 的燃油；②船舶在靠岸停泊期间应使用硫含量≤0.1% m/m 的燃油；③船舶进入排放控制区应使用硫含量≤0.1% m/m 的燃油。

（6）经海事管理机构认可后，船舶可采取连接岸电、使用清洁能源等与上述排放控制要求等效的替代措施。

2. 浙江省实施船舶排放控制区的相关要求

浙江省人民政府办公厅印发了《浙江省船舶排放控制区实施方案》（浙政办发〔2016〕37号）（以下简称《浙江方案》），主要内容如下：

（1）适用区域

海域：浙江与上海大陆岸线交界点及海礁外延 12 n mile 至台州与温州大陆岸线交界点及外延 12 n mile 连成的海域。

内河水域：杭州、嘉兴、湖州、绍兴、宁波、台州行政辖区的内河通航水域。

（2）浙江省宁波舟山港北仑、穿山、大榭、镇海、梅山、嵊泗、六横、定海、衢山、金塘港区区域内自 2016 年 4 月 1 日起率先实施船舶排放控制区要求的措施。除军用船舶、体育运动船艇和渔业船舶外，所有在上述排放控制区内航行、停泊、作业的船舶都应遵守《方案》和《浙江方案》的相关要求。

（3）国际航行船舶应当符合我国缔结或者加入的相关国际条约及《浙江方案》的要求。

自 2016 年 4 月 1 日起，船舶在宁波舟山港北仑、穿山、大榭、镇海、梅山、嵊泗、六横、定海、衢山、金塘港区区域内靠岸停泊期间（靠港后的 1 h 和离港前的 1 h 除外，下同）应使用硫含量 ≤0.5% m/m 的燃油。考虑到船舶换油系统、替代措施的改造时间，在实施之后两个月内发现违规船舶以教育警告和纠正为主。

（4）浙江省交通运输厅、浙江海事局会同浙江省环保厅等部门组织对浙江省船舶排放控制区实施情况进行跟踪评估，经省政府同意后，适时确定采取以下行动的时间并提前公告：

①船舶进入排放控制区应使用硫含量 ≤0.5% m/m 的燃油。

②船舶在靠岸停泊期间应使用硫含量 ≤0.1% m/m 的燃油。

③船舶进入排放控制区应使用硫含量 ≤0.1% m/m 的燃油。

（5）船舶可采取连接岸电、使用清洁能源、尾气后处理等与上述排放控制要求等效的替代措施。

3. 江苏省实施船舶排放控制区的相关要求

江苏省人民政府办公厅印发了《省政府办公厅关于印发长三角水域江苏省船舶排放控制区实施方案的通知》（苏政办发〔2016〕28 号）（以下简称《江苏方案》），主要内容如下：

（1）适用范围和对象

海域范围为江苏与上海大陆岸线交界点以北、南通与盐城大陆岸线交界点以南的我省沿海海域。

内河水域范围为南京、镇江、扬州、泰州、南通、常州、无锡、苏州 8 个城市行政管辖区域内的内河通航水域。

核心港口区域为苏州、南通港的沿海沿江港区。

适用对象为在排放控制区内航行、停泊、作业的船舶，军用船舶、体育运动船艇和渔业船舶除外。

（2）控制要求

根据交通运输部《方案》和长三角区域大气污染防治协作小组确定的序时进度，在排放控制区内航行、作业、停泊的船舶禁止使用不符合国家相关规定标准的燃油，国际航行船舶应符合我国缔结或者加入的相关国际公约的要求。

①第一阶段：自 2016 年 4 月 1 日起，船舶在排放控制区内的核心港口区域靠岸停泊期间（靠港后的 1 h 和离港前的 1 h 除外，下同）应使用硫含量 ≤5 000 mg/kg 的燃油。

②第二阶段：自 2018 年 1 月 1 日起，船舶在排放控制区内所有港口靠岸停泊期间应使用硫含量 ≤5 000 mg/kg 的燃油。

③自 2019 年 1 月 1 日起，船舶进入排放控制区应使用硫含量 ≤5 000 mg/kg 的燃油。

④2019 年 12 月 31 日前，对第二阶段的实施效果进行评估，适时确定是否采取以下行动并提前公告：

　　a. 船舶进入排放控制区使用硫含量≤1 000 mg/kg的燃油；

　　b. 扩大排放控制区地理范围；

　　c. 其他进一步举措。

　　⑤船舶可采取连接岸电、使用清洁能源、尾气后处理等与上述排放控制要求等效的替代措施。凡具备岸电供受电条件的,船舶在港口码头停靠期间应优先使用岸电。

　　(3) 主要措施

　　①实施严格的船舶燃油使用要求。国际船舶和国内沿海船舶应使用符合国际公约和本实施方案要求的船用燃料。内河船和江海直达船应使用符合GB 252标准的普通柴油,禁止使用渣油和重油。自2017年1月1日起,公务船、长江南通、苏州段渡船、港作船使用的柴油硫含量,应不高于国Ⅳ标准车用柴油。

　　②加强船用燃油质量的监管。强化船用燃油生产质量监管。加强船用燃油生产、调和环节的质量管理,组织对船用燃油质量的监督检查,打击非法生产行为,从源头管控船用燃油质量。同时,加强低硫燃油的生产和供应,保障符合相应规定标准船用燃油的市场供应。

　　③严格船用成品油经营许可资质管理。严把船用成品油市场准入关,强化船用成品油经营资质的事中事后监管,加强船用成品油经营许可证年检。

　　④加大船用燃油经营和质量的管理。建立联合执法机制,加大对船用燃油质量的随机抽检力度,严厉打击销售不合格油品行为,依法查处无证无照经营的行为,规范船舶供油市场秩序。规范船用燃油供应市场经营管理,督促船用燃油供应单位做好船用燃油供应的记录,依法向船舶提供燃油供应单证和燃油样品。

　　⑤加强到港船舶监管。加强控制区停泊船舶换用低硫燃油和替代措施的监督检查,结合现场监督和安全检查工作,对船舶的轮机日志、燃油供受单证等材料进行检查,对文书检查不合格、有违规记录或经监测存在违规嫌疑的船舶应进行船舶燃油检测,对文书检查合格、无违规记录且无违规嫌疑的船舶可以进行船舶燃油抽检。对使用不符合标准或要求燃油的船舶,按照有关法律法规或国际公约相关规定进行处理。

　　⑥提高船舶检验质量。不断提升船舶发动机等相关船用产品检验标准和水平,完善船舶发动机等相关船用产品检验程序,加强船舶发动机排放性能的认可和船舶发动机质量核查,提高船舶发动机等相关船用产品检验质量。

　　(4) 支持政策

　　①鼓励使用低硫燃油。对进入排放控制区或靠岸停泊期间使用更低硫含量的燃油或者采用等效的替代措施的船舶,省级交通运输节能减排专项资金给予适当补贴。

　　②鼓励船舶靠岸停泊使用岸电。贯彻落实《省政府办公厅转发省经济和信息化委等单位关于加快推广港口岸电系统意见的通知》(苏政办发〔2015〕60号)要求,对新建码头依法建设岸电设施,现有码头要制定专门行动方案逐步实施岸基供电设施改造,对岸电供电设施改造项目安排资金支持,并对使用岸电实行专项电价政策,充分调动船舶岸电使用的积极性,促进节能减排。

　　③鼓励船舶改造升级。鼓励提前更新淘汰老旧船舶,鼓励新建以LNG等清洁能源为动力的船舶,鼓励现有船舶改造升级和应用清洁能源。对使用LNG等清洁能源为动力的船舶,省级交通运输节能减排专项资金给予适当补贴,2018年12月31日前,对使用以LNG等清洁能源为动力的船舶,享受优先过闸且不加倍征收过闸费的优惠政策。加快LNG加气站布局规划

建设,优先落实加气站用地,同步推进 LNG 储备保障能力建设,为船舶使用 LNG 清洁能源提供稳定气源保障。

（5）豁免或免责

在靠岸停泊期间,如使用《江苏方案》要求的低硫燃油会对船舶的安全构成危险,船方可事先提出豁免申请。具体豁免条件、申请程序、处理等规定由主管部门制定并对外公告。

船舶在访港前应备有足够的符合排放控制区要求的燃料。如发生以下五种情形之一,船舶被发现使用的低硫燃油不符合本实施方案的要求,可提出免责申请,具体实施细则由主管部门制定并对外公告。

①船上备有一份有关转用符合要求低硫燃油的操作程序,靠港后已按要求正在进行转用操作,并已采取所有切实可行的措施,但在靠港后的 1 h 内完成转用并非合理可行。

②船方备有一份详细记录船舶预计开出日期和时间及有关事故描述等信息的日志,证明在预计开出时间之前的 1 h 内,发生了非其所能控制的预期以外的事故,导致船舶未能在预定时间开出,并在预计开出时间之前 1 h 起至实际开出时间之前 1 h 为止的时间段内使用了不符合要求的低硫燃油。

③船方能提供充分的证据表明,其已做出一切应尽的努力,但被燃料供应商误导,致其在靠泊期间使用了不符合要求的低硫燃油。

④船方能提供充分的证据表明,其已做出一切应尽的努力,但还是未能获得符合要求的低硫燃油。

⑤船方能提供充分的证据表明,发生了紧急情况,不容许其在靠泊期间使用符合要求的低硫燃油。

第四章 船舶通信与导航

第一节 全球海上遇险与安全系统(GMDSS)

GMDSS 由卫星通信系统和地面无线电通信系统组成。它主要包括遇险报警、搜救协调通信、救助现场通信、救助现场寻位、海上安全信息播发与接收、常规公众业务通信及驾驶台与驾驶台通信功能。作为 SOLAS 公约缔约国,我国自 1999 年 2 月 1 日起要求符合 SOLAS 公约第一条要求的所有船舶和总吨位 300 以上的货船应按要求强制配备 GMDSS 设备,中国船级社也对 20 m 以上非公约尺度船舶配备 GMDSS 设备也做了相应强制性规定。

GMDSS 系统的基本概念如图 4-1 所示,它的各项功能都是基于航行安全的考虑,其中遇险报警是最基本、最重要的功能,因为只有成功的报警才能提供及时的救助。此外,遇险船舶能够被成功救助,除了它自身的合理有效的报警手段外,还主要依靠海岸电台、地面站、与搜救协调中心之间的畅通通信网,要求参与救助的船舶或飞机迅速响应来自搜救协调中心的指挥,从而对遇险目标展开及时有效的搜救。

为满足以上 GMDSS 基本概念和功能要求,根据海岸电台使用的各频段无线电波的覆盖范围定义了四个海区,如下:

(1)A1 海区:以岸台为中心,至少一个甚高频(VHF)岸台电波所覆盖的海域。

(2)A2 海区:排除 A1 海区,以岸台为中心,至少一个中频(MF)岸台电波所覆盖的海域。

(3)A3 海区:排除 A1 和 A2 海区,国际移动卫星系统同步卫星所覆盖的海域。

(4)A4 海区:A1、A2 和 A3 海区之外的海域。

这四个海区互不重叠,以岸基作为参考,以电波的有效范围为标准进行定义。

船舶一旦遇险,应根据其所航行的海区和所配备的设备采用适当的方法和合适设备实现船对岸、船对船的有效报警。航行在不同海区的船舶选用的报警手段一般可归纳至表 4-1 中。

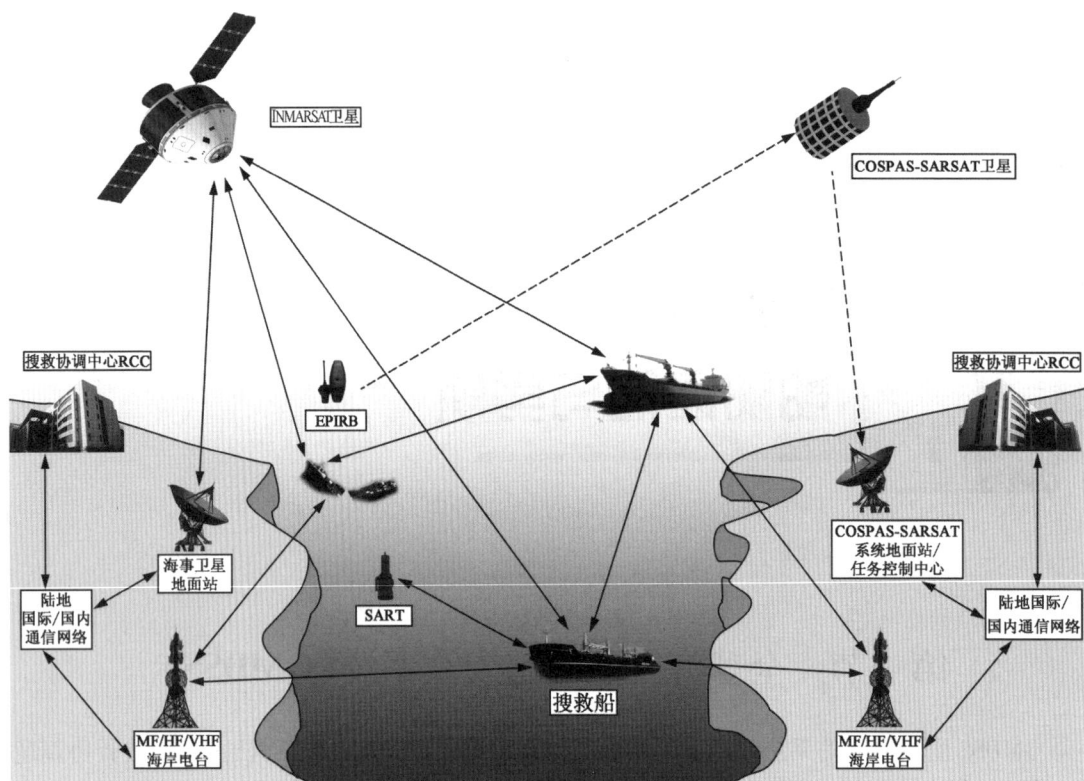

图 4-1　GMDSS 的基本概念图

表 4-1　GMDSS 各海区报警方法或手段

海区	报警方向	报警方法或手段	
A1 海区	船对船	VHF CH70 DSC	
	船对岸	VHF CH70 DSC	
A2 海区	船对船	VHF CH70 DSC 或 MF 2 187.5 kHz DSC	406 MHz EPIRB 设备作为船对岸报警的第二种手段
	船对岸	MF 2 187.5 kHz DSC	
A3 海区	船对船	VHF CH70 DSC 或 MF 2 187.5 kHz DSC	
	船对岸	INMARSAT 船站 或 HF DSC（4 207.5 kHz，6 312 kHz，8 414.5 kHz，12 577 kHz 和 16 804.5 kHz 遇险频率选择一个或多个）	
A4 海区	船对船	VHF CH70 DSC 或 MF 2 187.5 kHz DSC	
	船对岸	HF DSC（4 207.5 kHz，6 312 kHz，8 414.5 kHz，12 577 kHz 和 16 804.5 kHz 遇险频率选择一个或多个）	

这里需要指出的是以上报警方法仅是实施报警的基本原则。在实际的海上通信中,操作者可以根据具体情况,灵活、综合地使用有关报警设备,达到迅速、有效报警的目的,以便获得及时的救助。

此外根据 SOLAS 公约的要求,所有从事国际航行的客船和总吨位 300 以上的货船都必须按其航行的海区配备相应的符合要求的 GMDSS 船用设备,如表 4-2 所示。有些船舶根据实际通信的需要,还装配了非 GMDSS 通信设备,用于常规通信。如第四代海用卫星宽带终端 FBB(Fleet Broadband)、第五代海用卫星宽带 FX(Fleet Xpress)和甚小口径卫星终端 VSAT(Very Small Aperture Terminal)等,它们均具有强大的数据和语音通信功能。

表 4-2　各海区航行船舶需配备的 GMDSS 船用设备

海区		船载设备
各海区航行船舶必配通信设备		VHF 无线电话(带有 DSC 终端)1 台(能够在 CH06、CH13、CH16 上通信)
		NAVTEX 接收机 1 台
		自浮式 406 MHz EPIRB 设备 1 部
		Radar-SART 或 AIS-SART(所有客船和总吨位 500 的货船配备 2 部,总吨位未满 500 的货船可配备 1 部)
		便携式(手持)VHF 双向无线电话(所有客船和总吨位 500 货船配备 3 部,总吨位未满 500 的货船可配备 2 部,且具有 CH16 和一个其他频道的通信能力)
各海区航行船舶增配通信设备	A1 海区	满足船舶必配通信设备即可
	A1 和 A2 海区	MF 无线电话设备(带有 DSC 终端)或满足 GMDSS 要求的 INMARSAT 船站
	A1、A2 和 A3 海区	方案 1:INMARSAT 船站(带有 EGC 接收功能)和 MF 无线电话设备(带有 DSC 终端)
		方案 2:MF/HF 无线电话设备(带有 DSC 和 NBDP 终端)
	A1、A2、A3 和 A4 海区	MF/HF 无线电话设备(带有 DSC 和 NBDP 终端)

一、GMDSS 通信系统新变化

随着近些年来通信和信息网络技术的迅猛发展,国际海事组织(IMO)和国际电信联盟(ITU)积极推进海上遇险及安全通信领域新技术、新政策和工作频率需求研究,以满足航运界的日益增长的通信信息服务需求。2008 年 IMO 的无线电通信与搜救(COMSAR)分委会第 12 次会议首次提出审议 GMDSS 需求,2009 年 IMO 的海安会(MSC)第 86 次会议批准了 COMSAR 第 13 次会议关于"开展对 GMDSS 要素和程序复审问题范围研究"的提案,并于 2010 年的 COMSAR 第 14 次会议上成立特别工作组。按照该工作组计划,已于 2012 年 2 月 COMSAR 第 16 次会议确定 GMDSS 复审和现代化研究范围和任务。同年,MSC 于第 90 次会议正式批准并启动 GMDSS 复审和现代化项目。

该项目分为高级复审和详细复审两个阶段,其中 2012 至 2014 年开展高级复审,高级复审包括:

①对 GMDSS 已有九项功能进行复审;
②对正在使用的无线电通信优先等级顺序进行复审;
③对海区划分及设备配备需求进行复审;

④对船舶类别差异性要求的审查；

⑤对遇险通信和其他类型的通信分离审查等 5 个方面内容。

目前 GMDSS 高级复审已基本完成,高级复审报告在 2015 年导航、通信与搜救（NCSR）分委会第 1 次会议上已获得通过。

在高级复审基础上,2015 至 2017 年计划进行详细复审,详细复审包括：

①GMDSS 功能要求变化而带来的要求及解决建议；

②GMDSS 遇险报警传输途径与岸—岸通信；

③用甚高频（VHF）和卫星替代中频（MF）/高频（HF）和数字选择性呼叫（DSC）设备；

④窄带直接印字电报（NBDP）在 GMDSS 中的作用；

⑤中高频误报警跟踪调查机制；

⑥结合 IMO 对 e-Navigation 的研究,以及 ITU 对无线电频谱的研究,考虑未来水上甚高频数据交换系统（VDES）的引入等内容。

由于国际海上无线电通信技术主要由 ITU 无线电通信组（ITU-R）所主导,因此 NCSR 分委会就 GMDSS 复审和现代化工作与 ITU-R 也有密切联系。2012 年,ITU 在世界无线电通信大会上通过了与 GMDSS 复审与现代化工作密切相关的两项重要议题：

①359 号决议审议频谱划分规则以支持 IMO 的 GMDSS 现代化和 e-Navigation 战略；

②360 号决议审议有助于引入可能的新的通信技术应用和新应用方面的规则条款并考虑调整相应的频谱划分,以改善海上无线电通信质量。该决议建议在 ITU-R 研究结果基础上修订了《国际无线电规则》以引入更多海上无线电通信应用。

通过对 IMO 和 ITU 最新会议文件研究,可以看出 GMDSS 复审及现代化必然将推动传统海上无线电通信向着数字化、高带宽、全覆盖的方向不断发展,进而形成新一代的海上无线电数字通信网。

二、海上安全信息（MSI）发布原则与接收设备

GMDSS 的基本概念就是最大限度地保障海上人命与财产安全,海上安全信息（MSI）的播发与接收作为 GMDSS 的功能之一,其目的就是预防和减少海上事故的发生,保障船舶的航行安全。在 GMDSS 系统中,MSI 系指向船舶播发的航行警告、气象警告、冰况报告、搜救信息、气象预报、引航业务（在 SOLAS 公约各缔约国政府中美国不提供此类业务）和电航信息系统的更正信息七种类型。这七种信息又被分为航警信息、气象信息、搜救信息三大类,每类信息都有专门的信息提供者和自己的协调机构,三类信息最后汇总于一个总协调中心,根据需要经不同的系统进行播发。信息提供部门必须经过国际海事组织（IMO）、国际水道测量组织（IHO）、世界气象组织（WMO）以及各国相关主管机关的认可,MSI 播发业务结构如图 4-2 所示。

根据 SOLAS 公约第Ⅳ章的要求,所有国际海上安全信息应使用英语广播和打印（有时本地语言会附加在英语之后）。

在 GMDSS 系统中,全球海上安全信息主要由国际 EGC 系统和国际 NAVTEX 系统进行播发。其中国际 NAVTEX 系统主要提供国际 NAVTEX 业务,使用英语在 518 kHz 频道上进行广播,信息提供者会把信息转发给特定区域的 NAVTEX 发射台,并在规定的时间里向发射台附近的海域进行播发。而国际 EGC 系统主要通过 INMARSAT 系统中的国际安全网（Safety NET）业务进行播发,通过 INMARSAT-C 系统实现,信息提供者通常将信息转发到特定的区域

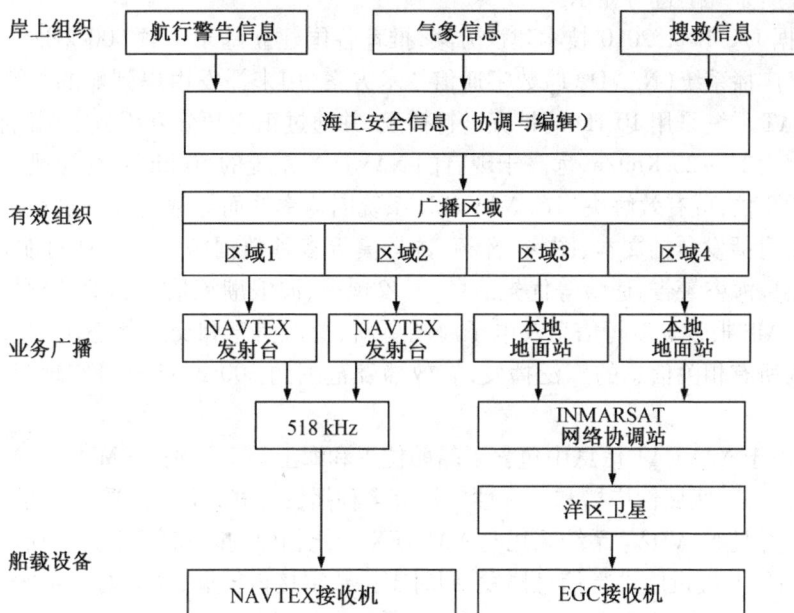

图 4-2　MSI 播发业务结构图

的地面站,然后通过网络协调站经卫星向自己负责的洋区进行播发。

此外,IMO 从保障海上人命和财产安全的角度出发,积极鼓励沿岸各国主管机关为船舶提供其他方式的海上安全信息播发方式,作为国际 NAVTEX 业务和国际 EGC 业务的有益补充,如:

①无线电传真图:包括气象图、冰况图以及其他航海者感兴趣的资料;

②无线电气象以及航行警告业务:有一些岸台通过 VHF、MF 和 HF 无线电话、电传的方式向海上船舶播发无线电气象和航行警告信息,特别是在 INMARSAT 无法覆盖的区域则必须使用 HF NBDP 进行海上安全信息的播发。

③AIS 海上安全信息服务:有一些岸台通过 AIS 系统向海上船舶播发无线电气象和航行警告信息,如航行警告第 11 区,日本和我国部分 VTS 中心已开通 AIS 海上安全信息服务业务。

但随着 GMDSS 现代化的进展,现有业务模式也需要推进改革。现有 NAVTEX 系统沿岸播发业务已过载,并且数据速率太低,需要更高数据传输速率的系统以满足沿岸警告信息不断增长的数据量要求;INMARSAT 系统的 EGC 广播业务还基本能够满足需要,但需要克服跟踪特定卫星来完成海上安全信息接收的问题;HF NBDP、VHF 无线电话、MF/HF 无线电话以及 AIS 海上安全信息服务只有极少数的国家实施,且船舶的参与度难以评估,尤其是 AIS 海上安全信息服务基本是"VTS 随机发、船舶随意收"。

所以为了满足 GMDSS 现代化的相应要求,降低遗漏重要、关键信息的风险,以及适应未来 e-Navigation 的深入实施,IMO 航行通信搜救分委会(NCSR)在第 3 次会议上,美国、中国、挪威提交了对 NAVTEX 性能标准、EGC 性能标准和 INS 性能标准的修订建议,提议将 NAVTEX、Safety Net 接收机以及其他海上安全信息接收设备进行互联并且能够将重要的海上安全信息在船桥综合导航系统上进行显示。

此外,根据 ITU-R M.2010 技术建议方案,推荐各国建立基于中频 500 kHz 建立中频海上安全信息数字广播系统(NAVDAT)数字通信技术方案,用来播发由岸到船的与海上安全相关信息。NAVDAT 系统采用 10 Hz 的带宽进行播发,并通过正交频分复用数字调制技术,其实用数据传输速率为 12~25 Kbit/s,远高于现有的 NAVTEX 系统的 50 bit/s,约为现有 NAVTEX 系统传输速率 360 倍,可有效解决当前 NAVTEX 系统因速率低而导致的业务过载和及时性等不足。NAVDAT 可播发包括文本、图像、音频、数据集等多种数据格式。实现对航行警告、气象警告、搜救信息、海盗警告、遇险等优先信息,气象预报、波浪潮流信息、VTS 交通信息、引航信息、航标信息、AIS 报告等航行信息及电子海图更新、港口信息和交通状态图等来自安全和可控的信息源的所有相关信息的广泛播发,有效播发范围约 300 n mile,可实现对 A1、A2 海区覆盖。

技术上,由于 NAVDAT 信息中包含了船舶位置和海上移动识别码(MMSI),NAVDAT 系统可支持一般性广播、区域性广播和选择性广播等多种播发方式,并在需要时可实现对授权用户的加密广播。并且 NAVDAT 系统采用与 NAVTEX 系统相似的时隙分配方式,所以可利用现有的 NAVTEX 系统基础设施进行信息播发,同时支持数字接口扩展,从而对 GMDSS 现代化的新通信应用及信息服务提供了良好的开放性。

我国东海航海保障中心于 2013 年起开展 NAVDAT 试验系统研究工作,并完成了电子海图远程更新传输试验。东海航海保障中心已于 2016 年 1 月 1 日起在上海提供 NAVDAT 试运行服务;目前系统数据传输速率约 18 Kbit/s,并基本实现对 A1、A2 海区覆盖。

三、GMDSS 与 e-Navigation

e-Navigation 是航海保障的升级版,是符合信息化技术发展时代下的航海保障发展方向。通过电子的方式,在船上和岸上,收集、综合、交换、显示和分析海事信息,以增强船舶泊位到泊位的全程航行能力,增强相应的海上服务、安全和保安能力,以及海洋环境保护的能力。从 2006 年左右提出 e-Navigation 基本理念起,IMO 就陆续开展了 e-Navigation 的用户需求调研、差距分析、成本效益和风险分析、技术架构设计、原型产品设计、数据交换模型和标准研究等,2014 年制订 e-Navigation 实施计划,标志着 e-Navigation 真正进入了落地实施阶段。

随着 e-Navigation 各标准的制定和示范系统的建设,e-Navigation 所需要的现代海上通信也被迅速推动发展。由于有大量的船岸数据通信需求,e-Navigation 的通信相比传统的助航方式要求更高,这也积极推进了 GMDSS 现代化需求研究,以满足 e-Navigation 战略的通信信息服务需求。为此 GMDSS 复审和现代化过程中提出,未来海上无线电通信不仅仅为了满足遇险报警要求,或单独考虑 e-Navigation 系统或者 GMDSS 要求,而应该直接考虑寻求一种新型的海上数据交换通信技术可以服务于新时代航海战略的通信需求,提供从近到远,覆盖各海区的数字通信服务,最终解决岸—船、船—岸和船—船数字通信,播发文本、图像、声音等多种文件,海图改正信息等航行相关安全信息的快速推送,并提供数字接口,实现与船舶信息系统的无缝连接。

从图 4-3 中可以看出,IMO、IALA 和 ITU 三大组织从规则层面为 IMO 的 e-Navigation 战略、GMDSS 现代化进程提供了众多的规则保障。而技术层面上,鉴于 AIS 技术、VHF 通信技术在 e-Navigation 和 GMDSS 现代化中的重要作用,IALA、ITU 等国际组织于 2013 年提出了海上

2005年	2006年		2009年	2010年	2012年	2014年	2015年以后
MSC81	NAV53		e-Nav用户需求调研	e-Nav框架设计与差距分析	e-Nav战略实施计划研究启动	MSC93	e-Nav战略实施阶段
e-Nav战略提出	e-Nav概念被采纳					e-NAV实施计划正式确定	

	2008年	2009年	2010年	2012年	2013年~2014年	2015年~2016年	
	COMSAR12	MSC86	COMSAR14	COMSAR16	GMDSS现代化复审		
	提出GMDSS现代化需求	批准GMDSS现代化需求复审	成立GMDSS现代化工作组	启动GMDSS复审和现代化项目	NCSR1 / NCSR2 / NCSR3 / NCSR4		
					GMDSS现代化高级复审	GMDSS现代化高级复审	

	2012年	2013年	2015年
	WRC12	IALA	WRC15
	调整相关管理规定和频道划分以满足AIS需要	VDES概念提出	初步确定AIS、ASM及VDES的频段划分

MSC:海上安全委员会　WRC:世界无线电大会

NAV:航行安全委员会　NCSR:航行、通信与搜救分委会

IALA:国际航标协会　e-Nav——e-Navigation

COMSAR:通信搜救分委会

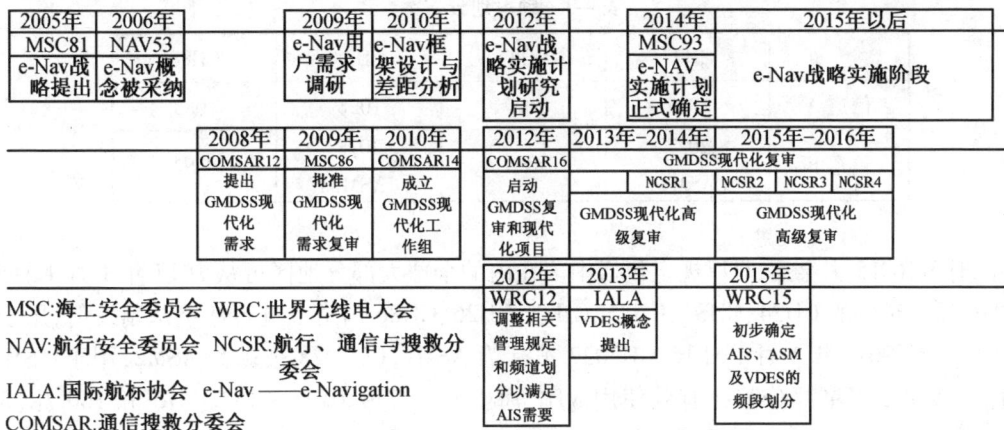

图 4-3　GMDSS 现代化与 e-Navigation 战略发展路线图

VDES(VHF 数据交换系统)的概念。根据 ITU-R M.1842-1 技术建议方案,VDES 系统预计将集成自动识别系统(AIS)、特殊应用报文(ASM)和宽带甚高频数据交换(VDE)三项功能,不仅能实现船—船、船—岸间的数据交换,还为未来实现卫星与船舶的远程双向数字通信预留了空间,数据传输带宽可以达到 150 Kbit/s。

其主要对应的背景是 WRC12 世界已经为 IMO 的 e-Navigation 战略和 GMDSS 现代化对 VHF 波段的使用做出具体规定,即区域 2 和区域 3 内的 AIS1(CH87B)和 AIS2(CH88B)波段将为海事移动服务专用(到 2025 年),分配 75 和 76 频道作为移动卫星检测 AIS 信号的频道,定义将 27、28、87、88 频道作为未来特殊应用信息(ASM)测试的频道,定义 24、84、25、85、26、86 为全球通用频道,作为数字系统数据交换频道。为此 AIS 功能得到了充分的发挥,从原来单纯的船舶导航系统扩展到通信、搜救等多个方面,如 AIS-SART、AIS MOB、EPIRB-AIS、ASM 信息广播系统以及 ATON(Aid to Navigation)AIS 辅助导航系统等。这同时使 AIS 链路的负荷增加巨大,引起 IMO 和 ITU 的极大关注,并开始逐步认识到"AIS 只适合做一个船舶导航系统,并不适合海上数据交换",于是开始对当时的 AIS 系统进行"通信功能升级"的可能性进行研究,并于 2013 年由 IALA 提出 VDES 的概念。

相比 AIS 系统,VDES 的通信链路更加丰富,且原来广播通信基础上增加了 VDE(VHF 数据交换)信道,能够满足船对船和船对岸相互之间的所有数据交换服务的需要,旨在整合并满足未来 AIS、ASM 数据交换、e-Navigation、GMDSS 现代化的需求。而且在 VDES 设计时就考虑了地面与卫星两大系统,在系统设计和兼容性方面做了大量的技术研究工作,最终可实现在全球范围内的海事 VHF 移动波段上提供更强的数据交换能力。

实现从 AIS 系统到 VDES 系统的升级,前提条件是增加可供 VDES 使用的新频段。在 WRC15 大会上,ITU 提出了四种针对 VDES 的频率划分方案,分别由 IALA、ESA(及欧洲各国)、加拿大和中国提出。这四种方案基本上都同意 VDES 框架下的 AIS 最初设计目的不改变,其仍具备船舶身份识别、位置报告和跟踪、船舶航行数据、搜救功能。CH75 和 CH76 信道仍然作为卫星监测 AIS1、AIS2 的长距离应用信道,而 ASM 使用 2027 和 2028 信道,AIS 仍然使用 CH87B 和 CH88B 信道,如表 4-3 所示,最终将会在 WRC19 次大会结束后确定最终的频率划分方案。

表 4-3　频率划分方案

	CH27	CH87	CH28	CH88
信道 A	1027	1087	1028	1088
信道 B	2027（ASM1）	AIS1	2028（ASM2）	AIS2

同时 WRC15 大会后，ITU 规定包括中国在内的全球大部分地区可从 2017 年 1 月 1 日起，在 VHF 频道对应的 CH24、CH84、CH25、CH85、CH26、CH86 信道上进行数字调制发射，用于地面 VDES。从 2019 年 1 月 1 日起，CH2027 被标为 ASM1，CH2028 被标为 ASM2，用于 ASM 数据通信。VDES 卫星部分需在有效使用 VHF 海上频率 256.0125～157.4375 和 160.6125～162.0375 频段进行 VDES 卫星系统的运行测试，但不应干扰 AIS、ASM 和 VDES 的地面工作信道。同时 VDES 卫星部分也不应对数字选择性呼叫（DSC）、AIS、语音遇险、安全呼叫信道造成有害干扰。这些都充分说明 ITU 已经在逐步确定 VDES 系统的频率划分，并且初步确定了地面 VDES 系统的频段，并在 WRC19 之前研究 VDES 卫星部分与上述相邻频段内现有业务之间的频率共用和兼容性，以便确定卫星海上移动业务（地对空和空对地）的 VDES 应用频谱划分。

针对 VDES 高速发展，许多船舶厂商已经投入到船舶在 VDES 相关设备的研发与生产中。相信不久的将来，航海者或许只利用一个 VDES 接收设备就可以获取 VDES 系统所广播的海事安全信息以及船舶导航相关数据，全面提升海上数据通信能力和频率使用效率，从而成为保障船舶航行安全的有效助手。

四、其他

1. 远程识别和跟踪系统

震惊全球的"9·11"事件后，加强海上保安已成为国际航运界的趋势。为此，2006 年 5 月，国际海事组织（IMO）海上安全委员会（MSC）第 81 次会议通过了经修正的 1974 年 SOLAS 公约修正案，增加了强制实施船舶远程识别和跟踪（Long Range Identification and Tracking，简称 LRIT）系统的相关内容。该修正案已于 2008 年 12 月 31 日开始实施。

LRIT 是一个全球性的船舶动态管理系统。海上船舶可通过无线通信网在规定的时间间隔内自动发射船舶识别跟踪信息（如船舶 ID、船位、日期和时间）至陆地数据中心，从而相关信息可用于反恐、环保、搜救和航行安全监管等领域。

公约对 LRIT 系统的功能要求如下：

①船载 LRIT 设备能够在无人干预的情况下每隔 6 h 自动向数据中心发送 LRIT 信息。信息内容包括：船舶 ID、船位、与船位信息相对应的日期和时间。

②可以在陆地远程控制船载 LRIT 设备的发射时间间隔，时间间隔可控制在 15 min～6 h。

③可通过"询呼"功能启动船载 LRIT 设备发送位置信息。

④LRIT 设备可直接与船舶卫星导航系统接口连接，或有内置定位功能。

⑤应由船舶主电源和应急电源供电。

根据上述要求，LRIT 系统可以有多种解决方案，而基于一个原有的通信网组建是最经济、最快捷的途径。目前方案中,可通过卫星网络(如 INMARSAT 卫星网、Iridium 卫星网或其他卫星网),也可通过地面网络进行 LRIT 系统的实现。由于 INMARSAT-C/Mini-C 系统稳定、可靠、设备小巧,适合安装在各种类型的船舶上,且目前大多数船舶都配备了该系统,不必再购买新的设备,因此 INMARSAT-C/Mini-C 是 LRIT 方案实施的首选船载设备。其中基于 INMAR-SAT-C/Mini-C 的 LRIT 系统基本组成结构如图 4-4 所示,其主要由 INMARSAT-C/Mini-C 船载设备、INMARSAT 通信服务提供商(CSP)、应用服务提供商(ASP)、数据中心(DC)以及国际数据交换中心(IDE)构成。其中 INMARSAT-C/Mini-C 船载设备是 LRIT 系统的终端设备,主要发送 LRIT 信息;通信服务提供商(CSP)是无线网与陆地电信网的连接接口,保证经 INMAR-SAT 卫星中转的信息接入 LRIT 系统陆地通信网络;应用服务提供商(ASP)主要提供 CSP 和数据中心(DC)之间的传输通道,同时监控和管理通道,确保 LRIT 信息安全、可靠传送;数据中心(DC)主要承担 LRIT 信息的存储、管理、维护,同时为行业应用提供多种访问接口,为本地或远程数据应用功能的调用提供支持。按照 LRIT 相关技术规范,国际数据交换中心(IDE)必须能够完成全球每个 DC 之间的数据交换任务,实时更新并下载数据分配计划(DDP)的最新内容,更新数据交换的规则,最终实现 IMO 各缔约国政府对全球范围内航行船舶的跟踪和识别功能。

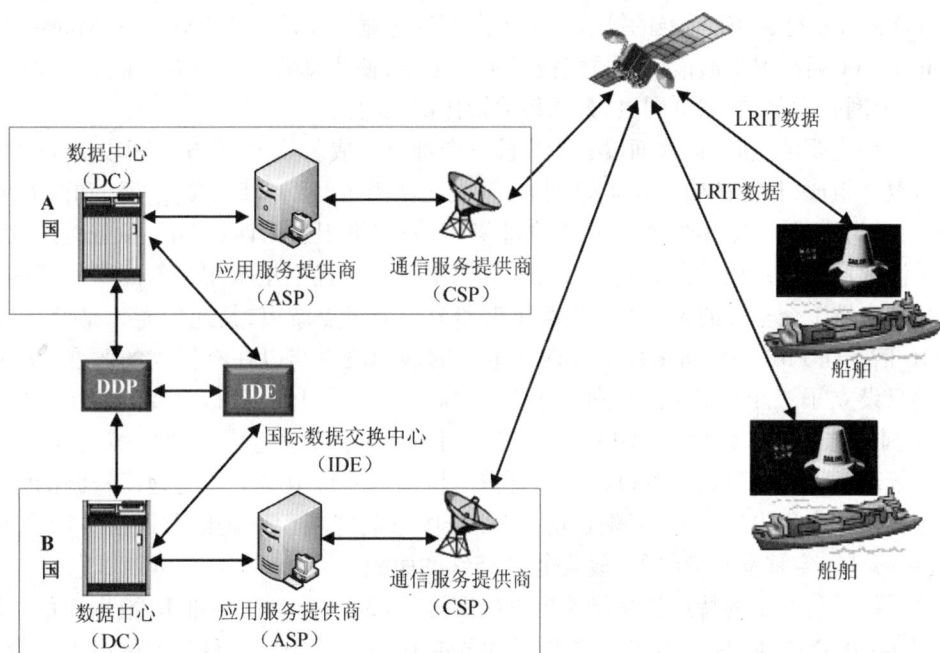

图 4-4 LRIT 系统基本组成结构

为了保证系统的正常运行,加入 LRIT 系统的船载设备需进行符合性测试。根据 MSC. 1/Circ. 1257 文件规定,符合性测试必须是由船舶主管当局授权的应用服务提供商(ASP)或认可的测试应用服务提供商来进行,测试通过后应用服务提供商代表船舶主管当局给船舶颁发 LRIT 符合性测试报告。

中国作为国际海事组织 A 类理事国,按照公约规定,若缔约国不建设本国的 LRIT 数据中心,就必须为本国籍船舶指定接收该系统信息的数据中心,则我国所有远洋船舶的船位信息将被他国数据中心接收和管理,这将给管理带来不便,也有损我国海运大国形象。为按时履行国际公约,加强我国海上保安、搜救、环保,促进航运业发展,切实保护我国船队利益,交通运输部批准建设中国船舶远程识别与跟踪系统(LRIT),并于2009年7月1日,我国LRIT国家数据中心正式运行,这标志着我国LRIT建设已按时履约,并开始向运行维护阶段过渡。

目前,我国LRIT系统的主管当局是中国海事局。中国交通通信信息中心是中国海事局认可的测试应用服务提供商,可对所有加入该系统的船载终端提供LRIT设备符合性测试,并可签发有关主管机关授权的符合性测试报告和证书。具体LRIT数据业务则是由北京国交信通科技发展公司来进行。

2. 海事卫星宽带通信系统

INMARSAT(国际移动卫星组织)是一个国际政府间的合作机构,目前已能够为海上、陆地和航空提供全方位的卫星移动通信服务,是目前唯一符合GMDSS强制性要求的移动卫星通信系统,也是我国唯一符合我国法律法规要求的国际卫星通信系统。我国建有北京国际移动卫星地面站,是国际移动卫星通信系统与中国公众通信网络(包括中国移动、中国联通和中国电信网络)互联互通的关口站。目前正在使用的船舶所使用的INMARSAT系统船载设备主要有INMARSAT-C、INMARSAT-F以及符合3G标准的第四代卫星海上宽带通信系统FBB(Fleet Broadband)和最新符合4G标准的第五代卫星海上高速宽带通信系统FX(Fleet Xpress)。

INMARSAT船载卫星通信设备虽然技术十分复杂,使用却都十分简单,主要的拨打电话、接听电话、上网收发邮件、浏览网页、数据传输操作都很简便。

FBB系统主要由空间段、地面段和用户段三个部分组成。其中,FBB空间段由3颗第四代静止轨道卫星组成,目前的轨道位置分别为:亚太卫星为东经143.5°,覆盖亚洲和西太平洋区域;欧非卫星为东经25°,覆盖欧洲、中东和非洲区域;美洲卫星为西经98°,覆盖美洲、大西洋和东太平洋区域。该系统最突出的特点就是所使用的第四代卫星采用最新的频率复用技术,每颗卫星可支持1个全球波束,19个宽点波束和193个窄点波束,其通信能力是第三代通信卫星的16倍。而FBB系统所采用的第四代卫星的地面段也与以往有很大的改变,初期在全球范围内只设立了三个关口站,分别位于荷兰Burum、美国Hawaii以及备用关口站意大利Fucino,中国的北京关口站也于2013年的12月正式启用,成为世界上第一个不归属于INMARSAT管理的海外关口站。关口站的主要作用是负责实现卫星资源与地面资源的链接,以及处理新用户端启用申请、移动终端性能测试、分配移动终端识别码以及通信费用管理等业务,可提供海、陆、空移动宽带服务,覆盖全球85%的面积。

FBB系统最为突出的特点就是能够提供最高可达432 Kbit/s的标准IP数据通信、最高可达256 Kbit/s的流媒体数据通信以及高质量的宽带IP通信服务等多种功能的海上宽带服务,能够充分满足船舶远程视频监控的需要。目前根据INMARSAT FBB设备生产商提供了FB500、FB250、FB150三种类型的设备,可提供语音、传真、短信、流媒体等服务,以满足不同用户的需要。同时在紧急情况下,通过FBB终端上的"应急呼叫"功能可直接向MRCC(海事搜救协调中心)进行报警。在2011年6月INMARSAT公司所推出的首款卫星手持电话IsatPhone Pro更是集成了卫星电话、语音信箱、电子邮件、短信、GPS定位和应急通信等诸多功能。

随着信息技术的深入发展,海事卫星第五代卫星海事宽带系统FX应运而生。FX系统是把第四代卫星的FBB系统和第五代卫星的GX(Global Xpress)系统封装成一个整体系统,是目前海事卫星海上服务最先进的产品。其中GX所主要依托的第五代卫星空间段采用3颗主用

(120°间隔)加1颗静止轨道卫星的组网方式。第一颗卫星位于62.6°E,覆盖范围包括欧洲、中东、非洲和亚洲;第二颗卫星位于55°W,覆盖范围为美洲及大西洋地区;第三颗卫星已于2015年8月28日发射,覆盖亚太地区,未来将增加的一颗卫星以覆盖中国区为主。第五代通信卫星采用了Ka频段技术,单个用户的数据下行速率高达50 Mbit/s,上传速率能达到5 Mbit/s,用户宽带能力相当于陆地的4G水平,并且每颗卫星还设计有6个可移动的热点波束,实现了通信移动性和宽带性的完美结合,随时满足热点区域大容量突发事件通信和信息的需要。

现正在运行的Fleet Xpress系统因为集成了FBB系统,所以其还拥有稳定可靠的L波段通信功能作为通信备份保障,所以说FX系统并不是一个单一系统,它整合第四代和第五代海事卫星通信服务为一个整体,并在两者之间实现自动切换。而对于船端来说,FX系统由海事卫星第四代终端、第五代终端和网络服务设备所组成,第四代终端和第五代终端同时在线,由网络服务设备自动选择网络路由,因此Fleet Xpress业务同时具备第五代卫星高速数据和第四代卫星高可靠性的优点,是卫星通信领域中最先进的一种海上宽带通信模式。因此基于这种海上高速宽带通信模式开发的船舶管理应用将会增强船舶航行安全,提高船舶管理效率,提升船用的通信福利。

3. 其他卫星系统

(1)甚小口径卫星通信系统

甚小口径卫星通信系统(VSAT)实际上是一种卫星通信的标准体制,目前以Ku波段和C波段VSAT系统最为常见。VSAT系统独立组网十分灵活,一般租用卫星公司的卫星资源,可以实现话音、低速及高速数据传输等功能。目前国际及国内VSAT卫星通信系统有很多,但是都不能实现全球覆盖,而且虽然其组网虽然灵活,但是使用起来却比较复杂,需要操作人员具有一定的卫星通信知识和技能。VSAT系统由于工作在Ku或者C波段,通信效果受天气影响较大,所以在远洋船舶上需要和海事卫星设备配合使用。而VSAT的通信多采用信道租赁的方式,每月通信成本并不低(每月通信业务预算在2万元以上的高端用户尤其适合),但是其通信信道能够实现专线专用,通信速率高、带宽大,所以适合邮轮、远洋商船和远洋工程船使用。

(2)铱星系统

铱星系统采用低轨道卫星,覆盖范围包括地球同步卫星鞭长莫及的最边远极地地区。铱星的卫星星座包含66颗工作卫星,组成六个轨道平面。星上采用先进的数据处理和交换技术,并通过星际链路在卫星间实现数据处理和交换。铱星系统最显著的特点就是星际链路和极地轨道。铱星商用关口站设在美国亚利桑那州,主要在卫星和地面通信网络之间提供中继连接。铱星终端之间也使用L波段进行通信,由于其采用低轨卫星进行通信,所以其天线相对于同步轨道的高轨卫星可以做得更小。铱星系统可以在全球任何地方提供话音和低速数据通信。

由于铱星系统在中国没有地面关口站,按照我国电信法律法规要求,在中国大陆境内是不能正式开展业务的,因此没有通信运营商和铱星系统实现互联互通,而必须通过美国电信运营商与铱星系统联通,因此铱星系统的通信费用也相对更高。

由于铱星系统极地通信功能是其他卫星通信系统所不具备的,所以最适合往来南北极地地区的船舶使用,而美国等国家一直要求修改SOLAS公约卫星通信相关内容,积极为铱星系统提供 GMDSS 业务做准备,并且在 2014 年的 NCSR 第 1 次会议上,美国提交了对铱星系统纳入 GMDSS 系统的认可提案,并在 NCSR 第 2 次会议上建议在 GMDSS 复审项目中根据 IMSO 对铱星的评估报告结果进行再审议。

（3）舒拉亚卫星通信系统

舒拉亚(Thuraya)系统是 2000 年推出的地球同步高轨卫星通信系统,拥有 3 颗卫星,目前可以覆盖亚洲、欧洲南北纬80°之间的大陆和沿海区域。其地面关口站位于阿联酋,服务整个卫星信号覆盖区域。按照我国电信法律法规要求,Thuraya 系统在中国大陆境内不能正式开展业务。目前 Thuraya 系统可以提供话音、低速数据、高速数据及传真服务。

由于 Thuraya 覆盖范围的限制和技术特点,它前几年主要用于陆地和沿海区域,在海上使用的很少。但是,Thuraya 一直在以 INMARSAT 为目标学习和追赶,目前在海上陆续推出了类似 INMARSAT 海上宽带的高速数据终端和服务,开始抢占海上市场。

思考题

1. 请简述 GMDSS 的基本概念和主要功能。
2. GMDSS 海区是如何划分的?
3. GMDSS 中,各海区航行的船舶应配备的通信设备有哪些?
4. GMDSS 中,在各海区航行的船舶一旦发生遇险,应采取什么通信手段进行船至船、船至岸的遇险报警手段?
5. 请简述 GMDSS 通信系统的新变化及其趋势。
6. GMDSS 系统中,主要涉及哪几种海上安全信息?
7. 请结合 MSI 播发系统业务结构图描述信息发送流程和主要播发手段。
8. 简述 NAVDAT 系统的技术指标和播发信息的数据格式。
9. 请对 VDES 系统的未来信道使用做简要描述。
10. 请简述 LRIT 系统的组成。
11. 请简述 FBB 系统的组成及其开放的主要通信业务。
12. 请简述 FX 系统的组成及其开放的主要通信业务。

第二节　船舶导航

一、e-航海发展战略与船舶导航

e-航海(e-Navigation)就是通过电子的方式,在船上和岸上,收集、综合和显示海事信息,以增强船舶泊位到泊位的全程航行能力,增强相应的海上服务,加强安全和保安能力,以及海洋环境保护能力。电子航海战略是 2010 年 STCW 公约马尼拉修正案的前瞻性的内容,是航海技术以及航运业需求的发展的必然产物,将对航海技术带来重大而深远的影响。本部分内容涉及 e-航海发展背景、e-航海架构以及 e-航海的战略发展计划(SIP)。

1. e-航海发展背景

由于航海技术的飞速发展,导致 VTS、ECDIS、GNSS、AIS 等多种助航技术的出现,这些助

航系统的存在,为航海人员提供了丰富的助航手段,表现在:

(1)丰富的船载设备,如雷达、罗经、GPS、AIS、电子海图显示与信息系统(ECDIS)等的相继出现,在很大程度上改变了航海的原有观念,航海者对船舶及周边环境的掌控力大大提高,航行安全有了更高的技术手段和信息手段上的保障。

(2)传统的岸基助、导航技术,如统一的灯塔、浮标、雷达应答器等助航标志,形成了基本的航海保障基础。同时,新一代的基于信息技术的岸基助、导航技术和手段不断出现和发展,如船舶交通服务(VTS)、船舶自动识别系统(AIS)、船位报告系统、船舶远程跟踪和识别系统等对原有的助、导航系统进行了补充和增强,构成了更为完善的航海保障基础。

然而,新技术以及新设备的出现并没有遏制海上事故次数的上升趋势,更没有满足船船、船岸之间获取、交流信息的需求。

e-航海的发展以用户需求为主导,以信息技术为基础,其架构设计以及实施的目标旨在整合现有的船载、岸基的助、导航手段,形成一个综合的船—岸助航信息系统,实现助航信息更为广泛和全面的沟通,从而进一步提高船舶航行安全和船岸之间的管理效率,促进航海安全和环境保护;推动海上交通管理从监督管理为主的模式向监督管理和信息服务并重的模式转换。

2.e-航海框架

e-航海整体架构(如图4-5所示)涉及五个部分的内容:

(1)船上环境。船上环境研究对象主要以综合驾驶台IBS为主体研究对象,以综合导航系统为基础,结合船上相关传感器以及船载应用系统进行技术整合、数据采集、数据处理、数据显示,实现综合导航、船舶控制、自动避碰、综合信息显示、通信和航行管理控制等多种功能。

(2)岸上环境。岸上环境研究对象主要以与支持e-航海体系相协调的基于公共技术的岸基系统。这些系统涉及安全、保安、应急反应、防污染和相关服务等,也包括人机接口。

(3)物理链路。物理链路是指船船、船岸互联的通信链路,包括船船通信(Radar、AIS、MF/HF/VHF、网络)、船岸通信(LRIT、海上宽带等)等。

(4)全球无线电导航系统。全球无线电导航系统(WWRNS)作为e-航海的存在的基础条件之一,通过无线电导航系统为全球航海用户提供基础的位置、导航以及时间信息(简称PNT)。

(5)通用海上数据模型。通用海上数据模型(UMDM)主要研究e-航海系统之间数据共享机制,提出将IHO S-100作为标准定义数据结构、数据目标识别、注册以及数据模型管理规则。

3.e-航海的战略发展计划(SIP)

e-航海战略发展计划(e-Navigation Strategy Implementation Plan,SIP)是e-航海发展过程中具有标志性的成果,国际海事组织于2014年7月召开的导航通信与搜救(NCSR)1次分委会审议并通过,并得到了MSC94会议批准。该计划实施了IMO引入的综合安全评估机制,依据NAV58批准的实施e-航海战略的差距分析结果,识别出5项主要和优先发展的解决方案,并以此为基础开展成本、效益和风险分析,提出了7项风险控制措施;并依据NAV59分委会的要求,以上述5项优先解决方案和7项风险控制措施为基础,分解出了18项工作任务,并明确了相应的任务成果以及期望完成时间。

SIP的核心目标是实现优先发展的5个e-Navigation解决方案,如表4-4所示。

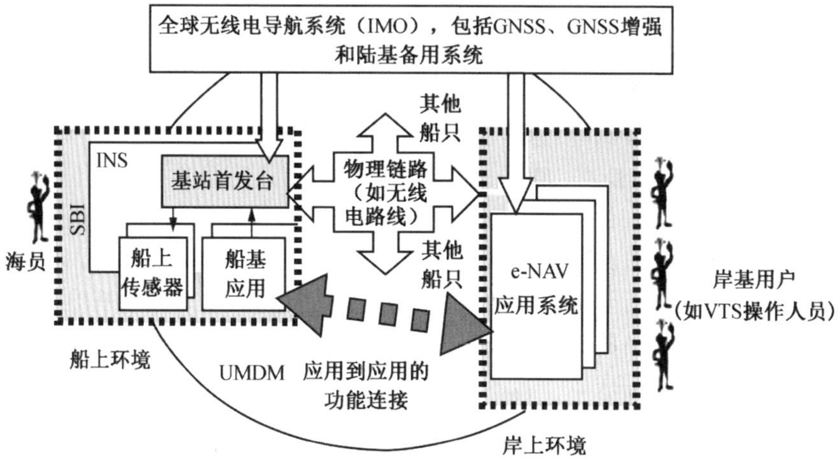

图 4-5　e-航海整体架构

表 4-4　SIP 的核心目标

S1	改进、协调和用户友好的驾驶台设计
S2	标准化和自动的报告手段
S3	改进航行信息和驾驶台设备的可靠性、适应性和综合性
S4	对由通信设备接收的信息进行综合并以图形显示
S9	改进 VTS 服务的通信

同时还明确了 7 项风险控制措施（如表 4-5 所示）和 18 项工作任务以及期望完成时间（如表 4-6 所示）。

表 4-5　e-Navigation 的 7 项风险控制措施

RCO1	航行信息和设备的整合，包括改进软件质量
RCO2	驾驶台报警管理
RCO3	航行设备的标准化模式
RCO4	自动和标准化的船岸报告
RCO5	改进船载 PNT 系统的可靠性和可恢复性
RCO6	改进岸基服务
RCO7	驾驶台和工作站布置标准化

表 4-6　e-Navigation 的 18 项工作任务以及期望完成时间

任务号	任务	时间表
T1	制定 e-航海系统以人为中心进行设计（HCD）的导则	2014/2015
T2	制定 e-航海系统可用性测试和评估导则	2014/2015
T3	制定电子手册导则,使航海者易于熟悉电子航海设备	2019
T4	规划操作的标准化模式,包括各种情况的存储和恢复,以及相应设备的 S 模式功能	2017
T5	实施驾驶台报警管理导则; 使之满足 MSC.302(87)关于驾驶台报警管理决议以及相关修订	2016 2019
T6	制定导航设备精度和可靠性显示的导则	2017
T7	编制 INS 的适应性报告	2016/2019
T8	制定船舶报告标准化格式"单一窗口"报告导则	2019
T9	编制用于船舶报告的自动采集的船舶内部数据的技术报告	2016
T10	调研 A.694(17)和 IEC60945 的通用性,考虑内置完善性测试(BIIT)是否可以标准化	2017/2019
T11	编制 e-航海软件质量保证(SQA)导则	2014/2015
T12	制定综合利用外部系统来改进船载 PNT 系统的可靠性和适应性的导则	2016
T13	制定协调显示通信设备接收的航行信息的导则	2019
T14	基于 IHO S-100 数据模型,开发一种通用的海事数据结构,并包括信息的优先级、来源和拥有者等参数;岸上使用和船上使用应相互协调。进一步制定船上数据交换的 IEC 标准,包括防火墙	2019
T15	制定无缝综合利用所有现有通信基础设施以及伴随着改进的 GMDSS 而开发的新系统的导则;并	2019
T16	制定导航和通信设备的规则和公约的最佳协调报告	2017
T17	在实施过渡安排之前,制定关于海事服务组合(MSP)的决议,进一步开发 MSP,以改进服务和职责	2019
T18	制定协调试验台报告的导则	2014/2015

4.e-航海下的船舶导航

(1)全球无线电导航系统(WWRNS)

WWRNS 作为电子航海战略实施的基础之一,为海上环境以及岸上环境提供基础位置、导航以及时间信息(PNT),也为船载系统(如 IBS、ECDIS、RADAR、GMDSS、AIS、LRIT、VDR)提供与位置相关的实时信息。另外,岸基系统也需要依靠 PNT 信息用于 VTS 位置报、LRIT、AIS 同步时隙、航标闪光灯同步以及通信同步等。

根据 IALA 全球无线电导航计划,PNT 信息作为 e-航海体系中最核心的基础,要求具有三个必要的条件:

①一个核心的 GNSS;

②支持 GNSS 增强,以确保 GNSS 满足特定目的;

③具有充足的 GNSS 备份系统。

图 4-6 详细描述了 IALA 全球无线电导航计划中规划的有能力提供 PNT 的系统的备选系统。对于每一个备选系统,都要求从精度、可靠性、连续性、综合性和全覆盖能力等 5 个方面上满足相关功能要求。同时,不同的无线电导航系统根据不同技术能力的差异可以提供不同位置精度等级,不同覆盖范围的位置服务,如图 4-7 所示。

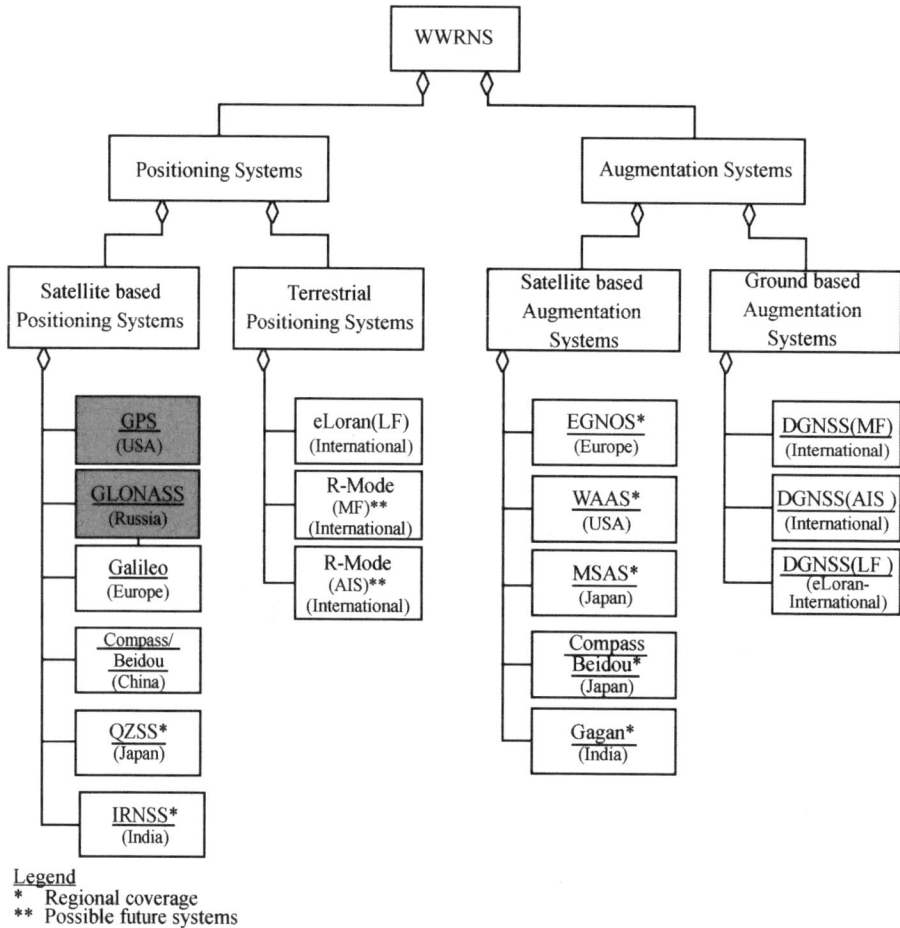

图 4-6 IALA 全球无线电导航系统

因此,对于船舶用户而言,一个完备的 PNT 支撑系统必然是多种无线电导航系统并存的系统,它们相互备份,为 e-航海提供可靠的 PNT 服务信息。当然,必须清晰地认识到,考虑到数据质量和服务能力,GNSS 被认为是最可靠的,但从长期角度看,它依赖于对导航卫星星座的持续投资和维护。

(2)通用海上数据交换模型 UMDM

根据 SIP,通用海上数据交换模型 UMDM 是五大优先解决的任务之一。应用 UMDM,e-航海将成为一种高效协作的网络平台,使船岸各类信息在应用中具有高度的完好性和耦合性。目前,以 IHO S-100 为标准来定义数据结构、数据目标识别、注册以及数据模型管理规则。

IHO S-100,作为 IHO 海道测量数据空间地理标准,主要目标是支持多种相关的海道测量

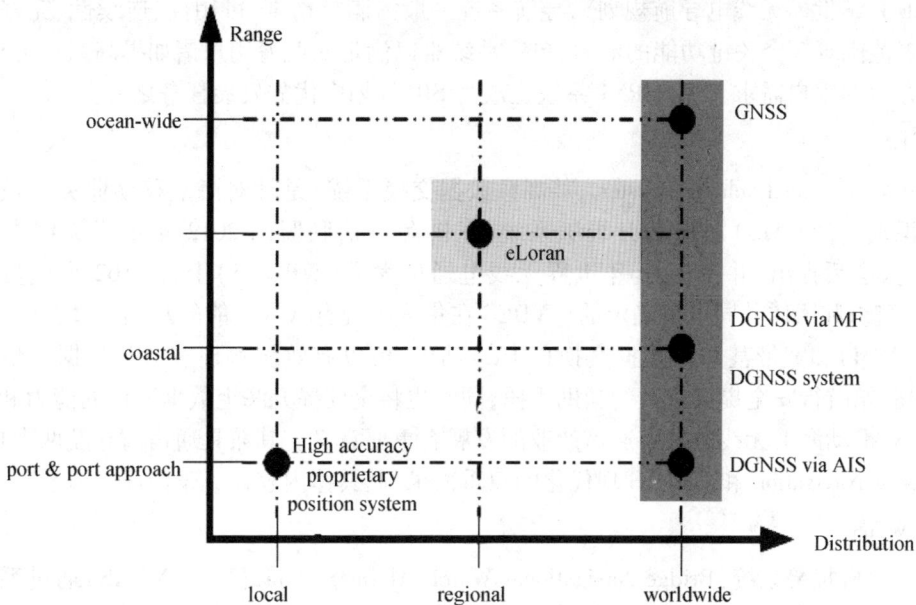

图 4-7 无线电导航系统导航精度和覆盖区域图

数字化数据源、产品及用户需求,包括了影像和栅格数据、三维和时变数据、超出传统海道测量范围的新应用(如高密度的海底测量、海底分类和海洋 GIS 等)以及利用基于 Web 的服务进行数据的获取、处理、分析、访问和表示。

与 ISO/TC211 标准一致,S-100 与国际主流地理空间标准相兼容,特别是 ISO 19100 系列地理信息标准。数据内容与数据载体相分离,数据体系灵活开放,数据交换格式可根据产品规范灵活多样,满足不同应用需求,IHO S-100 标准能使传统和新型的航道测绘资料相包容,使航道数据与海事业务数据相包容,推动 e-航海的应用。

(3)INS

e-航海体系下的 INS,是 SIP 中优先解决的任务,它将是 e-航海体系中海上移动系统中高度智能化的网络平台,它将融合导航、通信等多种业务功能,简化信息报告模式,优化人机接口,最大化发挥人与设备之间的优点,使人与设备的缺点最小化,以提高船舶安全高效运营,降低船舶对环境的影响。

二、新型船舶导航设备的介绍

在 e-航海体系下,传统的船舶导航设备(如指向设备、测速设备、测深设备、定位设备、AIS、雷达等)除了实现独立功能和满足相关性能外,作为 INS 的核心组成部分,为 INS 提供完备的船舶状态、地理、交通环境动态,这样一方面赋予了现有导航设备的"附加价值",转换了相关角色;另一方面推动了设备本身性能的提升和新系统的出现。

1. 海上综合 PNT 系统

综合 PNT 系统是指由 GNSS、岸基 PNT 助航服务系统、船载 PNT 设备和通信链组成的一个综合的系统,该系统能够在船舶航行的所有阶段及时、完整、清楚地为各种应用系统提供精确、可靠的船舶 PNT 数据。

根据 IALA《世界无线电导航规划》，导航系统一般需满足精度、可用性、连续性、完好性以及信号覆盖范围等 5 个关键功能的能力，单一系统难以满足 e-航海用户诸如提高系统可靠性、完善性等方面的用户需求。综合 PNT 系统也成为 SIP 规划中优先发展任务之一。

2. VDES

VDES(VHF Data Exchange System,甚高频数据交换系统)是针对海上移动业务领域中的船舶自动识别系统(AIS)加强和升级版系统，于国际电信联盟的 2012 年世界无线电通信(WRC-12)大会后提出，并在 2015 年世界无线电通信大会(WRC-15)上，由 162 个成员方及 136 个国际组织和团体共同审议确定的。VDES 在集成了现有 AIS 功能的基础上，增加了特殊应用报文(ASM)和宽带甚高频数据交换(VDE)功能，可以有效缓解现有 AIS 数据通信的压力，为保护船舶航行安全提供有效的辅助手段，同时也将全面提升海上数据通信的能力和频率使用效率，对推动海上无线电数字通信产业的发展有重要意义。其兼具通信与导航两大功能，体现了未来 e-Navigation 和 GMDSS 现代化的双重需求，其具体内容详见于前面章节。

3. BNWAS

驾驶台值班报警系统(Bridge Navigational Watch Alarm System,简称 BNWAS)通过系统功能或感知设备监视值班驾驶员(OOW)的活动、设备操作动作和警觉意识，避免由于 OOW 失去工作能力而可能导致的海上事故。在设定的时间内，只要 OOW 未参与履行其工作职责的活动，系统将发出视觉和听觉报警，提醒 OOW 履行职责；如果仍然没有任何操作反应，系统将自动向船长或其他有能力的驾驶员甚至向全船公共场所发出报警。此外，BNWAS 还可以为 OOW 提供选择呼叫和应急求助措施。

思考题

1. e-航海整体架构由哪几部分组成？
2. 请简述 e-航海战略发展计划优先发展的任务包括哪些。
3. 什么是 WWRNS，它的作用是什么？目前被 IMO 认可的系统有哪些？
4. VDES 系统的作用有哪些？
5. BNWAS 系统的作用有哪些？
6. 请简述通用海上数据交换模型及其依托标准。

第三节　船体结构与设备

一、船舶发展趋势（绿色船舶和智能船舶）

随着科学技术的迅猛发展，代表人类智慧结晶的新技术、环境保护意识的提高将被应用到造船领域，因此，引入了绿色船舶及智能船舶的概念。

（一）绿色船舶

绿色船舶系采用相对先进技术（绿色技术）在其生命周期内能经济地满足其预定功能和性能，同时实现提高能源使用效率、减少或消除环境污染，并对操作和使用人员具有良好保护的船舶。

绿色船舶目标是：

（1）环境保护目标是减少船舶对海洋、陆地、大气环境造成污染或破坏；

（2）能效目标是减少船舶营运所产生的二氧化碳排放量，提高船舶能效水平；

（3）工作环境目标是改善船员工作和居住条件、降低船员劳动强度。

船舶从船体结构与设计方面可达到节能减排之目的：

1.船舶减阻技术的应用

（1）线型优化

船舶减阻技术包括减少水阻力和减少空气阻力。其中减少水阻力包括：主尺度和船型参数优化、船体线型优化（艏部线型优化、艉部线型优化）、减阻附体（桨前节能附体和桨后节能附体）、气膜减阻、减阻涂料等。减少空气阻力主要是优化水面以上建筑，减少空气阻力。例如艏部线型优化之一是改变球鼻艏设计，传统球鼻艏只能在设计航速和设计吃水产生正效应，优化后球鼻艏艏柱前移，进水角减小，改善肩部压力梯度，结构布置简化，船体重量减轻，节能效果明显，船速可提高3%。

（2）降低摩擦阻力

近年来，一种通过在船体与水面间注入空气膜或微气泡来减小航行阻力的方法吸引了众多关注，其原理如图4-8所示，微气泡润滑系统于2010年第一次安装于一艘货船上，测试结果表明：与刚交付时相比，其节油效果达到10%以上。

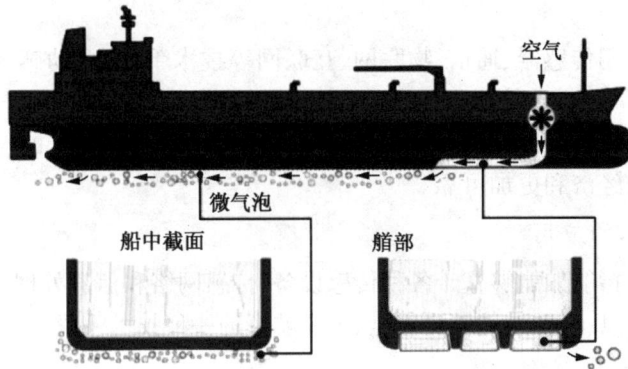

图4-8　空气润滑系统示意图

2.船舶轻量化技术的应用

轻量化技术即在满足船舶强度的条件下，优化结构设计，减轻船舶重量，包括：船体骨架形式优化（纵骨架、横骨架优化）、货舱区域优化（分舱布置优化、纵向构件优化、横向舱壁优化）、货舱区域外结构优化、船体节点设计优化、高强度钢使用、其他轻型材料使用、设备轻量化（主机发电机优化选型、轴系优化设计、管系优化放样、其他设备选型优化）。

（1）船体骨架形式优化

船体结构按照板格布置方向分为纵骨架形式、横骨架形式和纵横骨架形式，随着造船工艺的持续改善，以纵骨架形式为主的骨架形式成为主流，使船舶自重大为减轻。

（2）船体中横剖面优化

对于大型船舶而言，货舱区的船体纵向构件的重量占整个船体构件重量的60%以上，通过分析比较，适当调整布置尺寸合理选用高强度钢及组合型材，可减小船舶自重。

（3）船体高强度钢的应用

合理选用高强度钢，意味着船体重量减轻，载重量增加，但对于高轻度钢的使用需要考虑对疲劳、寿命及腐蚀性的潜在影响，特别是大型船舶。

（4）其他新型材料的应用

①SPS钢板——SPS钢板是将聚氨酯弹性体注入两层钢板之间作为加固材料，目前SPS钢板已经在轻质车辆甲板、烟囱、上层建筑结构等方面得到应用。

②管系材料——上建内的供水管系、疏排水管系、压载水管系可根据具体使用场合选用PVC、PE、PPR、玻璃钢等轻质材料。其效果不仅降低船舶重量，同时大大提高管路抗腐蚀性能。

③内装材料——采用轻质甲板敷料、舱室内装采用大量铝蜂窝板代替岩棉板，整体重量大为减轻。

（5）机械设备选型优化

不同品牌的机械设备，在实现同一功能时，自身重量也会有些差别。在满足基本功能的前提下，选择自重较轻的设备，尤其是船舶主机、发电机组、锅炉等大型设备，通过选型优化，可降低整体重量。

（二）智能船舶

智能船舶系指利用传感器、通信、物联网、互联网等技术手段，自动感知和获得船舶自身、海洋环境、物流、港口等方面的信息和数据，并基于计算机技术、自动控制技术和大数据处理分析技术，在船舶航行、管理、维护保养、货物运输等方面实现智能化运行的船舶，以使船舶更加安全、更加环保、更加经济和更加可靠。

1. 信息感知技术的应用

船舶信息感知是指船舶能够基于各种传感设备、传感网络和信息处理设备，获取船舶自身和周围环境的各种信息，使船舶能够更安全、可靠航行的一种技术手段。

2. 通信导航技术

通信技术用于实现船舶上各系统和设备之间，以及船舶与岸站、船舶与航标之间的信息交互。

3. 能效控制技术

智能船舶的发展顺应"绿色船舶"的发展潮流，分析通航环境、装载量、吃水、主机功率（转速）等因素与船舶营运能效指数（EEOI）之间的内在关系，在保证船舶安全和营运效率的前提下，通过优化控制船舶航速、装载量、吃水、航线等，以最大限度降低船舶营运能效指数。

4. 航线规划技术

航线规划是指船舶根据航行水域交通流控制信息、前方航道船舶密度情况、公司船期信息、航道水流分布及气象信息、航道航行难易信息，智能实时选择船舶在航道内的位置和航道，以优化航线，达到安全高效、绿色环保的目的。

5.状态监测与故障诊断技术

状态监测技术是以监测设备振动发展趋势为手段的设备运行状态预报技术,通过了解设备的健康状况,判断设备是处于稳定状态还是正在恶化。故障诊断技术就是在船舶机械设备运行中或基本不拆卸设备的情况下,掌握设备的运行状况,根据对被诊断对象测试所取得的有用信息进行分析处理,判断被诊断对象的状态是否处于异常状态或故障状态,判断劣化状态发生的部位或零部件,并判定产生故障的原因,以及预测状态劣化的发展趋势等。

6.自主航行技术

智能航行系指利用计算机技术、控制技术等对感知和获得的信息进行分析和处理,对船舶航路和航速进行设计和优化;可行时,借助岸基支持中心,船舶能在开阔水域、狭窄水道、复杂环境条件下自动避碰,实现自主航行。

二、船型的发展趋势

随着社会的发展及货运市场的需求,船舶种类较以往有了很大的变化,船舶在向智能化和绿色化集一体发展的同时,向多样化、大型化、专业化发展。本节主要介绍几种船舶的发展趋势及新船型的介绍。

1.客船(passenger vessel)

根据《国际海上人命安全公约》(SOLAS 公约)规定,凡载客超过 12 人的船舶应视为客船。该类船舶具有上层建筑高大、抗沉性好、船速快、操纵性能良好等特点。

随着航运市场的需求和人民生活水平的提高,客船从以载货为主、载客为辅的货客船发展为以载客为主、载货为辅的客货船,逐渐发展成为专用于运送旅客及其所携带行李和邮件的全客船,用于休闲、旅游的豪华邮轮(如图 4-9 所示),具有滚装装货处所的滚装客船、火车客渡船,及主要适用于沿海、海峡和江河等的高速客船。

图 4-9　豪华邮轮

2.集装箱船(container ship)

以专门的集装箱为货物运送单元,通常以载运集装箱 TEU(Twenty-foot equivalent unit)的数目表示其装载能力。

与传统的杂货运输相比，集装箱船装卸效率高，停靠港口时间短，提高航速有利于加快船舶周转，提高船队竞争力。当集装箱船以班轮模式运行时还必须严格遵守公司对外公布的船期。因此航速较高、储备功率富余是集装箱船的重要特点之一。

20世纪90年代以来，随着高强度船体材料以及大功率船用发动机等关键技术的日趋成熟，集装箱船开始正式迈入超大型化时代，从4 000 TEU到8 000 TEU，最终发展到20 150 TEU，集装箱船的尺度在短短20年里扩大了近5倍。

图4-10　"中海环球"集装箱船

图4-10所示为"中海环球"集装箱船。

3. 散货船(bulk carrier)

散货船是指专门用来载运谷物、煤炭、矿砂等粉状、粒状、块状大宗散体货物的运输船舶。为适应大批量各种散货运输要求，已发展了各种专用散装船。

世界造船业对散装货船按载重吨型分为：载重吨在3万吨左右的大湖型、载重吨在2～5万吨的灵便型、载重吨在6～8万吨的巴拿马型、载重吨在8～12万吨的T-MAX型(Termianalmax)、载重吨在12～20万吨的好望角型、载重吨在20～30万吨的超大型矿砂船及载重吨在30万吨以上的超巨型矿砂船。2016年6月巴拿马运河扩建后正式通航，巴拿马船型的吨位将会增加，因此传统的巴拿马船型标准也会随之调整，但目前还没有统一的分类标准。

散货船除有向大型化发展的趋势外，其船体结构亦有一定的变化，目前，丹麦、挪威、日本和韩国等国家已开发出多种双壳散货船，虽然双壳散货船与普通单壳体船相比会造成船舶自重、建造成本、港口使费和燃油消耗增加，但双壳体船具有良好的安全、经济和营运优势：

(1)对舷侧结构的冲击损伤可减至最小，并可消除船体结构疲劳；

(2)刚性好，能更好地防止各种形式的破坏和货舱进水；

(3)无须设置专门的压载水舱；

(4)减少货舱涂层的维护和保养费用。

自卸式散货船的出现对船舶的传统卸货方式发生了改变。自卸式散货船是一种采用自卸系统的散货船，其货舱底部呈W或V形，下面尖顶部位有开口，可将货物漏到下面的纵向传动皮带上,再经垂直提升机和悬臂运输皮带输送到码头上,如图 4-11 所示。这种船不仅显著地缩减了停港时间,而且对码头要求不高,对需要中转的航线,也可避免码头的再装卸。

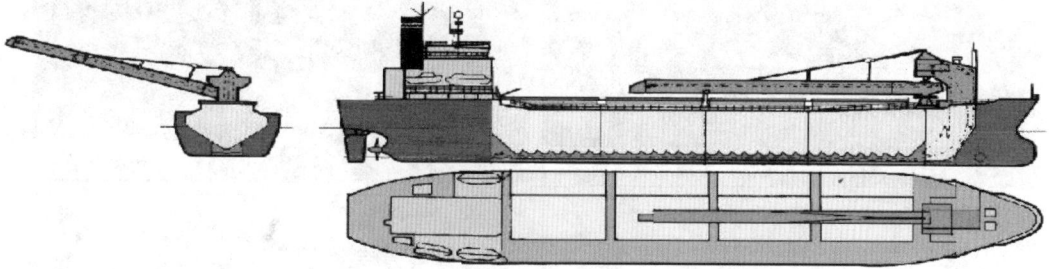

图 4-11　自卸式散货船示意图

4. 多用途船(multi-purpose ship)

多用途船是指为了争取往返货载以减少空放,提高船舶营运率,将船舶设计成能够满足多种用途的船型,常见的种类有矿/油两用船、矿/散/油三用船、集装箱/杂货船、杂货/散货船、杂货/重大件货船、集装箱/散货/杂货/重大件货船等。

5. 牲畜运输船(livestock carrier)

牲畜运输船是指专门运输羊、牛等牲畜的海洋船舶。船上设有多层甲板(有开敞式和封闭式 2 种),每层甲板上又设有许多围栏,用于安置牲畜,如图 4-12 所示。

图 4-12　牲畜运输船

6. 半潜船

半潜船(semi-submersible ships)也称半潜式母船、半潜运输船等,具有自航能力,如图 4-13 所示。货物装船程序是半潜船通过压载使得主甲板潜入水下,所运输的货物必须能依靠自身浮力漂浮,而后通过拖船拉入至半潜船甲板上方,半潜船通过排载使得主甲板浮出水面,将货物固定在指定位置;卸载时相反,最终完成运输过程。为了满足不同货物的装卸,半潜船的船型有很大的变化,从早期的货物只能在半潜船的左右移进移出,发展为除了可以在左右移进移出货物外,也可以在船尾平移装卸货物,现在有的船还可在船首平移装卸货物。

图 4-13　半潜船装货示意图

7. 地效船（wing-in-ground craft）

地效船的主要操作方式是多式船艇利用表面效应贴近水面飞行。

地效船是利用地面效应原理，贴近水面实现高速航行的新型运载工具，如图 4-14 所示。与相同排水量的船艇相比，地效船在巡航飞行阶段不与水面直接接触，从而大大减少了航行阻力，提高了巡航速度。

图 4-14　地效船

三、船舶新设备

（一）散货船舱内水位探测系统

1. 规定

总吨位 500 以上国际航行的所有散货船，均应在货舱、压载舱和干燥处所安装符合规定要求和型式认可的水位探测器。

2. 要求

（1）每一货舱内安装水位探测器,当水位达到或高出货舱内底0.5 m时应发出一个声光报警,并在水位高度达到不小于货舱深度15%但不超过2 m时也应发出一个声光报警。

（2）对于用作水压舱的货舱,可安装一个报警越控装置。

（3）视觉报警器应能将每一货舱中探测到的两种不同的水位明显区分开。

（4）防撞舱壁前方的任一压载舱,当舱内的液面达到不超过舱容的10%时应发出声光报警。应安装一个报警越控装置以便当使用该舱时,使其水位报警越控。

（5）除锚链舱以外,任何干燥处所或空舱,延伸至艏货舱前方的任何部分,在水位高出甲板0.1 m时应发出声光报警。

（6）声光报警器应设于驾驶室。

（7）水位探测系统的供电由两个独立电源供应,并有故障报警指示。

（8）对水位探测器的安装要求:

①传感器应安装在货舱后部尽可能靠近中心线或在货舱的左右舷有保护的位置上。该位置能使传感器测出的水位代表货舱的实际水位。

②探测器的安装不应阻碍任何测深管或其他用于测量货舱或其他舱室水位测量器具的使用。

③传感器和设备应安装在便于对其进行检验、维护和修理的地方。

④探测器设有的任何过滤器部件应能在装货之前予以清洗。

⑤安装在货舱内的电缆和任何相关联的设备应加强维护与保养,例如装在结构牢固的管道内或有类似防护的位置上,以免其被货物或与散货船操作有关的装卸机械损坏。

（二）航迹舵

航迹舵(navpilot)是发展趋于完善的一种全自动驾驶仪,国内外有不少船舶在使用。它的发展基础是在原自动舵的控制系统上配置一套航迹舵组件(装置)。此组件以微机为核心,通过初始人工输入航路数据、位置偏移量,及硬件部分连接计程仪、陀螺罗经、定位仪,由上述输入的信号及数据通过微机软件进行计算、分析与处理,然后给出一个指标航向到自动舵组件中去执行,使船能够沿着计划航线航行,并能在预定的转向点上转向,从而达到自动保持在航迹带内所需航向和在转向点自动转向的目的。

（三）船舶动力定位

动力定位是一种可以不用锚泊而自动保持海上浮动装置固定船位的定位方法,主要由测量系统、控制系统和推进系统三个主要部分组成,综合利用传感器(陀螺罗经、风传感器和垂直运动参考系统)、位置参考系统以及船舶模型的相关信息进行运动控制。对于控制器给出的合力、力矩指令,通过推力分配计算以转速、方向角以及螺距等指令控制安装在船首、船尾的推进器,来固定船位。动力定位法的优点是不受水深限制,适合于深水海域使用。

船舶动力定位(dynamic positioning)是一项高新而成熟的技术,是海洋石油和天然气勘探工业快速发展的必然结果。随着信息领域各类技术的迅速发展,各类材料和技术工艺的革新,船舶动力定位系统得到了迅猛的发展,从其开始为试探性石油勘探和铺设管路,到现在动力定位已经被应用于各种作业中,如地质规划、军事应用乃至湖中游艇的操纵。

由于海上作业对船舶可靠性的要求越来越高,因此,国际海事组织和各国船级社都对动力定位系统提出了严格的要求,并制定了三个等级标准:

(1)设备等级一(DP1):在单故障的情况下可能发生定位失常。

(2)设备等级二(DP2):有源组件或者发电机、推进器、配电盘遥控阀门等系统单故障时,不会发生定位失常。

(3)设备等级三(DP3):任何单故障都不会导致定位失常。DP 的级别越高,所需要设计的冗余度就越大,可靠性就越稳,当然成本也就越高。目前,国际上主要的动力定位系统制造商有挪威的 Kongsberg、法国的 Converteam、美国的 Nautronix(诺成)公司、芬兰的 Navis 等。

船舶动力定位主要应用于特殊的工程船舶,普通商船很少见,今后随着动力定位系统日臻完善,船舶动力系统被越来越多种类的船舶采用,如平台支持、潜水支持、钻探、铺缆、铺管、钻岩、挖泥、采砂等。

思考题

1.绿色船舶在船体结构与设计方面有哪些发展趋势?

2.何谓绿色船舶,其目标是什么?

第五章
海事调查与案例分析

第一节　海事调查处理相关规定

一、海事调查概述

(一)海事的概念

关于"海事"的定义有广义和狭义之分。广义上的"海事"泛指航海、造船、海上事故、海上运输等所有与海有关的事务;狭义上的"海事"意指"海上事故"或"海上意外事故"。海事调查中所指的"海事"即为狭义上的海事。

根据《海上交通事故调查处理条例》第四条的规定,海上交通事故是指船舶、设施发生的下列事故:(一)碰撞、触碰或浪损;(二)触礁或搁浅;(三)火灾或爆炸;(四)沉没;(五)在航行中发生影响适航性能的机件或重要属具的损坏或灭失;(六)其他引起财产损失和人身伤亡的海上交通事故。此外,交通运输部颁布的《海上船舶污染事故调查处理规定》专门就船舶污染海洋的事故调查处理做出了规定。

根据新的《水上交通事故统计办法》第二条的规定,该办法所称水上交通事故,是指船舶在航行、停泊、作业过程中发生的造成人员伤亡、财产损失、水域环境污染损害的意外事件。"水上交通事故",它既包括发生在海上的交通事故,也包括内陆水域的交通事故。因此,可以推论出,《水上交通事故统计办法》所指的海上事故,其范围不仅包括了造成人员伤亡、财产损失的海上交通事故,而且还包括了造成海域环境污染损害的意外事故,其范围要较《海上交通事故调查处理条例》所指的海上交通事故的范围更广一些,即包括了造成水域环境污染的事故。

综上,本书认为,海事调查中所涉及的"海事"或"海上事故"是指船舶在航行、停泊、作业过程中发生在海上的造成人员伤亡、财产损失、海域环境污染损害的意外事件,即包括海上交通事故和船舶污染事故。

（二）海事的分类和等级

1. 海事的分类

新的《水上交通事故统计办法》第五条规定，水上交通事故按照下列分类进行统计：（一）碰撞事故；（二）搁浅事故；（三）触礁事故；（四）触碰事故；（五）浪损事故；（六）火灾、爆炸事故；（七）风灾事故；（八）自沉事故；（九）操作性污染事故；（十）其他引起人员伤亡、直接经济损失或者水域环境污染的水上交通事故。海事作为发生在海上的水上交通事故，也可按此方法进行分类。

（1）碰撞事故是指两艘或两艘以上船舶之间发生接触或者没有直接接触，造成财产损害的事故，包括了有接触的直接碰撞，也包括没有直接接触的间接碰撞。

（2）搁浅事故是指船舶搁置在浅滩上，丧失部分浮力而使得船舶不能处于自由漂浮状态而造成停航或者损害的事故。

（3）触礁事故是指船舶触碰礁石，或者搁置在礁石上，丧失部分浮力而使得船舶不能处于自由漂浮状态而造成停航或者损害的事故。

（4）触碰事故是指船舶触碰岸壁、码头、航标、桥墩、浮动设施、钻井平台等水上水下建筑物或者沉船、沉物、木桩、鱼栅等碍航物并造成损害的事故。

（5）浪损事故是指船舶因其他船舶兴波冲击造成损害的事故，严格来讲，其属于间接碰撞的一种。

（6）火灾、爆炸事故是指船舶因自然或人为因素致使船舶失火或爆炸造成损害的事故。

（7）风灾事故是指船舶遭受较强风暴袭击造成损失的事故。

（8）自沉事故是指船舶因超载、积载或装载不当、操作不当、船体漏水等原因或者不明原因造成船舶沉没、倾覆、全损的事故，但其他事故造成的船舶沉没不属于"自沉事故"。

（9）操作性污染事故是指在船舶营运、货物装卸作业过程中发生的造成水域环境污染的事故，其与事故性污染事故相对应。船舶因发生碰撞、搁浅、触礁、触碰、浪损、火灾、爆炸、风灾及自沉事故造成的水域环境污染事故为事故性污染事故，除上述事故性污染事故所造成的污染事故外，其他均属于操作性污染事故。

（10）其他引起人员伤亡、直接经济损失的水上交通事故。除以上事故种类之外，其他引起人员伤亡、直接经济损失或者水域环境污染的水上交通事故归为第十类。例如：船舶因外来原因使舱内进水、失去浮力，导致船舶沉没等。

2. 海事的分级

新的《水上交通事故统计办法》①规定：水上交通事故按照人员伤亡、直接经济损失或者水域环境污染情况等要素，分为以下等级：（1）特别重大事故；（2）重大事故；（3）较大事故；（4）一般事故；（5）小事故。具体如下：

（1）特别重大事故，指造成 30 人以上死亡（含失踪）的，或者 100 人以上重伤的，或者船舶溢油 1 000 t 以上到水域污染的，或者 1 亿元以上直接经济损失的事故；

（2）重大事故，指造成 10 人以上 30 人以下死亡（含失踪）的，或者 50 人以上 100 人以下

---

① 最新的《水上交通事故统计办法》为交通运输部令 2014 年第 15 号颁布的《水上交通事故统计办法》，自 2015 年 1 月 1 日起施行。

重伤的,或者船舶溢油 500 t 以上 1 000 t 以下致水域污染的,或者 5 000 万元以上 1 亿元以下直接经济损失的事故;

(3)较大事故,指造成 3 人以上 10 人以下死亡(含失踪)的,或者 10 人以上 50 人以下重伤的,或者船舶溢油 100 t 以上 500 t 以下致水域污染的,或者 1 000 万元以上 5 000 万元以下直接经济损失的事故;

(4)一般事故,指造成 1 人以上 3 人以下死亡(含失踪)的,或者 1 人以上 10 人以下重伤的,或者船舶溢油 1 t 以上 100 t 以下致水域污染的,或者 100 万元以上 1 000 万元以下直接经济损失的事故;

(5)小事故,指未达到一般事故等级的事故。

(三)海事调查的概念

船舶发生海上事故后,可能有多种机构或组织的代表为不同的目的行使调查权。这些调查包括律师或检验人代表其委托人所进行的为解决民事损害赔偿的民事调查、由公安或检察机关进行的对事故中可能有人涉嫌犯罪的刑事调查,以及由海事管理机构主导或负责的海上事故调查或海上安全调查。

通常所指的海事调查,除特别注明外,一般均指由海事管理机构进行的海上事故调查。本书中,除特别注明外,海事调查均指海上事故调查。

1. 海上事故调查

海上事故调查,即通常所指的海事调查,也有人为区别其他海事调查将其称之为海事行政调查,是指海事管理机构代表国家,为加强海上交通管理、维护海上交通秩序、保障海上运输安全、保护海洋环境、保护公共财产和公民合法权益所进行的为查明事故发生的原因、经过、造成损害的程度、范围,确定事故的性质和判明事故当事人责任,而依法进行的一系列活动。

根据这一概念,海事行政调查具有如下特征:

(1)海事调查的主体是海事管理机构,其是依据《海上交通安全法》第四十三条的规定,依法代表国家行使行政管理权,对海上交通事故进行调查。

(2)海事调查的目的是查明事故发生的原因、经过、造成损害的程度、范围,确定事故的性质和判明事故当事人责任,即查明原因、判明责任,同时提出安全建议,采取安全措施,预防类似事故的再次发生,从而达到维护海上交通安全和保护海洋环境的最终目的。

(3)海事调查必须依法进行,即调查工作必须按照法律规定的程序进行。

2. 海上事故处理

广义的海上事故调查还包括海上事故处理。海上事故处理,简称海事处理,是指海事管理机构在海事调查的基础上,提出加强安全管理的措施或建议、处罚违法人员、公布调查结果,以及对由于海上交通事故引起的民事纠纷进行调解等一系列活动。

3. 海上安全调查

国际海事组织海上安全委员会第 84 届会议于 2008 年 5 月 16 日 MSC. 255(84)号决议通过了《海上事故或海上事件安全调查国际标准和建议做法规则》(简称《事故调查规则》),该规则第一和第二部分已经纳入 SOLAS 公约第Ⅺ章,于 2010 年 1 月 1 日起强制实施。

为履行《事故调查规则》所规定的国际义务,中华人民共和国海事局下发了《关于执行 IMO 事故调查规则的通知》(海安全〔2010〕51 号),并专门制定了《涉外海上事故或事件安全调查管理规定》。同时为区别海上事故调查，明确将按有关法律、法规对水上交通事故开展的行政调查统称为"水上交通事故调查"；按《事故调查规则》进行的调查统称为"海上安全调查"。

根据《事故调查规则》，海上安全调查系指以防止将来的海上事故和海上事件为目的而进行的对海上事故或海上事件的调查或质询，调查包括对证据的收集和分析，确定引发因素和提出必要的安全建议。海上安全调查的目的是通过调查，以发现事故的引发因素和其他安全风险，并将报告递交给 IMO 以供将信息广为散发，帮助国际海运界解决安全问题。海上安全调查不为划分过失或责任，而是为了防止将来的海上事故或海上事件的发生。

海上安全调查不排除、不干涉、不代替水上交通事故调查，两者属于平行调查，海上安全调查可以调取水上交通事故调查证据；海上安全调查的任何信息不向行政、刑事、民事调查或审判机关或部门提供。

(四) 海事调查的性质和作用

1. 海事调查的性质

有关海事调查的性质，实际上直接关系到海事调查报告或海事调查做出结论的性质，且在实际中往往发生很大的争议，因此，有必要从法律上理清海事调查的性质。

中华人民共和国海事局发布的《水上交通事故调查处理指南》中，对水上交通事故调查行为的性质给予了界定："水上交通事故调查是海事机关依法对水上交通事故进行调查的一系列活动，属行政管理行为，但在具体的水上交通事故调查过程中，不仅取证、分析需要运用不同的技术手段，而且对事故原因的认定也主要是技术认定。所以，水上交通事故调查既是行政执法调查，又是技术调查。"

本书作者认为，从行政法的角度，海事调查的性质属于行政事实行为，而不是一种具体的行政行为。

行政事实行为，是指行政主体以不产生法律约束力，而以影响或改变事实状态为目的的实施的行为，其具有如下法律特征：[①] (1) 行政性。行政事实行为的行政性，是指行政事实行为尽管不属于行政行为的范畴，不具备行政行为的构成要件，但它仍然是行政主体借助行政职权实施的一种行为形式。(2) 可致权益受损性。行政事实行为的可致权益受损性是指行政事实行为虽然不具有法律上的约束力，但是它对行政相对人的人身权、财产权等合法权益仍然可能产生事实上的损害。(3) 多样性。行政事实行为的多样性是指行政行为在客观上表现为多种多样的行为式样。

根据上述行政事实行为的特征，海事调查完全具备行政事实行为的构成要件，具体如下：(1) 海事调查是海事管理机构作为行政主体实施的行为；(2) 海事调查是海事管理机构基于《海上交通安全法》的规定，代表国家行使行政职权的行为；(3) 海事调查本身并是不具备法律约束力的行为，但是，海事调查做出的结论可能对相关当事人的权益产生影响。

正是因为海事调查是一种行政事实行为，而不是一种具体的行政行为，因而，事故的当事人不能够就海事调查所做出的结论或海事调查报告及其内容提出行政复议，更不能提起行政诉讼。

---

① 参见姜明安主编：《行政法与行政诉讼法》．北京：北京大学出版社、高等教育出版社，1999 年版，第 256-258 页。

2.海事调查的作用和意义

通过海事调查,不仅可以查明事故的相关事实,分析事故的原因及影响事故发生的各个相关因素,认定事故当事人的违法、违规行为,从而认定事故的责任;而且通过事故分析,可以总结事故中的经验教训,向有关方提出相关的安全管理建议,预防类似事故的发生。海事调查的作用和意义具体表现为:

(1)查明事故原因,判明事故责任

通过调查和搜集证据,可以还原或基本还原事故的发生过程,从而可以查明事故的性质、事故的各种原因和事故中违反海上交通安全法规的各种行为,并从因果关系和过错程度出发,通过全面系统和客观公正的分析,判明事故的责任。

(2)找出事故中的不安全因素,预防类似事故的发生

除找出事故本身的原因外,海事调查还可以通过询问当事人了解事故发生时的行为动态,了解船舶、船员的不安全状态或行为,查明事故的促成因素,针对这些不安全的因素,提出相应的案件建议,制止这些不安全行为,防止类似事故的发生。

(3)为宏观安全管理的决策提供参考依据

通过个案的海事调查,可以了解具体事故发生的原因和过程,找出内部管理体制和制度上的缺陷和不足,为相关部门和单位改进管理体制、完善管理制度提供参考依据;同时,通过大量事故的统计分析,可以发现事故的各种特征,如事故的多发水域、多发季节、多发时间段、多发船舶的种类以及事故的种类等,从而为海上交通安全的宏观管理决策提供参考依据。

(4)推动相关安全规则的制定和完善

通过对海事调查与统计分析,可以发现问题所在,有针对性地对现行法律、法规进行修改、补充或制定新的规则。事实上,世界上第一个《海上人命安全公约》(SOLAS 1914)就是在对泰坦尼克号事故调查的基础上诞生的;MARPOL 公约、SOLAS 公约的许多修正案、《国际安全管理规则》以及其他规则等,都是在事故调查的基础上制定、修改的。

(五)海事调查的相关法律规定

有关海事调查的法律规定,主要体现在《海上交通安全法》《海上交通事故调查处理条例》《海上船舶污染事故调查处理规定》等法律、法规中。

1.《海上交通安全法》

《海上安全交通法》第九章为"交通事故的调查处理"。该法第四十二条规定了船舶、设施在发生海上交通事故后的报告义务、递交事故报告书和资料的义务、接受调查的义务、事故当事人和有关人员如实陈述事故情况的义务。[①] 而该法第四十三条规定了海事管理机关对事故进行调查的权利,并明确了调查的目的为查明原因、判明责任。[②]

2.《海上交通事故调查处理条例》

《海上交通事故调查处理条例》(以下简称《条例》)是依据《海上交通安全法》的上述规定,对海事调查和处理进行了具体而全面的规定。

---

① 该法第四十二条规定:"船舶、设施发生交通事故,应当向主管部机关递交事故报告书和有关资料,并接受调查处理。事故的当事人和有关人员,在接受主管机关调查时,必须如实提供现场情况与事故有关的情节。"
② 该法第四十二条规定:"船舶、设施发生的交通事故,由主管机关查明原因,判明责任。"

（1）适用范围。该《条例》适用于船舶、设施在我国沿海水域内发生的海上交通事故。该《条例》所指的海上交通事故是包括碰撞、触碰或浪损、触礁或搁浅、火灾或爆炸、沉没、在航行中发生影响适航性能的机件或重要属具的损坏或灭失、其他引起财产损失和人身伤亡的海上交通事故，但未包括污染事故。对违反海上交通安全管理法规进行违章操作，虽未造成直接的交通事故，但构成重大潜在事故隐患的，海事管理机构也可以依据本条例进行调查和处罚。因海上交通事故产生的海洋环境污染，按照我国海洋环境保护的有关法律、法规处理。

（2）主管机关。该《条例》明确海事管理机构是本条例的实施机关。但以渔业为主的渔港水域内发生的海上交通事故和沿海水域内渔业船舶之间、军用船舶之间发生的海上交通事故的调查处理，国家法律、行政法规另有专门规定的，从其规定。

（3）调查的管辖。在港区水域内发生的海上交通事故，由港区地的海事管理机构进行调查。在港区水域外发生的海上交通事故，由就近港口的海事管理机构或船舶到达的中华人民共和国的第一个港口的海事管理机构进行调查。必要时，可由中华人民共和国海事局指定相应的海事管理机构进行调查。

（4）海上交通事故的调查。海事管理机构在接到事故报告后，应及时进行调查。调查应客观、全面，不受事故当事人提供材料的限制。根据调查工作的需要，海事管理机构有权询问有关人员；要求被调查人员提供书面材料和证明；要求有关当事人提供航海日志、轮机日志、车钟记录、报务日志、航向记录、海图、船舶资料、航行设备仪器的性能以及其他必要的原始文书资料；检查船舶、设施及有关设备的证书、人员证书和核实事故发生前船舶的适航状态、设施的技术状态；检查船舶、设施及其货物的损害情况和人员伤亡情况；勘查事故现场，搜集有关物证；在调查中，可以使用录音、照相、录像等设备，并可采取法律允许的其他调查手段；因调查海上交通事故的需要，可以责令当事船舶驶抵指定地点接受调查。

（5）海上交通事故的处理。海事管理机构应当根据对海上交通事故的调查，做出"海上交通事故调查报告书"，查明事故发生的原因，判明当事人的责任；构成重大事故的，通报当地检察机关。对海上交通事故的发生负有责任的人员，海事管理机构可以根据其责任的性质和程度依法给予相应的处罚，即对中国籍船员、引航员或设施上的工作人员，可以给予警告、罚款或扣留、吊销职务证书；对外国籍船员或设施上的工作人员，可以给予警告、罚款或将其过失通报其所属国家的主管机关。对海上交通事故的发生负有责任的人员及船舶、设施的所有人或经营人，需要追究其行政责任的，由海事管理机构提交其主管机关或行政监察机关处理；对可能涉嫌构成犯罪的，将案件移送相应的司法机关，由司法机关依法追究刑事责任。根据海上交通事故发生的原因，海事管理机构可责令有关船舶、设施的所有人、经营人限期加强对所属船舶、设施的安全管理；对拒不加强安全管理或在期限内达不到安全要求的，海事管理机构有权责令其停航、改航、停止作业，并可采取其他必要的强制性处置措施。此外，对于因海上交通事故引起的民事侵权赔偿纠纷，海事管理机构可依当事人的申请进行调解，调解必须遵循自愿、公平的原则，不得强迫。

（6）船舶、设施报告事故和接受调查的义务。该《条例》对船舶、设施在发生海上交通事故后的报告义务、在接受海事调查时船舶、设施和被调查人应负的义务等均做出了详细的规定，本书将在后文详细阐述。

（7）法律责任。该《条例》对相关当事人、船舶所有人、经营人违反该《条例》规定，未按要求报告事故或提交"海上交通事故报告书"、事故报告或"海上交通事故报告书"的内容不符合规定要求或不真实,拒绝接受调查或无理阻挠、干扰进行调查,在接受调查时故意隐瞒事实或提供虚假的证明等情形的法律责任进行了规定,包括警告和罚款等。同时,该《条例》还对调查人员的违法法律责任做出了规定。

3.《海上船舶污染事故调查处理规定》

如前所述,《海上交通事故调查处理条例》不适用于船舶污染事故的调查处理。交通运输部依据《海洋环境保护法》《防治船舶污染海洋环境管理条例》等规定专门制定了《海上船舶污染事故调查处理规定》①(以下简称《规定》),该《规定》对船舶污染事故的调查和处理做了较为详细和具体的规定。

(1)适用范围。该《规定》适用于造成中华人民共和国管辖海域污染的船舶污染事故的调查处理。此处的船舶污染事故既包括船舶事故性污染事故,也包括船舶操作性污染事故。

(2)主管机关。该《规定》明确国务院交通运输主管部门主管船舶污染事故调查处理工作;国家海事管理机构负责指导、管理和实施船舶污染事故调查处理工作;各级海事管理机构依照各自职责负责具体开展船舶污染事故调查处理工作。

(3)调查的管辖。该《规定》明确了船舶污染事故调查处理的属地管辖原则和级别管辖。即:特别重大船舶污染事故由国务院或者国务院授权国务院交通运输主管部门等部门组织事故调查处理;重大船舶污染事故由国家海事管理机构组织事故调查处理;较大船舶污染事故由事故发生地直属海事管理机构负责调查处理;一般船舶污染事故由事故发生地海事管理机构负责事故调查处理。船舶污染事故发生地不明的,由事故发现地海事管理机构负责调查处理。事故发生地或者事故发现地跨管辖区域或者相关海事管理机构对管辖权有争议的,由共同的上级海事管理机构确定调查处理机构。在中华人民共和国管辖海域外发生的船舶污染事故,造成中华人民共和国管辖海域污染的,调查处理机构由国家海事管理机构指定。中国籍船舶在中华人民共和国管辖海域外发生重大及以上船舶污染事故造成或者可能造成严重影响的,国家海事管理机构可派员开展事故调查。船舶污染事故给渔业造成损害的,应当吸收渔业主管部门参与调查处理;给军事港口水域造成损害的,应当吸收军队有关主管部门参与调查处理。

(4)船舶污染事故的调查。海事管理机构接到船舶污染事故报告后,应当及时进行核查取证,开展现场调查工作;对船舶事故性污染事故,调查应当与船舶海上交通事故的调查同时进行。船舶污染事故调查处理应当遵循及时、客观、公平、公正的原则,查明事故原因,认定事故责任。调查应当由至少两名具有相应的船舶污染事故调查处理能力的调查人员实施,调查应当勘验事故现场,检查相关船舶,询问相关人员,收集证据,这些证据包括书证、物证、视听资料、证人证言、当事人陈述、鉴定结论、勘验笔录、调查笔录、现场笔录等可以证明事实的证据。根据调查处理工作的需要,调查处理机构可以责令船舶污染事故当事人提供相关技术鉴定或者检验、检测报告;暂扣相应的证书、文书、资料;禁止船舶驶离港口或者责令停航、改航、驶往指定地点、停止作业、暂扣船舶。在发生污染事故后肇事船舶逃逸的、污染事故嫌疑船舶已经开航离港的、辖区发生污染事故但暂时无法确认污染来源经分析可能为过往船舶所为的等情况的,调查处理机构可以组织开展国际、国内船舶污染事故协查。

① 目前有效的为根据2013年12月24日交通运输部《关于修改〈中华人民共和国海上船舶污染事故调查处理规定〉的决定》修正后的《海上船舶污染事故调查处理规定》。

（5）船舶污染事故的处理。调查处理机构应当根据船舶污染事故现场勘验、检查、调查情况和有关的技术鉴定、检验、检测报告，完成船舶污染事故调查，并应当在自事故调查结束之日起20个工作日内制作"船舶污染事故认定书"，并送达当事人。船舶污染事故当事人对事故认定不服的，可以在收到"船舶污染事故认定书"之日起15日内，向船舶污染事故调查处理机构或者其上级机构申请一次重新认定。此外，造成海洋环境污染的船舶应当在开航前缴清海事管理机构为减轻污染损害而采取的清除、打捞、拖航、引航过驳等应急处置措施的相关费用或者提供相应的财务担保。对船舶污染事故引起的污染损害赔偿争议，调查处理机构可以进行调解，调解必须遵循自愿、公平的原则，不得强迫。

（6）船舶报告污染事故和接受调查的义务。该《规定》对船舶发生污染事故后的报告义务、在接受事故调查时船舶以及被调查人应负的义务等均做出了详细的规定，本书将在后文章节详细阐述。

（7）法律责任。该《规定》对船舶、有关作业单位和相关当事人违反该《规定》的规定，未按要求报告事故或提交"船舶污染事故报告书"、事故报告或"船舶污染事故报告书"的内容不符合规定要求或不真实，拒绝接受调查或无理阻挠、干扰进行调查，在接受调查时故意隐瞒事实或提供虚假的证明等情形的法律责任进行了规定，包括罚款、暂时扣押或吊销适任证书等。同时，该《规定》还针对船舶污染事故负有责任的船舶、有关作业单位的行政责任做出了明确的规定。

4. 其他规定

与海事调查相关的法律、法规、规范性文件还有《海洋环境保护法》《消防法》《生产安全法》《防治船舶污染海洋环境管理条例》《水上交通事故统计办法》《火灾事故调查规定》《水上交通事故处理程序指南》《水上油污染事故样品取样程序》《船舶碰撞事故油漆样品取样指南》等，在此不再一一介绍。

二、海事调查处理流程概述

在海事调查中，船舶和被调查人员负有相应的义务，因此，作为船长和高级船员，必须了解海事调查处理的基本程序，本小节将扼要介绍海事管理机构在进行海事调查、处理过程中的基本流程。

广义的海上事故调查包括调查和处理两部分，海事调查处理的总流程如图5-1所示。

（一）海事调查流程概述

1. 事故信息接收、处理和海事调查的管辖

（1）事故信息的接收和处理

事故信息的接收和处理的主要流程如图5-2所示。

（2）事故调查的管辖

根据《海上交通事故调查处理条例》和《海上船舶污染事故调查处理规定》，海上事故的调查以属地管辖为原则，即在中华人民共和国管辖水域内发生的事故由事故发生地海事管理机构管辖，管辖水域外发生的事故由船籍港、第一到达港海事管理机构管辖，存在争议的，可以由上一级主管机关指定管辖。

```
                          ┌─ 事件/事故 ─────────┬──→ 事故信息接收
                          │                      │
                          │   事故受理程序 ──────┼──→ 事故信息处理
                          │                      │
                          │                      └──→ 调查管辖确定
                          │
                          │                                    ┌──→ 事故信息收集和整理
                          │                      调查准备 ─────┼──→ 制定调查计划和提纲
                          │                                    └──→ 装备和相关文书准备
                          │
                          │                                    ┌──→ 现场勘查
                          │                                    ├──→ 搜集物证
    海                    │                      证据搜集 ─────┼──→ 查询证人和当事人
    事                    │                                    ├──→ 书证、视听资料收集
    调                    │                                    └──→ 检验和鉴定意见
    查                    │
                          │                                    ┌──→ 合法性
                          │   事故调查程序 ───── 证据审查 ─────┼──→ 客观性
                          │                                    └──→ 关联性
                          │
                          │                                    ┌──→ 确定事故基本要素
                          │                                    │
                          │                      事故原因分析 ─┼──→ 用因果关系、逻辑推
                          │                                    │    理、系统论等理论分
                          │                                    │    析事故基本要素
                          │                                    │
                          │                                    └──→ 确定事故原因
                          │
                          │                      专家论证
                          │
                          │                      损失核定
                          │
                          │                      调查报告制作
                          │
    海 ┌─ 海事声明签注   海事调解程序   调查结案程序 ── 责任认定 ──┬──→ 划分事故责任
    事 │                                                            └──→ 出具责任认定书
    处 │                                事故处理程序 ── 安全管理建议
    理 │                                档案管理程序 ── 涉嫌犯罪案件
       │                                                的移送程序
       └                                统计分析程序
```

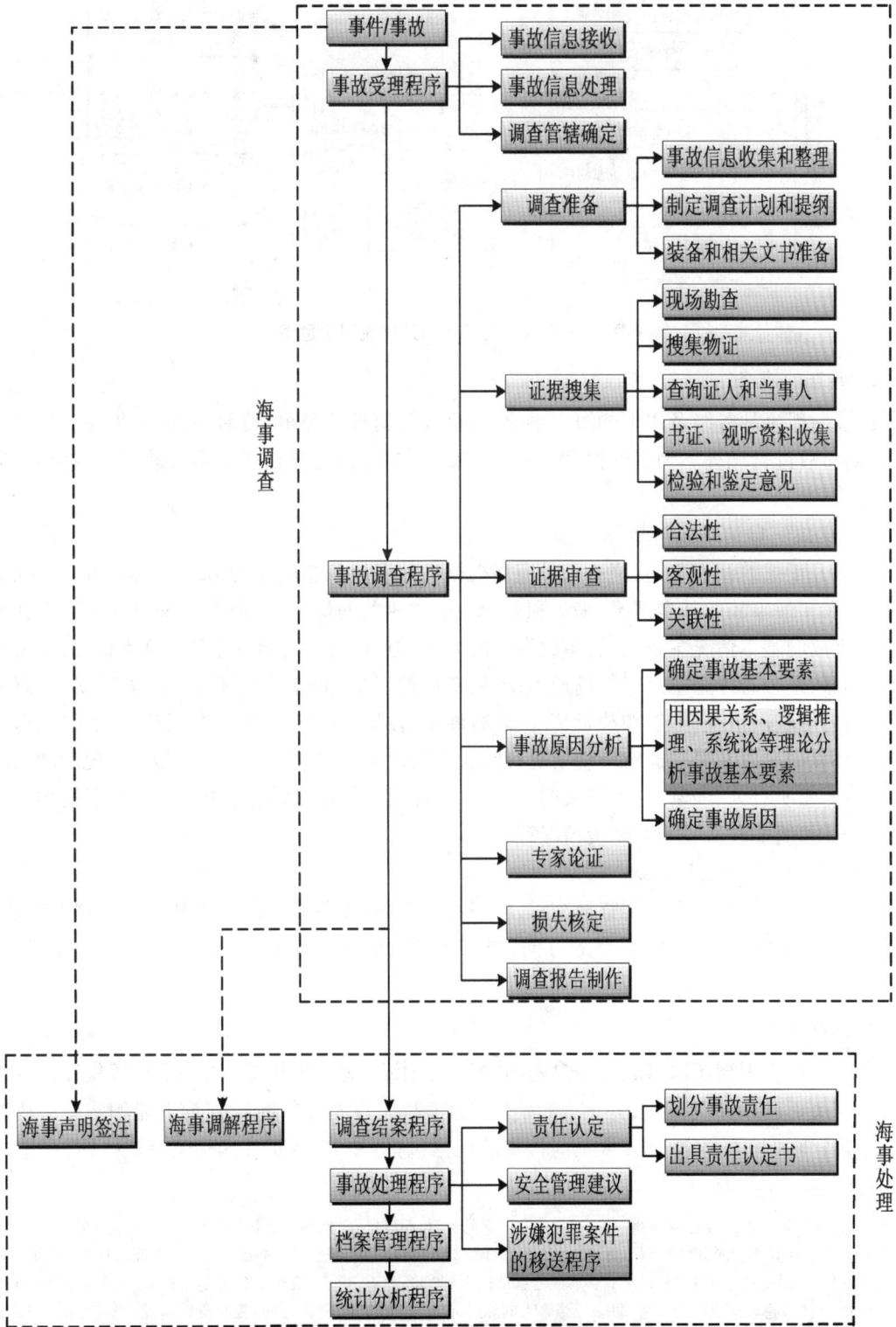

图 5-1　海事调查处理总体流程图

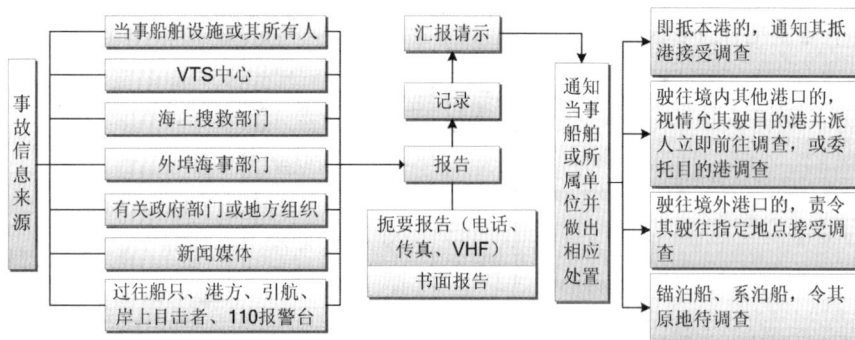

图 5-2　事故信息接收和处理流程示意图

2.调查的准备

构成一般事故等级及以上的海上事故,由负有管辖权的海事管理机构成立相应的事故调查组,对事故进行调查。为了确保调查工作的顺利实施,在展开正式的调查前,需做好相应的准备工作。

(1)事故信息的采集与整理

在展开正式的调查之前,调查人员应当根据各种事故信息的来源或当事人对事故情况的扼要介绍,了解事故的基本情况,采集和整理与事故相关的信息,以便决定采集证据的步骤和内容。事故的基本情况主要包括:事故发生的时间、地点和类型;当事船舶的基本情况,如船舶种类、国籍,是否有涉嫌肇事船舶逃逸等;事故造成的后果,如船舶损坏、沉没,人员伤亡,海域污染等;船舶航次情况,如船舶载货情况、船载油水情况、船舶吃水等;事故发生时的天气、海况等自然环境情况以及船舶通航环境情况;搜救情况,包括正在和已经进行的搜救情况和救助的需求等;船舶所有人、经营人、管理人的情况;事故经过的概况;其他可能获得的与事故相关的有关情况,如船舶建造、检验、装货情况等。

(2)制订调查计划和提纲

在制订调查计划和拟定调查提纲时,应当着重考虑:需要获取的证据和采集证据的方法;根据已有的信息,初步确定调查的方向;根据事故的种类和特点,对调查人员进行分组、分工等。

3.证据搜集

调查人员应围绕还原事故发生过程即"发生了什么,怎么发生的"这一主线搜集证据。参考我国相关诉讼法律的规定,并结合《海上交通事故调查处理条例》和《海上船舶污染事故调查处理规定》的相关规定,调查人员应搜集的证据包括:①(1)书证、物证、视听资料(包括电子

---

① 《海上交通事故调查处理条例》并未明确规定证据的种类,而仅仅有"搜集有关物证"的要求。在我国相关法律中,对证据的归类方法并不相同,例如《刑事诉讼法》把证据归为 8 类,即(一)物证;(二)书证;(三)证人证言;(四)被害人陈述;(五)犯罪嫌疑人、被告人供述和辩解;(六)鉴定意见;(七)勘验、检查、辨认、侦查实验等笔录;(八)视听资料、电子数据。《民事诉讼法》将证据也归为 8 类,即(一)当事人的陈述;(二)书证;(三)物证;(四)视听资料;(五)电子数据;(六)证人证言;(七)鉴定意见;(八)勘验笔录。《行政诉讼法》也将证据分为 8 类,即(一)书证;(二)物证;(三)视听资料;(四)电子数据;(五)证人证言;(六)当事人的陈述;(七)鉴定意见;(八)勘验笔录、现场笔录。本书认为,《海上船舶污染事故调查处理规定》的分类,基本可以包括海事调查中的所有证据种类,故采用该分类方法。

记录等);(2)证人证言;(3)当事人陈述;(4)鉴定结论;(5)勘验笔录、调查笔录、现场笔录;(6)其他可以证明事实的证据。

4.证据的审查判断

对搜集到的证据必须经查证属实后,才能作为认定相关事实或主张的依据。证据的审查应当围绕证据的基本特征,即证据的客观性、关联性、合法性展开。

证据的合法性审查是指审查所搜集到的证据是否符合法律规定的所有要件,判断的标准是证据的主体、取得证据的程序、方式以及证据的形式是否符合法律规定。证据的客观性审查是指审查证据所反映的内容是否为客观存在的事实。证据的关联性审查是指审查证据与案件待证事实之间是否存在一定的联系。

5.海上事故原因分析

事故原因分析是在调查取证的基础上,对所有证据进行审查、判断和分析后,运用逻辑和推理,在事实和结论之间建立联系,探索事故为什么发生的过程,即根据调查所获得的事故事实,建立事故发生、发展与结果的事故链,从中找出事故发生的各种原因。

在海事调查原因分析中,主要的分析方法有因果关系分析方法、系统轮分析方法和事故致因理论分析方法等。

6.损失核定、专家论证和编写事故调查报告

(1)损失核定

在海事调查中,调查人员除查明事故原因外,还应对事故造成的损害进行核定,以便确定事故的性质和等级,以及进行事故统计。

(2)专家论证

负责海事调查的海事管理机构,根据事故调查的实际情况并认为有必要时,在事故调查工作基本完成后,形成调查报告或结论前,可以按照海上事故专家论证程序,适时召开专家论证会。

(3)编写事故调查报告

在海事调查工作基本完成后,负责海事调查的海事管理机构应当编写"事故调查报告"。"事故调查报告"一般包括事故和调查概况,船舶、船员和船公司概况,事故水域的通航环境情况,事故证据分析,事故经过,搜救或救助简要情况,事故经济损失和人员伤亡情况,事故原因分析,事故责任判定和结论,安全管理建议以及相关附件等。

(二)海事处理程序

海事处理程序包括调查结案程序、事故处理程序、档案管理程序、统计分析程序、海事声明签注程序和海事调解程序等。本书主要介绍与船员密切相关的事故处理程序中的责任认定程序、安全管理建议程序、涉嫌犯罪案件的移送程序和行政处罚程序以及海事声明签注程序。

1.责任认定程序

(1)责任认定的概念、性质和时限要求

海上事故责任认定是指在发生海上事故后,海事管理机构依据法律、法规所赋予的行政职权,基于对事故的调查,在查明事故原因后,根据事故当事人的违法行为或操作过失与事故之间的因果关系,以及违法行为或操作过失在事故中所起的作用,对事故当事人各方应当承担的责任进行认定的行为。事故责任认定是对事故当事人行政处罚的依据之一，在可能构成刑事责任的情况下，向有关司法机关移送有关的材料。

事故责任认定书或事故结论书应当在事故调查结案后30日内出具。

对于事故责任认定书的性质，在实践中存在较大的争议。一种观点认为，海事管理机构基于海事调查报告结论做出的事故责任认定书，在行政法上是海事管理机构对相关法律事实的确认，属于行政确认行为，为具体的行政行为。因此，当事故当事人对事故责任认定书不服时，可以寻求行政法上的救济，包括申请行政复议和提起行政诉讼。另一种观点认为，事故责任认定书是海事管理机构通过调查事故客观存在的事实，依据有关水上交通管理法律、法规和规章，对当事人在事故中的行为是否违反交通法规、规章和违反交通法规、规章程度以及与事故之间的因果关系，在技术上做出客观鉴定的表达，它虽然是海事调查机关依职权单方做出的，但不直接确定当事人具体的权利义务，即不是对当事人的人身权、财产权进行直接处理，因而不具有可诉性。本书作者认为，依据事故调查报告做出的责任认定书，在行政法上仍然属于行政事实行为，而不属于具体的行政行为，因而不具备可诉性。

（2）事故责任类型

在查明事故原因后，若事故船舶或当事人有违法行为或操作过失，且其违法行为或操作过失与事故之间存在因果关系，则该事故为责任事故。相反，由于人为不可抗力的外在因素以及其他不能归责于任何一方的原因造成的事故，或无法查明原因的事故，或者船舶或当事人没有违法行为或操作过失行为，或者违法行为或操作过失行为与事故之间没有因果关系的事故，则为非责任事故。

事故的责任可以分为全部责任、主要责任、同等责任、次要责任和无责任。具体而言：

因一方当事人的违法行为或操作过失造成事故的，该方负全部责任，其他当事方不负责任。因两个或两个以上当事方的违法行为或操作过失共同造成事故的，根据各方违法行为或操作过失在事故中的作用大小承担相应的责任。

无法查清事故责任或责任基本相当的，各方负同等责任。

一方有下列情形之一，使事故责任无法认定的，应负全部责任：①在事故发生后逃逸或者故意破坏、伪造现场、毁灭证据的；②拒绝或妨碍海事管理机构调查，拒绝提供有关资料或提供虚假证词隐瞒事故真相的；③各方当事人均有前述所列情形，使事故责任无法认定的，应负同等责任。

（3）对责任认定不服的救济

如当事人对事故责任认定不服，可以在收到责任认定书后15天内向签发"事故责任认定书"的海事管理机构的上级海事管理机构申请重新认定，上级海事管理机构在接到其责任重新认定申请之日起30天内，做出维持、变更或者撤销原认定的决定，重新拟定"水上交通事故责任认定书"，并由上级海事管理机构领导签发。经重新认定的责任为海事机构最终认定。

2.涉嫌犯罪案件的移送程序

海事管理机构在在调查处理涉及中国籍船舶、公民和在我国管辖水域内发生的海上交通事故中，发现当事人有违法事实的情节、违法事实造成的后果等，根据刑法以及相关司法解释等规定，涉嫌构成犯罪，依法需要追究刑事责任的，应向公安机关移送。

在海上事故中,相关当事人可能构成涉嫌犯罪的罪名包括交通肇事罪①,重大责任事故罪②,重大劳动安全事故罪③,不报、谎报安全事故罪④等,对此,广大船员应当有相应的法律意识。

3.安全管理建议程序

海上事故调查的最终目的是从事故中吸取经验教训,防范同类事故的再次发生。因此,在查明事故的原因或可能原因后,调查人员应提出加强安全管理方面的具体建议。安全管理建议可以是管理方面的,也可以是技术方面的。可以对日常的安全管理提出加强或改进的建议,也可以对现行的法规或规范提出完善或修改的建议。

海事机关应跟踪并监督安全建议的实施。如果有关人员、单位或部门采纳了海事机关的安全建议,则应要求其将实施情况报海事机关;如果未采纳海事机关的安全建议,则应说明原因。

4.行政处罚程序

海事管理机构在查明原因、判明责任后,应按照有关法律、法规的规定,视情节轻重给予有关事故责任人相应的行政处罚:

(1)对中国籍船舶的事故责任人的行政处罚可以是警告、罚款、扣留适任证书、吊销适任证书。实施扣留适任证书的处罚时,应在船员服务簿上予以记载。实施吊销适任证书的处罚时,如果做出行政处罚的海事机关与证书签发机关不一致,应由做出该行政处罚决定的海事机关书面通知证书签发机关协助执行。

(2)对中国籍渔船与商船之间的事故,对渔船责任人的行政处罚可以是警告、罚款、扣留适任证书。扣留适任证书时,应通知发证机构。如果情节比较严重,需吊销证书时,应把事故情节通报发证的渔船管理机构,并建议渔船管理机构根据相应规定给予责任人吊销证书的行政处罚。

---

① 《刑法》第133条,违反交通运输管理法规,因而发生重大事故,致人重伤、死亡或者使公私财产遭受重大损失的,处三年以下有期徒刑或者拘役;交通运输肇事后逃逸或者有其他特别恶劣情节的,处三年以上七年以下有期徒刑;因逃逸致人死亡的,处七年以上有期徒刑。立案标准:2000年11月10日最高人民法院《关于审理交通肇事刑事案件具体应用法律若干问题的解释》第2条规定,交通肇事具有以下情形之一的处三年以下有期徒刑或者拘役:(1)死亡一人或者重伤三人以上,负事故全部或者主要责任的;(2)死亡三人以上,负事故同等责任的;(3)造成公共财产或者他人财产直接损失,负事故全部或者主要责任,无能力赔偿数额在三十万元以上的。交通肇事致一人以上重伤,负事故全部或者主要责任,并具有下列情形之一的,以交通肇事罪定罪处罚:……(5)严重超载驾驶的;(6)为逃避法律追究逃离事故现场的。第4条规定,交通肇事具有下列情形之一的,属于"有其他特别恶劣情节",处三年以上七年以下有期徒刑:(1)死亡二人以上或者重伤五人以上,负事故全部或者主要责任的;(2)死亡六人以上,负事故同等责任的;(3)造成公共财产或者他人财产直接损失,负事故全部或者主要责任,无能力赔偿数额在六十万元以上的。

② 《刑法》第134条,在生产、作业中违反有关安全管理的规定,因而发生重大伤亡事故或者造成其他严重后果的,处三年以下有期徒刑或者拘役;情节特别恶劣的,处三年以上七年以下有期徒刑。立案标准:2008年《最高人民检察院、公安部关于公安机关管辖的刑事案件立案追诉标准的规定(一)》第8条规定,在生产、作业中违反有关安全管理的规定,涉嫌下列情形之一的,应予立案追诉:(1)造成死亡一人以上,或者重伤三人以上;(2)造成直接经济损失五十万元以上的;……(4)其他造成严重后果的情形。

③ 《刑法》第135条,安全生产设施或者安全生产条件不符合国家规定,因而发生重大伤亡事故或者造成其他严重后果的,对直接负责的主管人员和其他直接责任人员,处三年以下有期徒刑或者拘役;情节特别恶劣的,处三年以上七年以下有期徒刑。

④ 《刑法》第139条,在安全事故发生后,负有报告职责的人员不报或者谎报事故情况,贻误事故抢救,情节严重的,处三年以下有期徒刑或者拘役;情节特别严重的,处三年以上七年以下有期徒刑。

（3）对外国籍船舶在中国水域发生的事故，对责任人的行政处罚可以是警告、罚款。若情节较为严重，需扣留或吊销证书时，负责调查的海事管理机构应将处理建议及调查结果报中华人民共和国海事局，由中华人民共和国海事局转船旗国主管机关处理。

5. 海事声明签注

（1）海事声明签注概述

海事签证是一项国际通行的习惯做法。当船舶遭遇或经历了不良事件，影响或可能影响到本船的利益时，为达到免责、索赔或者在后续的工作中处于有利地位的目的，船舶通常会主动向签证部门呈交申请报告并附带相应材料来说明事件的经过，阐明自己的立场，以便事先得到签证部门对报告内容的认可。由于经主管机关签证的报告文书或证件证明的材料具有证据或初步证据的效力，成为持有者申述、主张其权力的文件依据，也成为承运人主张免责、宣布共同海损和船、货方向保险人索赔的重要证明文件，因此，海事签证对船舶来说是一种积极主动的自我保护措施，对签证部门来说则成为一种依申请的被动行为。

海事签证是指签证机关应船方申请，对其提交海事声明、延伸海事声明、海上事故报告、与船舶有关的其他海事文书进行初步核查，签注"准予备查"以证明船方确向签证机关申报过有关海事的公正性行为。签证机关在我国国内仅指海事管理机构，我国船舶航行至其他国家也可到我国驻外使领馆办理海事签证。

为了规范我国的海事签证，中华人民共和国港务监督曾于1995年颁布了《船舶海事签证办法》，目前该办法已经被中华人民共和国海事局于2016年2月颁布的《船舶海事声明签注服务管理规定》所替代，并将"海事签证"修改为"海事声明签注"。

按照《船舶海事声明签注服务管理规定》，"海事声明"是指在船舶遭遇恶劣天气或意外事件引起或者可能引起的船舶、货物损坏、环境损害、人员伤亡等情况，以及船舶发生其他意外情况，船方在抵港后向海事管理机构递交的声明；"海事声明签注"是指海事管理机构应当事船舶申请办理海事声明签注时，对海事声明的内容进行书面审查，签注"准予备查"以表明船方向海事管理机构申报过有关海事声明事项的行为；"延伸海事声明"是指在获得海事声明签注后7日内，船方递交的更为具体、详细的补充声明。

（2）海事声明签注的证明效力

由于海事管理机构在收到海事声明及所附材料后，仅做程序性的书面审查，而不对递交的海事声明及所附材料的真实性负责，且在海事声明上签注"准予备查"仅仅表明船方向海事管理机构申报过有关海事声明事项的行为，因此，从法律效力上来看，经签证的海事声明等文件的证明作用很有限，一般只能作为海事争议处理机关和海事保险部门的初步证据或者证据参考。签证部门仅对签证行为的客观公正性负责，不对申请人所递交的海事声明及所附材料的真实性负责，更不对申请人的主张及未来的证据效力负责。

（3）海事声明签注的申请要求

海事声明签注是应船舶的申请而做出的被动型公证行为，申请海事声明签证应当满足如下要求：①船舶应在事发后抵达第一港24 h内向当地海事管理机构递交海事声明；船舶抵港前已发生或可能引起货舱货物受到损害的，应在开舱前向海事管理机构递交海事声明材料。②海事声明签注申请人应为船长，但可由其他相关人员代为提交。在提交申请时，提交人应出示证明其身份的身份证件（海员证等国家规定的证件，下同）原件校验。③海事声明文书可一式多份。④船舶递交海事声明时，应当随文附送一份证明材料的复印件，包括船长证书、船舶国籍(或登记)证书、船员名单、天气报告(如相关)及其他相关材料,以证明申报的内容。⑤申请人必须在海事声明上签字和加盖船章,并应有不少于两名见证人的签字及其身份证件的复印件。⑥海事声明应当使用中文或中英文对照。如船长死亡或关键材料损毁造成无法按上述规定送交材料的,申请人应当注明相关情况。

　　申请海事声明签注的海事声明主要内容应当包括:①船舶基本概况:船舶名称、国籍、船籍港、船舶识别号或 IMO 编号、所有人、经营人和管理人(如有)名称。②船舶装载货物情况:出发港和目的港、客货情况。③海事声明事项相关的情况:时间、地点、气象、海况、事件主要过程、所采取的措施及损坏或可能损坏等。海事声明提出后,申请人可以在 7 日内递交更为具体、详细的延伸海事声明。海事声明受理后再次发生非本次海事声明签注的意外情况,应当重新递交海事声明申请。

　　海事管理机构收到海事声明及所附材料后,仅做(程序性的)书面审查,对于符合要求的,当场应给予加盖"准予备查"章和编写流水号。如发现材料和信息不齐全的,应当一次性告知其补充的材料和信息,并受理其更新材料和信息后的申请。若海事管理机构发现海事声明签注申请人存在违反国家法律和法规或递交材料存在弄虚作假等情形的,海事管理机构应当拒签海事声明,并告知申请人。

三、船舶和相关人员在事故调查中的义务

　　上一小节主要介绍了海事管理机构在进行海事调查、处理过程的基本流程,本节将根据《海上交通安全法》《海上交通事故调查处理条例》和《海上船舶污染事故调查处理规定》的相关规定,介绍船舶和相关人员在事故调查中的义务和责任。

　　《海上交通安全法》第四十二条是对船舶和相关人员报告事故、接受和配合调查义务的总的规定,要求船舶、设施发生事故后,应当向海事管理机构递交事故报告书和有关资料,并接受调查处理。相关人员在接受调查时,必须如实提供现场情况和与事故有关的情节。《海上交通事故调查处理条例》和《海上船舶污染事故调查处理规定》则对上述的事故报告、接受和配合调查的义务做了更为详细的规定。

　　鉴于《海上交通事故调查处理条例》和《海上船舶污染事故调查处理规定》不完全相同,本书对上述规定进行归纳和整理,并对污染事故的特别规定加以说明。

(一)事故的报告义务

1. 扼要报告

(1)报告的时间要求

①发现(其他)船舶及其有关水上交通事故、作业活动造成或者可能造成海洋环境污染的单位和个人,应当立即将有关情况向就近的海事管理机构报告。海事管理机构接到报告后,应当按照应急预案的要求进行报告和通报。

②船舶、设施发生海上交通事故或污染事故,在采取应急措施的同时,应当立即利用 VHF 等各种有效手段向就近的海事管理机构报告。

(2)报告的内容
在扼要报告中,报告的内容主要包括:
①船舶或设施的名称、呼号、国籍、起讫港,船舶或设施的所有人或经营人名称,事故发生

的时间、地点，事故的种类，事故原因的初步判断，水文和气象情况，船舶、设施的损害程度，救助要求等。

②发生污染事故的船舶或作业单位，除报告上述内容外，还应报告污染损害赔偿责任保险人的名称、地址和联系方式；污染物的种类、基本特性、数量、装载位置等情况；事故污染情况；已经采取或者准备采取的污染控制、清除措施等。签订了船舶污染清除协议的，还应当报告船舶污染清除单位的名称和联系方式。

2. 提交"海上交通事故报告书"和"船舶污染事故报告书"

（1）提交"海上交通事故报告书"时间要求

船舶、设施发生海上交通事故，除扼要报告外，还必须按下列规定向海事管理机构提交"海上交通事故报告书"和必要的文书资料：

①在港区水域内发生海上交通事故，在事故发生后 24 h 内提交。

②在港区水域以外的沿海水域发生海上交通事故，在到达中华人民共和国的第一个港口后 48 h 内提交。

③引航员在引领船舶的过程中发生海上交通事故，应当在返港后 24 h 内提交。

④中国籍船舶在中华人民共和国沿海水域以外发生的海上交通事故，其所有人或经营人应当自事故发生之日起 60 日内向船籍港的海事管理机构提交。

因特殊情况不能按规定时间提交"海上交通事故报告书"的，在征得海事管理机构同意后可予以适当延迟。

（2）"海上交通事故报告书"的内容

"海上交通事故报告书"应当如实写明下列情况：船舶、设施概况和主要性能数据；船舶、设施所有人或经营人的名称、地址；事故发生的时间和地点；事故发生时的气象和海况；事故发生的详细经过（碰撞事故应附相对运动示意图）；损害情况（附船舶、设施受损部位简图。难以在规定时间内查清的，应于检验后补报）；船舶、设施沉没的，其沉没概位；与事故有关的其他情况。

（3）提交"船舶污染事故报告书"时间要求

发生污染事故的船舶、有关作业单位，应当在事故发生后 24 h 内向就近的海事管理机构提交"船舶污染事故报告书"。因特殊情况不能在规定时间内提交的，经海事管理机构同意后可予适当延迟，但最长不得超过 48 h。

中国籍船舶在中华人民共和国管辖海域外发生的船舶污染事故，其所有人或经营人应当立即向船籍港所在地直属海事管理机构报告，并在 48 h 内提交"船舶污染事故报告书"；船舶应当在到达国内第一个港口之前提前 24 h 向船籍港直属海事管理机构报告，并接受调查处理。

（4）"船舶污染事故报告书"的内容

"船舶污染事故报告书"至少应当包括以下内容：船舶及船舶所有人、经营人或者管理人的有关情况；污染事故概况；应急处置情况；污染损害赔偿责任保险情况；其他与事故有关的事项。

提交"船舶污染事故报告书"后出现的新情况及污染事故的处置进展情况，船舶、有关单位应当及时补充报告。

（二）接受和配合调查的义务

1. 驶抵指定地点接受调查

海事管理机构因调查事故的需要，可以责令当事船舶驶抵指定地点接受调查。当事船舶在不危及自身安全的情况下，未经海事管理机构的同意，不得离开指定地点。

2. 事故的当事人应当接受和配合调查

船舶或设施发生海上事故后，应当接受调查；事故的当事人和其他人员应当配合调查，如实反映情况和提供资料，不得伪造、隐匿、毁灭证据或者以其他方式妨碍调查取证。

事故的当事人和其他有关人员提供的书证、物证、视听资料应当是原件原物，提供抄录件、复印件、照片等非原件原物的，应当签字确认。

3. 进行相应的检验或鉴定

因海上交通事故致使船舶、设施发生损害，船长、设施负责人应申请中国当地或船舶第一到达港地的检验部门进行检验或鉴定，并应将检验报告副本送交海事管理机构。上述检验、鉴定事项，海事管理机构可自行委托有关单位或部门进行，但其费用应由船舶、设施所有人或经营人承担。

船舶、设施发行火灾、爆炸等事故，船长、设施负责人必须申请公安消防检验部门进行鉴定，并将鉴定书副本送交海事管理机构备案。

（三）不履行相关义务的责任

1. 对违反《海上交通事故调查处理条例》的责任

对违反《海上交通事故调查处理条例》规定，有下列行为之一的，海事管理机构可视情节对有关当事人（自然人）处以警告或者 200 元以下罚款；对船舶所有人、经营人处以警告或者 5 000 元以下罚款：

（1）未按规定的时间报告事故或提交"海上交通事故报告书"或其他文书的；

（2）未按海事管理机构要求驶往指定地点，或在未出现危及船舶安全的情况下未经海事管理机构同意擅自驶离指定地点的；

（3）事故报告或"海上交通事故报告书"的内容不符合规定要求或不真实，影响调查工作进行或给有关部门造成损失的；

（4）不按要求对船舶、设施的损害情况或火灾、爆炸事故进行检验或鉴定，影响事故调查的；

（5）拒绝接受调查或无理阻挠、干扰海事管理机构进行调查的；

（6）在受调查时故意隐瞒事实或提供虚假的证明的。

上述（5）（6）项行为构成犯罪的，由司法机关依法追究刑事责任。

2. 对违反《海上船舶污染事故调查处理规定》的责任

（1）船舶污染事故的当事人和其他有关人员未如实向组织事故调查处理的机关或者海事管理机构反映情况的；或者伪造、隐匿、毁灭证据或者以其他方式妨碍调查取证的，由海事管理机构处以 1 万元以上 5 万元以下的罚款。

（2）发生船舶污染事故，船舶、有关作业单位迟报、漏报事故的，对船舶、有关作业单位，由海事管理机构处 5 万元以上 25 万元以下的罚款；对直接负责的主管人员和其他直接责任人员,由海事管理机构处 1 万元以上 5 万元以下的罚款。直接负责的主管人员和其他直接责任人员属于船员的,并给予暂扣适任证书或者其他有关证件 3 个月至 6 个月的处罚。

（3）发生船舶污染事故,船舶、有关作业单位瞒报、谎报事故的,对船舶、有关作业单位,由海事管理机构处 25 万元以上 50 万元以下的罚款;对直接负责的主管人员和其他直接责任人员,由海事管理机构处 5 万元以上 10 万元以下的罚款。直接负责的主管人员和其他直接责任人员属于船员的,并给予吊销适任证书或者其他有关证件的处罚。

思考题

1. 根据《水上交通事故统计办法》,海上事故主要可以分为哪几类? 事故等级是如何划分的?

2. 海事管理机构进行的海事调查可以分为哪几类? 他们各自调查目的和调查重点有何不同?

3. 海上事故调查的性质是什么? 如当事人对海上事故调查报告做出的调查结论不服,是否可以向人民法院提起行政诉讼? 为什么?

4. 请扼要陈述海事管理机构进行海上事故调查的主要流程。

5. 海上事故责任认定书的性质是什么? 如事故当事人对海事管理机构做出的事故责任认定不符,应如何申请救济?

6. 船舶发生海上事故,在哪些情况下,责任人可能涉嫌构成犯罪,负责事故调查的海事管理机构需要将案件移送司法机关? 船长和船员应当吸取哪些教训?

7. 申请海事声明签注的主要目的是什么? 申请海事声明签证应当满足哪些要求?

8. 发生海上交通事故或船舶污染事故,船舶和船长应当履行哪些报告义务?

9. 在海上事故调查中,船舶、船长和船员负有哪些义务? 如不履行相应的义务,可能承担哪些责任?

第二节　典型海上交通事故案例分析

一、典型碰撞案例分析

根据相关统计,碰撞事故是所有海上交通事故中占比例最大的事故,碰撞事故占全部事故的近半数。[①] 本节首先以海事调查中最为困难的碰撞后肇事逃逸的碰撞事故为例,解析碰撞事故的调查方法,然后分别对互见中的追越、对遇局面、交叉相遇局面以及能见度不良时的典型碰撞案例进行分析,分析各种会遇态势下容易发生碰撞事故的原因,以吸取事故中的相关教训,防止类似事故的发生。

[①] 根据对中国国籍船舶在 2000 年—2008 年发生的水上交通事故统计,碰撞事故所占比例最大,为 46%,占了全部事故的近半数。同样,根据日本海难审判厅公布的 2001 年至 2007 年七年内审理完结的共计 4 800 起海难事故的统计资料,碰撞事故也占 46%。

（一）典型碰撞事故调查解析①

1. 事故简介

2015 年 4 月 29 日 0925 时,上海海上搜救中心接报:28 日约 2119 时,"浙三渔 00046"轮(以下简称 Z 轮)在长江口灯船以北约 70 n mile 处失联。此后,搜救中心立即组织协调搜救行动。5 月 25 日,浙江岱山渔船在启东附近海面发现一具 Z 轮遇难船员尸体。6 月 10 日,Z 轮被整体打捞出水。在事故调查中,通过 Z 轮最后一次 AIS 船位、对 Z 轮失联水域附近渔船调查、Z 轮沉船位置扫测,初步确定 Z 轮事发时间和船位;通过调取事发时间段航经 Z 轮事故水域附近船舶的 AIS 航行轨迹,对"三水 805"轮(以下简称 S 轮)等 18 艘船进行重点排查,最后确定 S 轮存在重大肇事嫌疑。通过对 S 轮、Z 轮的勘验、油漆取样和检验以及对 S 轮的询问调查,最后认定:2015 年 4 月 28 日约 2154 时(北京时间),中国泰州籍散货船 S 轮从江阴驶往曹妃甸途中,在东海海域(概位:32°15.7′N,122°36.7′E)与浙江台州籍渔船 Z 轮发生碰撞。事故造成 Z 轮沉没,8 人死亡、7 人失踪,构成重大等级水上交通事故。

2. 事故调查情况

事故发生后,中华人民共和国海事局立即成立了事故调查组。调查组通过调取事故水域船舶 AIS 动态信息,调查询问 S 轮船员和附近作业的渔船船员,勘查事故现场及查询有关记录等途径,共获得:调查询问笔录 25 份;S 轮船长出具情况说明 1 份;S 轮现场勘查报告 2 份;油漆样品 10 份及油漆样品检验报告 1 份;Z 轮沉船扫测报告 1 份;事故船舶和船员证书、资料 30 份;船舶航行、工作记录等资料 3 份;事故水域 AIS 数据记录若干份;现场勘验照片等其他相关证据若干份;S 轮电子海图(ECS)数据记录 1 份;S 轮水下探摸报告 1 份;Z 轮沉船探摸报告 1 份;Z 轮沉船水下摄像资料 1 份;Z 轮船体破口处船体钢板 1 块;Z 轮沉船打捞视频及照片若干份;Z 轮现场勘验报告 2 份;船舶管理协议及实施细则 1 份;南京好航行船务有限公司符合证明、企业法人营业执照等资料若干份。

3. 事故调查过程解析

(1)收集事故的基本信息,初步确定 Z 轮失联的可能原因。

本次事故为 Z 轮失联事故,且经过长时间、大面积搜救后仍然未发现 Z 轮,因此,Z 轮很可能已经沉没。Z 轮沉没的原因可能为船舶自沉、遇大风浪翻沉和被他船碰撞而导致沉没等。根据初步掌握的信息,事故海域天气为晴天,东北风 5 ~ 6 级,浪高 1.5 ~ 2 m,且事故当时 Z 轮鱼货未满载,而没有其他类似渔船翻沉的报告,因此,Z 轮自沉或遇大风浪翻沉的可能性较小。相反,事故水域是大型海船南北航线习惯通道,也是东海 155 渔区,船舶交通较为密集,且事故水域能见距离小于 1 n mile,因此,Z 被其他通航船舶碰撞沉没的可能性较大。

(2)通过调查取证,初步确定 Z 轮沉没的时间和船位。

为了查找碰撞肇事嫌疑船,必须缩小查找的范围,因此,必须通过调查取证,初步确定 Z 轮沉没的时间和船位。为此,调查人员调取了 Z 轮的 AIS 信息,查找到了该轮最后一个 AIS 动态信息,包括船位、航速、航向等。同时,通过询问调查当时在 Z 轮失联水域附近的其他渔船,再次估算 Z 轮失联的时间。通过对疑似沉船的扫测,确定了疑似沉船的船位。结合上述证

---

① 本案例摘自中华人民共和国海事局《上海"4·28""三水 805"轮与"浙三渔 00046"轮碰撞事故调查报告》。

据,通过逻辑推理,初步确定了 Z 轮沉没的时间段和船位范围。

（3）通过调取可能事故水域附近的船舶 AIS 轨迹,排查肇事嫌疑船。

在初步确定 Z 轮沉没的时间段和船位范围后,调查人员调取了该时间段内事故水域附近船舶的 AIS 航行轨迹,对 S 轮等 18 艘船舶进行重点排查。经轨迹回放和比对分析发现 S 轮于 4 月 28 日约 2155 时驶过沉船位置,并存在大幅度调整航向的行动,存在重大肇事嫌疑。

（4）通过调取和分析电子证据、现场勘查、采取物证、进行检验和鉴定、查询相关人员等,搜集相关证据,这些证据能够组成完整的证据链,证明 S 轮为碰撞 Z 轮的肇事船,从而可以认定该事实。

尽管 S 轮存在重大的肇事嫌疑,但必须搜集相关的证据组成完整的证据链,才能最后认定 S 轮是否为肇事船。为此,调查人员搜集和分析了如下证据:

①通过对 S 轮 AIS 轨迹、ECDIS 轨迹的调查和分析和对 Z 轮 AIS 轨迹的调查和分析,可以得出结论,Z 轮以航速 8.3 kn 向东航行,约 2154 时可驶抵其沉没位置附近;约 2155 时,S 轮驶过 Z 轮沉没位置附近,之前曾有大幅度向左调整航向的行动。因此,S 轮和 Z 轮之间碰撞时间和地点吻合。

②通过对 S 轮的现场勘验和分析以及对 Z 轮的水下探摸、摄像以及打捞出水后的现场勘验分析,发现 S 轮球鼻艏有擦碰痕迹并伴有蓝灰色疑似外来油漆,油漆颜色与 Z 轮船体油漆颜色相似;S 轮轮球鼻艏处蓝灰色疑似外来油漆的高度和范围,与 Z 轮受损部位的高度和范围基本相符;事故发生时,Z 轮受到来自左舷的撞击,碰撞角度小于 90°。

③通过对 S 轮疑似外来油漆部位、Z 轮船体被撞部位进行油漆取样并进行检验,检验结果表明,两船碰撞部位的外来油漆的色泽、质地、红外特征吸收峰等特征与对方船相同。

④调查人员对 S 轮相关人员进行了询问调查,尽管该轮的值班驾驶员和值班水手没有直接承认碰撞事实,但在该轮船长的陈述中表明,三副曾报告说:28 日约 2150 时的确有过一次紧急避让渔船的行动,渔船从本船右舷驶过,没有感觉到碰撞的声响和震动,之后也没有收到求救信息,认为已经让清渔船,继续北上。

⑤尽管 S 轮值班驾驶人员否认与 Z 轮发生了碰撞,但是,通过对当事人陈述、证人证言、电子证据、现场勘验报告、油漆鉴定结论等证据分析,S 轮与 Z 轮的碰撞事实形成了完整的证据链,可以认定该碰撞事实,并认定碰撞的时间和船位。

（5）根据相关证据还原事故发生的经过。

本起事故中,由于 Z 轮沉没,所有船员在事故中死亡失踪,因此,本起事故经过只能根据 S 轮的 AIS 船舶动态信息、ECDIS 动态信息以及 Z 轮的 AIS 船舶动态信息、对 S 轮相关船员询问笔录、现场勘验笔录等证据加以整理得出。

（6）核定事故损失。

根据事故调查,该起事故造成 S 轮球鼻艏略有凹陷,无损失;Z 轮沉没,8 名船员死亡、7 人失踪,构成重大等级水上交通事故。

4. 事故原因分析和责任认定

在查明相关事实还原事故发生过程的基础上,调查人员根据当时的能见度不良的情况、两船在碰撞前的会遇态势和各自采取的行动,依照《1972 年国际海上避碰规则》（以下简称《规则》）的相关规定,分析两船在碰撞发生过程中的过失,查明了事故的直接原因和间接原因,并认定了各方应当承担的责任。

（1）事故的直接原因

本起事故的直接原因是指因事故双方在船舶会遇、构成碰撞危险、紧迫局面、紧迫危险以及导致发生碰撞的整个过程中所存在的过失。S 轮的过失包括：在能见度不良的水域中对正横前的船舶采取向左转向；瞭望疏忽；未核实避让行动的有效性；未保持安全航速等。Z 轮的过失包括未保持安全航速；未谨慎驾驶等。

（2）事故的间接原因

事故的间接原因是指事故原因中经过中间事物才起作用的原因。在本起事故中，事故的间接原因包括：S 轮值班三副在操纵船舶和避让渔船方面缺乏经验；S 轮船长未能有效履行对其监督和指导的职责；S 轮未按照相关管理规定及公司安全管理体系要求采取雾航措施；S 轮的安全管理公司未严格落实船舶安全和防污染管理职责，未能有效管理和指导船舶运行安全管理体系，对招聘船员培训和考核不严，部分船员反映未曾接受公司培训，对公司安全管理体系不熟悉等。

（3）责任认定

在查明事故原因后，根据事故当事人的违法行为或操作过失与事故之间的因果关系，以及违法行为或操作过失在事故中所起的作用，对事故当事人各方应当承担的责任进行认定。本起事故为船舶在能见度不良水域航行中发生的互有过失的碰撞事故。S 轮违反了《1972 年国际海上避碰规则》第五条、第六条、第八条 2 款和 4 款、第十九条 2 款和 4 款的相关规定，且存在肇事逃逸行为，在本起事故中应承担主要责任；Z 轮违反了《1972 年国际海上避碰规则》第五条的相关规定，在本起事故中应承担次要责任。

5. 事故处理和安全管理建议

（1）事故处理建议

根据事故的调查情况，调查组对事故处理提出了如下建议：

①S 轮违反《海上交通安全法》第九条，造成 Z 轮沉没和 8 人死亡、7 人失踪的重大水上交通事故，并在事故中负主要责任。根据《刑法》第一百三十三条、《关于审理交通肇事刑事案件具体应用法律若干问题的解释》、《行政执法机关移送涉嫌犯罪案件的规定》、《水上交通肇事逃逸案件调查处理规定》的有关规定，建议将 S 轮三副、船长、值班水手移送司法机关，追究其刑事责任。

②建议根据海上海事行政处罚规定第二十五条第二款相关规定给予 S 轮三副、船长、值班水手行政处罚。

③建议对南京好航行船务有限公司船舶管理公司体系进行附加审核。

④Z 轮对事故的发生负有次要责任。鉴于该轮船长等船员在事故中死亡，免于追究相关责任人行政责任。

（2）安全管理建议

根据事故的调查情况，调查组提出了如下安全管理建议：

①船舶管理公司应严格落实船舶安全和防污染管理责任，确保公司安全管理体系有效运行，要为每艘船舶配备合格健康的船员，把好船员招聘审查、培训和考核关，定期对船员任职过程进行跟踪检查，验证其实际操作水平并记录备查，对一些不能胜任岗位的船员及时培训或更换；要加强驾驶人员的航海技能和安全知识培训，提高其遵守避碰规则和通航法规的意识和应对不同复杂局面的处理能力；要细化并落实对船舶的监督检查，督促船长和船员严格遵守能见

度不良航行等特殊情况下的操作须知。

②商渔船碰撞事故经常会造成渔船船员的群死群伤。渔船监督管理部门应加强对渔船驾驶员的安全教育与航海技能培训，尤其应注重渔船商船会遇时避让行动实施时机和方法等方面的培训；要督促渔船在航行、作业和锚泊时严格执行驾驶台值班瞭望制度并进行监督检查。

（二）追越碰撞事故典型案例分析

1. 追越碰撞案例

2006 年 10 月 25 日 0529 时，中国籍"新连云港"轮（该轮为总吨位 66 433、总长 279.9 m 的集装箱船，以下简称 X 轮）与巴拿马籍"EVER GAIN"轮（该轮为总吨位 5 360、总长 105.09 m 的干货船，以下简称 E 轮）在东海海域（概位 26°53′N，121°26′E）发生碰撞，造成 E 轮当场沉没，船上 21 名船员 11 人获救，10 人失踪。事故当时海域东北风 5～6 级、中浪、能见度良好、涨潮流西南向约 0.5 kn。

X 轮从广州起航，挂靠中国香港、深圳盐田港和厦门港，于 10 月 24 日 1330 时离开厦门港开往韩国釜山港，船上共载有 5 458 TEU，前后吃水 12.6 m/12.9 m。25 日 0350 时，大副上驾驶台接班，交班时航向 040°，未叫值班水手上驾驶台一起值班。0400 时，航向 040°，航速 20.5 kn，能见度良好。0500 时，大副称在雷达上观察到位于右舷 30°约 6 n mile 处的 E 轮，速度较慢，并看到一盏艉灯，认为是同向船，随后没有对该船进行连续的观察。0528 时，大副突然看到 E 轮已接近其船首右舷处，立即拉车钟至停车位置，但车钟实际在微速前进位置。0529 时，X 轮船首右舷撞入 E 轮驾驶台左侧，两船碰撞夹角约为 51°，碰撞后 E 轮朝左转擦过其左舷，并快速下沉。

2006 年 10 月 7 日 1400 时，E 轮从巴布亚新几内亚的基姆贝港起航开往中国张家港，前后吃水 7.2 m/7.5 m。本航次由于主机增压器故障，船舶只能以半速航行，航速为 5.3 kn。25 日 0400 时，大副接班，航向 349°，航速 5.3 kn，能见度良好。0450 时，大副称从 AIS 中注意到在本船左后方十几海里处有一船名为"XIN LIANYUNGANG"轮的来船，航速为 21 kn 多，航向 040°，但大副没有观察其与本船的 DCPA 与 TCPA。0500 时，值班水手肉眼发现左后方有一来船并立即告诉大副，大副肉眼观察发现该船位于其左舷约 140°处，距离约 10 n mile，可看见来船的前后桅灯接近一直线，用望远镜看到来船的红、绿两舷灯，判断其为追越船。过一段时间后大副发现来船相对方位没有变化，便通过 AIS 再次确认来船为"XIN LIANYUNGANG"轮，观测雷达，在 6 n mile 挡内未发现其回波，大副保持向前瞭望。一段时间后，值班水手告诉大副，来船离得挺近。大副便让水手用 VHF 呼叫对方，但无应答，继续保向保速航行，大副仍保持向前瞭望。0529 时，大副透过驾驶室左侧的玻璃窗看见黑乎乎的影子压过来，随即两船发生碰撞。

事故经过如图 5-3 所示。

海事调查机关通过询问 X 轮和 E 轮相关船员，对 X 轮的记录数据进行调查取证，并对两船岸基 AIS 信息记录进行回放分析，认定事故发生前两船处于追越中，即 X 轮为追越船，E 轮为被追越船，并认为 X 轮瞭望严重疏忽，未履行追越船义务，E 轮没有保持正规瞭望，存在戒备上的疏忽是本起碰撞事故发生的直接原因，而 X 轮未按规定安排值班水手是事故的间接原因。

（1）X 轮值班大副于 0500 时就发现其右前方的 E 轮，但随后没有使用视觉、听觉以及适

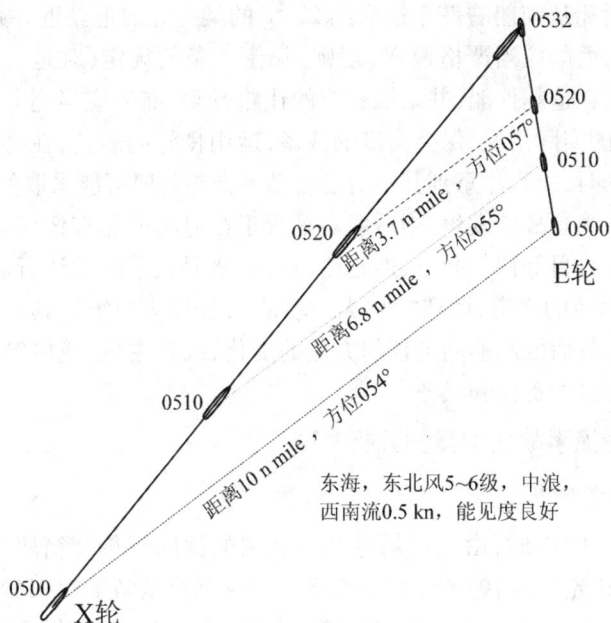

图 5-3 "新连云港"轮与"EVER GAIN"轮碰撞过程示意图

合当时环境和情况的一切有效手段对其进行连续的系统观测,以致无法对两船已实际形成的追越局面做出正确的判断,更无法判断与被追越船是否存在碰撞危险及履行追越船的义务。直到 0528 时,才突然发现 E 轮已逼近到其船首右前方,此时两船碰撞已不可避免。因此,X 轮严重疏忽瞭望,未履行追越船义务,违反了《规则》第五条、第七条 1 款和第十三条的规定。大副上驾驶台接班时,发现值班水手未到位,没有通知值班水手上驾驶台值班,违反了 STCW 公约相关规定和《中华人民共和国海船船员值班规则》第三章第十九条的规定。

(2)E 轮大副发现 X 轮后,没有使用视觉以及适合当时环境和情况的一切有效手段保持连续的系统观察,无法对可能存在的碰撞危险做出充分的估计,当值班水手提醒其来船离本船较近时仍然没有引起足够的戒备,采取必要的避让行动,直到碰撞发生。因此,E 轮没有保持正规瞭望,存在戒备上的疏忽,违反了《规则》第五条、第七条 1 款和第十七条 1 款第(2)项规定。

2. 追越碰撞案例的分析

在上述案例中,正如海事调查机关对该起事故的原因分析那样,除了值班人员在船舶会遇过程中疏忽瞭望、未能及时判断碰撞危险和及早采取避碰行动外,最主要的原因是 X 轮未将自己作为让路船,履行让路船的义务,及早地、宽裕地让清被追越船。这是广大船长和驾驶员在这起事故中应当吸取的教训。

事实上,在追越中,上述案例中会遇态势并非最容易发生碰撞的态势。有关的碰撞事故统计表明,在宽敞水域中,一船从另一船右舷正横后 22.5°的某一方向上驶近并赶上前船时,最容易发生碰撞事故。在这种追越态势中,后船可能认为两船构成交叉相遇局面,因而认为前船为让路船而自己仍然保向保速;而前船可能认为两船构成追越,本船为被追越船而保向保速,结果前后两船均不采取行动而造成紧迫局面,进而发生碰撞。

因此，针对上述后船从前船右舷正横后约22.5°的某一方向上驶近并赶上前船的情况，为了保证船舶航行安全，后船应当严格遵守《规则》第十三条的规定，对是否构成追越存在任何怀疑时，应当假定本船在追越他船，并采取相应的让路行动；前船应当充分注意到这种容易与交叉相遇局面相混淆的实际情况，保持高度的戒备，运用良好的船艺，在必要时独自采取操纵行动，并且在采取行动时，应当注意到其本身的行动不会与后船可能采取的行动相冲突。

总之，为了避免碰撞事故的发生，当后船对是否正在追越前船有任何怀疑时，后船应当假定是正在追越，而不能盲目等待。并且，追越船作为让路船在采取避让行动时，应当严格遵守《规则》第八条、第十六条的规定，做到"早、大、宽、清"，并且应当牢记其让路的义务一直持续到最后驶过让清为止，其后的两船间的任何方位的变化，或者主机、舵机等发生故障而处于失控状态，均不免除其让路的责任和义务。

（三）对遇局面碰撞事故典型案例分析

1. 对遇局面碰撞案例①

2007年9月15日1935时，由天津新港开往韩国的德国籍集装箱船"HANJIN GOTHEN-BURG"轮（以下简称H轮）与由韩国开往秦皇岛的巴拿马籍散货船"CHANG TONG"轮（以下简称C轮）在38°18.7′N，121°29.3′E处发生碰撞事故，事故的经过如图5-4所示。

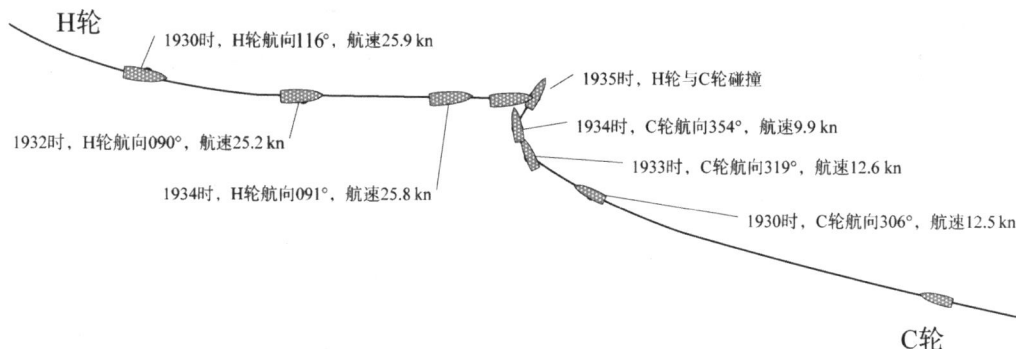

图5-4 "HANJIN GOTHENBURG"轮与"CHANG TONG"轮碰撞态势示意图

2007年9月15日1042时，H轮载运集装箱1672 TEU（共计28786 t）由天津新港开往韩国KWANGYANG，离港时前后吃水均为11.9 m。1600时，H轮船位38°45.0′N，119°42.0′E，航向约102°。大副到驾驶台接班，该航次航行中未配备值班水手，只有大副一人当值。驾驶台有两部ARPA雷达，分别置于6 n mile、12 n mile挡，两部VHF均保持16频道守听，航行灯开启。约1910时，H轮船位38°23.0′N，121°16.7′E，航向122°，航速26.1 kn，值班大副在本船右舷船首方向发现渔船灯光，并逐渐增多。约1927时，H轮船位38°19.5′N，121°24.4′E，航向117°，航速26.2 kn。约1930时，H轮船位38°18.9′N，121°25.9′E，航向116°，航速25.9 kn，值班大副在查看相关海图后，决定向左转向，欲将位于本船右舷船首方向的渔船放到本船右舷通过。约1932时，H轮航向调整至090°，航速保持不变。大副观察所有目标都显示在本船的右舷。此后（碰撞前十几秒）大副突然在本船船首方向看到有来自船舶（C轮）生活区窗户的灯

---

① 本起碰撞案例摘自山东海事局《"HANJIN GOTHENBURG"轮与"CHANG TONG"轮碰撞事故调查报告》

光。1935 时,H 轮船位 38°18.7′N,121°29.3′E,航向 091°,航速 25.8 kn,H 轮与 C 轮发生船舶碰撞。H 轮船首碰撞 C 轮左舷 4、5 舱处,碰撞角约 40°,H 轮船首部分牢牢插入 C 轮的船体中,并维持牢固咬合状态。H 轮紧急停车,与来船保持插入状态,顶推 C 轮前行,船速不断减低,最后随风流漂航。

2007 年 9 月 12 日 2000 时,C 轮空载由韩国开往秦皇岛,离泊时前后吃水分别为 3.5 m、6.5 m。9 月 15 日约 1535 时,C 轮船位 37°48.0′N,122°23.5′E,航向约 305°,航速约 12.4 kn。大副、值班水手到驾驶台接班。驾驶台两部雷达,其中一部 APRA 雷达开启,3 n mile、6 n mile 距离挡交替使用。两部 VHF 分别置于 08 频道和 16 频道。航行灯显示正常。约 1927 时,C 轮船位 38°17.7′N,121°30.6′E,航向 297°,航速 12.6 kn。大副目视观测到在本船左舷船首 15°~20°方向有一来船红色舷灯,继而通过雷达观测发现来船船速较快,航向相反,尾迹基本平行。此时,两船相距约 4.9 n mile。值班大副判断可与来船"红对红"安全通过。约 1930 时,C 轮船位 38°18.0′N,121°30.0′E,航向 306°,航速 12.5 kn,大副为避碰本轮左舷船首方面的作业渔船,向右调整航向 5°,航速保持不变。随后,大副观测到来船的舷灯从红灯变为红、绿灯,稍后又变成绿灯,两船距离缩减到 2.1 n mile。约 1933 时,值班大副查看 AIS 后,得知来船船名,通过 VHF 16 频道,呼叫"HANJIN,HARD PORT",连续呼叫两遍无应答后,值班大副立即命令水手右满舵避碰。约 1935 时,船位 38°18.7′N,121°29.4′E,航向 077°,H 轮与 C 轮发生碰撞。H 轮船首碰撞 C 轮左舷 4、5 舱处并插入船体中,碰撞角度约 40°,随后两船呈牢固咬合状态。C 轮停车,与 H 轮保持插入状态,被 H 轮顶推前行,船速不断减低,最后随风流漂航。

经事故调查,海事调查处理机关认为事故的原因为:

(1)经分析 H 轮和 C 轮 1930 时的相对运动态势得知:H 轮左转向前,两轮的 DCPA 约为 0.79 n mile;H 轮左转向后,两轮的 DCPA 约为 0.08 n mile,相对于两艘船长分别为 182 m 和 274 m 的船舶来讲,其安全会遇距离明显不足。1930 时 H 轮大幅度左转向,驶离船舶东行习惯航路,占用西行船舶航路逆行并导致两轮陷入紧迫碰撞危险局面。同时,H 轮在通航密集区占用西行航路逆行时,驾驶台只有大副一人值班,瞭望人员严重不足,直到船舶发生碰撞前十几秒钟,该大副都没有观测到 C 轮,也未采取任何针对 C 轮的避碰行动。由于 H 轮在保持正规瞭望、判断碰撞危险和局面,以及及早采取避碰行动等方面的严重过失行为是最终导致两船发生碰撞事故的直接原因。

(2)两轮在船舶通航密集水域航行,均未采用安全航速,H 轮一直以超过 25 kn 的航速航行。C 轮首见来船时,两轮已经存在碰撞危险,值班大副对此未予以高度重视,当发现 H 轮的舷灯从红灯变为红、绿灯,再变成绿灯时,未能及时采取适合当时情况和环境、最有助于避免船舶碰撞的有效措施。例如,鸣放笛号或使用信号灯警告 H 轮等有效措施。因此,H 轮不采用安全航速航行,C 轮没有及早采取最有助于避免船舶碰撞的行动是船舶发生碰撞的间接原因。

H 轮的过失:

(1)H 轮驾驶台只有大副一人值班,直到船舶发生碰撞前十几秒钟大副才发现 C 轮。该大副未能以适合当时环境和情况下一切有效手段保持正规的瞭望,在保持正规瞭望方面存在严重过失,其行为违背了《规则》第五条和第七条 1、2、3 款的规定。

(2)H 轮大副在不完全掌握周边船舶动态、未对船舶当时面临的局面和碰撞危险做出正确评估的情况下,盲目采取大角度左转向行动,最终导致 H 轮与 C 轮构成紧迫碰撞危险局面,其行为违背了《规则》第十四条 1 款的规定。

（3）H 轮在船舶通航密集区，大副没有根据当时的通航环境情况使用安全航速航行，其行为违背了《规则》第六条的规定。

（4）H 轮的船长未按照 STCW 公约规定的船舶航行值班标准，保证该轮的值班安排足以保持该轮安全航行。当 H 轮夜间在船舶通航密集水域航行时，未配备值班水手，仅有大副一人值班，瞭望人员严重不足，违背了 STCW 公约规定的海上值班原则。

（5）H 轮大幅度左转向时，值班大副没有按照规则要求鸣放船舶操纵信号。其行为违背了《规则》第三十四条 1 款和 2 款的规定。

C 轮的过失：

（1）C 轮首次观测到 H 轮时，两船相距约 4.9 n mile，值班大副未对当时的局面和碰撞危险做出充分的估计、未注意运用良好船艺，主动、及早采取避碰行动。在观察到 H 轮的舷灯变化后，未采取减速或者停止或倒转推进器把船停住的措施。其上述行为违背了《规则》第七条 1 款规定、第八条 1 款和 5 款之规定。

（2）当互见中两船互相驶近，C 轮值班大副对 H 轮的意图或行动有疑问时，没有立即用号笛鸣放至少 5 声短而急的声号以表示这种怀疑，或用至少 5 次短而急的闪光来补充。其行为违背了《规则》第三十四条 4 款规定。

2. 对遇局面碰撞案例的分析

从海事调查处理机关对事故原因分析可以看出，除了两船在会遇过程中疏忽瞭望、未能及时判断碰撞危险和及早采取避碰行动外，最主要的原因 H 船和 C 船两船的避碰行动的不协调。

对遇局面中，两船的避让行动应该是各自向右转向从而从他船的左舷通过。看似十分简单，但事实上，碰撞事故统计表明，两船在对遇、对驶或小角度交叉相遇过程中，以两船构成"危险对遇"态势或类似的态势的情况下，最容易发生碰撞事故，因而常常被称为"危险对遇"。分析"危险对遇"容易发生碰撞的原因可知，主要是两船对当时的局面有可能存在不同的理解。一船认为是两船存在碰撞危险而构成"对遇局面"，因而按照《规则》的要求采取向右转向的行动，另一船可能未保持正规瞭望，发现来船太晚，以至于惊慌失措，采取了不协调的行动；或者对对遇局面的特点认识不足，未能及早采取大幅度的行动；或者虽然其认为两船构成碰撞危险，但其为节约航程或者避免大角度转向而采取向左转向以扩大两船的会遇距离。其结果是很可能由于两船的行动不协调而导致碰撞。在上述案例中，正是由于 H 轮误以为不构成对遇局面，因而采取了逐渐向左转向以扩大会遇距离而使得两船构成了紧迫局面。这是广大船长和驾驶员在这起事故中应当吸取的教训。

总结上述案例以及相似案例中的经验和教训，在对遇局面中采取避让行动应当充分注意到以下各点：

（1）《规则》要求两船各自向右转向从而从他船左舷通过，并不意味着两船所采取的行动的综合效果能导致两船在安全距离上通过，而是每一船舶均必须及早地采取大幅度的右转行动，且每一船的行动均能导致两船在安全的距离上驶过。

（2）当发生对是否处于对遇局面持有怀疑的情况时，应假定确实存在这种局面，并应在更早的时刻采取大幅度的行动，以避免紧迫局面的发生。

（3）在"危险对遇"中，避让的时机应当更早，避让的幅度应当更大，以便他船及早了解本船的意图和行动，以避免两船行动产生不协调。

（四）交叉相遇局面碰撞事故典型案例分析

1. 交叉相遇局面碰撞案例①

2014 年 5 月 5 日约 0222 时，马绍尔群岛集装箱船"MOL MOTIVATOR"轮（以下简称 M 轮）由香港驶往深圳盐田港途中，在珠江口担杆水道定线制第二警戒区与河北曹妃甸港驶往海口港的中国集散货船"中兴 2"轮（以下简称 Z 轮）发生碰撞，造成 Z 轮沉没，船上 11 名船员中，1 人获救，10 人死亡，M 轮船体受损，直接经济损失约 3 669 万元人民币，构成重大水上交通事故。经调查，事故的概要经过如图 5-5 所示。

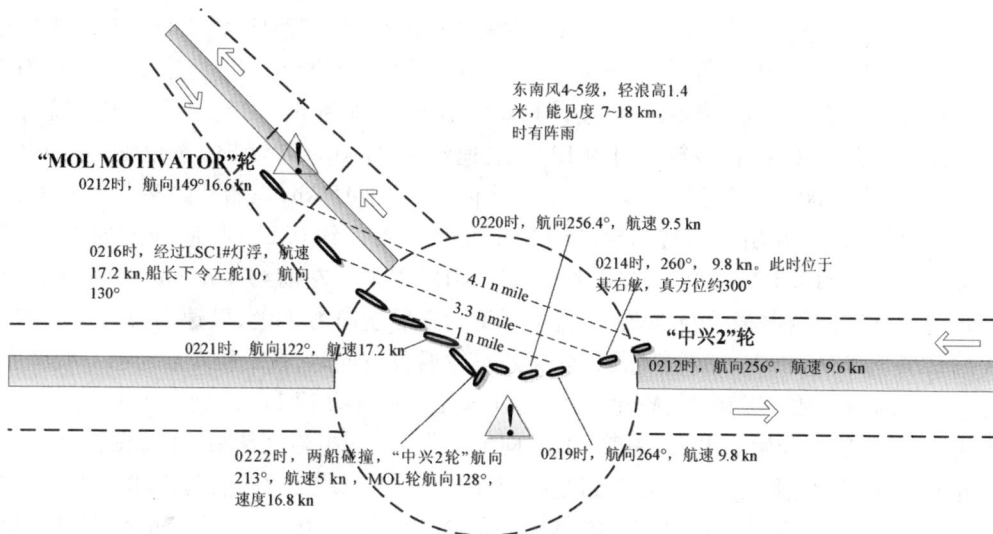

东南风 4~5 级，轻浪高 1.4 米，能见度 7~18 km，时有阵雨

"MOL MOTIVATOR"轮
0212 时，航向 149°16.6 kn

0216 时，经过 LSC1#灯浮，航速 17.2 kn，船长下令左舵 10，航向 130°

0221 时，航向 122°，航速 17.2 kn

0220 时，航向 256.4°，航速 9.5 kn

0214 时，260°，9.8 kn。此时位于其右舷，真方位约 300°

4.1 n mile
3.3 n mile
1 n mile

"中兴 2"轮
0212 时，航向 256°，航速 9.6 kn

0222 时，两船碰撞，"中兴 2 轮"航向 213°，航速 5 kn，MOL 轮航向 128°，速度 16.8 kn

0219 时，航向 264°，航速 9.8 kn

图 5-5　"中兴 2"轮与"MOL MOTIVATOR"轮碰撞态势示意图

2014 年 4 月 26 日约 1000 时，Z 轮从河北曹妃甸开航，装载 5 217.2 t 散装水泥，计划驶往海口。5 月 5 日 0129 时，Z 轮航行至香港横澜岛以东约 3.8 n mile 处，航向 250°，航速 9.6 kn。0202 时，Z 轮航行至香港蒲台岛东南约 1.2 n mile 处，航向 249°，航速 9.9 kn，以约 21°的夹角进入担杆水道分道通航制第一通航分道的西行分道航行。0212 时，Z 轮从西行分道接近分隔带处进入第二警戒区，航向 256°，航速 9.6 kn（此时，M 轮位于其右舷，真方位约 300°，距离约 4.1 n mile）。AIS 记录显示该轮此后继续向右小角度转向。约 0214 时，Z 轮船首向 264°，航迹向 260°，航速 9.8 kn，船位：22°08.26′N，114°15.1′E（此时 M 轮位于其右舷，真方位约 300°，距离约 3.3 n mile）。0219 时，Z 轮船首向 268°，航迹向 264°，航速 9.8 kn，船位：22°08.19′N，114°14.45′E（此时 M 轮位于其右舷，真方位约 290°，距离约 1.5 n mile）。此后，AIS 记录显示该轮开始向左小角度转向。0219 时 35 秒，Z 轮船首向 257°，航迹向 248.8°，航速 9.5 kn，船位：22°08.14′N，114°14.17′E（此时 M 轮位于其右舷，真方位约 291°，距离约 1 n mile）。AIS 记录显示该轮开始向右大幅度转向。0220 时 27 秒，Z 轮船首向 270°，航迹向 256.4°，航速 9.5 kn，船位：22°08.13′N，114°14.12′E。0220 时 42 秒，Z 轮船首向 294°，航迹向 281.3°，航速 8.4 kn，船位：22°08.13′N，114°14.03′E。AIS 记录显示该轮开始大幅度向左转向。0221 时 24 秒，Z 轮船首向 265°，航迹向 280°，航速 8.4 kn，船位：22°08.16′N，114°13.91′E。0221 时 34

---

① 本起碰撞案例摘自中华人民共和国海事局《广州"5·5""中兴 2"轮与"MOL MOTIVATOR"轮碰撞事故调查报告》

秒,Z 轮船首向 250°,航迹向 270°,航速 8.5 kn,船位:22°08.16′N,114°13.88′E。约 0222 时,Z 轮船位:22°08.17′,114°13.85′E,船首向 213°,航速约 5 kn,与 M 轮发生碰撞,碰撞部位为右舷第 2 货舱前部,即驾驶台前 25 m 处。碰撞后,Z 轮自碰撞部位断裂,船体自 M 轮两舷擦过,随后沉没。

2014 年 5 月 5 日 0050 时,M 轮从香港葵涌货柜码头 10 号泊位离泊,装载 1 899 个集装箱,共 35 933.6 t,吃水 11 m,在一名香港引航员的引领下出港航行,计划驶往深圳盐田。开航前,驾驶台 2 台雷达、2 台 GPS、AIS、测深仪、电子海图等航行设备和航行灯均开启。开航后,驾驶台由船长、二副及 1 名水手值班,引航员指挥航行。0055 时,M 轮主机从轻油换为重油。0150 时,M 轮航行至香港南丫岛东北的东博寮海峡(GPS 船位:22°13.6′N,114°08.6′E),引航员离船。此时驾驶台由船长负责指挥航行,二副负责瞭望、定位,水手负责操舵,机舱所有轮机员及当班机工在值班。船长操纵船舶按计划航线航行,摇车钟至"RING UP"(定速航行),主机转速逐渐提高。0154 时,该轮航向约 127°,航速 11.8 kn。0157 时,该轮航向约 126°,航速至 13 kn。约 0200 时,该轮航行至 LCS2 号浮标时,航速 15 kn,该船开始转向至 149°,船长见前面航道较清爽,开始提高转速至 70 r/min 定速航行。约 0212 时,M 轮航向 149°,航速 16.6 kn,船位:22°10.4′N,114°11.6′E,船长和二副发现本轮左前约 4 n mile 处有一船(即 Z 轮),可见到该船的两盏桅灯与绿舷灯,雷达观测到来船航向为 240°,航速为 10.5 kn,与本轮之间的 CPA 为 0.4 n mile,船长判断"该轮将过本轮船首";同时,在本船左舷还有一艘渔船,右舷也有另一航行船舶。0216 时,M 轮经过 LSC1#灯浮,航速约 17 kn,二副用 VHF 向香港海事处报告。此时,船长开始令水手"左舵 10,航向 130°"。二副报告完毕后,在海图上定好船位,见 Z 轮与本船存在碰撞危险,于是走到左舷用探照灯照射 Z 轮,意图引起来船注意。约 0218 时,水手回复"航向 130°"。此时雷达屏幕显示 Z 轮 AIS 信息,距离约 1.7 n mile,方位约 114°,CPA 仅为 0.03 n mile,TCPA 为 4 min。船长继续令水手"航向 125°"。约 0219 时 19 秒,香港 VTS 呼叫 M 轮,提醒该轮注意前方来船,并建议其避免碰撞。约 0219 时 48 秒,船长称仍见到来船的 2 盏桅灯及绿舷灯,于是继续令水手"航向 115°",意图从 Z 轮船尾通过。约 0220 时,M 轮雷达图像显示 Z 轮开始向右转(调查人员从 VDR 发现)。约 0220 时 09 秒,船长令水手"左舵 10°"。约 0220 时 39 秒,船长发现 Z 轮正在右转,并同时见到来船的红绿舷灯,急令水手"右满舵",0220 时 51 秒水手操到右满舵,并向船长报告,船长此时发现 Z 轮又开始快速左转,急令水手"左满舵",根据 VDR 记录,该水手实际上也操左满舵,但此时船舶由于惯性作用,航行从 117°仍向右偏转,至 0221 时 12 秒,航向偏转至 122°,船长令"右满舵",0221 时 23 秒,水手回复右满舵,此时船舶继续向右偏转,航速约 17.2 kn,但此时 Z 轮继续左转。约 0222 时,M 轮 GPS 船位 22°08.23′N,114°13.73′E,艏向 144°(航向约 128°),航速 16.8 kn,与 Z 轮发生碰撞(碰撞地点:22°08.14′N,114°13.80′E,距离香港水域界线约 0.8 n mile,即香港蒲台岛南角咀西南约 1.8 n mile 处),M 轮球鼻艏碰撞 Z 轮第 2 货舱前部,碰撞角度约 70°,并从 Z 轮船体切过,Z 轮船体断裂并从 M 轮两舷擦过。其中,Z 轮第 1 货舱及船首部位从 M 轮右舷船首一直擦至艏尖舱后部,Z 轮第 2 货舱包括船尾上层建筑从 M 轮左舷船首一直擦至艉尖舱部位。

2. 碰撞前两船的会遇势态和所采取的行动分析

为分析和确定碰撞的原因,在调查中,首先必须确定两船的会遇态势以及两船在会遇过程中从构成碰撞危险、形成紧迫局面、紧迫危险到发生碰撞整个过程中两船所采取的行动,以判断两船各自的过失。

（1）会遇局面

根据调查,根据调查事故前和事故当时能见度良好,两轮处于互见中,且 M 轮船长、二副的陈述以及 AIS、VDR 雷达图像均可以证实,在 0212 时,M 观察雷达及目视均发现了 Z 轮在其左舷,雷达真方位约 114°,相对方位约 35°,相距约 4 n mile,CPA 为 0.4 n mile,故两船构成交叉,且存在碰撞危险。因此,两船构成交叉相遇局面,其中 Z 轮为让路船,M 轮为直航船。

（2）形成碰撞危险后

根据 AIS 信息,在两船构成碰撞危险后,Z 轮作为让路船未及早采取大幅度的避让行动,而是 0212 时开始小角度向右转向,航向自 0212 时的 256°转到 0216 时的约 266°,共计 10°,该转向幅度一方面不能导致两船在安全距离上通过,另一方面其行动也不易被 M 轮所察觉。因此,Z 轮严重违反了《规则》第十六条的规定,没有尽到让路船的让路义务,造成了紧迫局面。M 轮自 0212 时发现来船到 0216 时一直保向保速,符合《规则》第十七条的规定。

（3）紧迫局面形成后

AIS 信息显示,Z 轮自 0216 至 0219 时,其航向向右变化了约 3°。但 0219 时该轮开始向左小角度转向,并持续至 0219 时 35 秒。至 0219 时前,Z 轮显然没有观测到 M 轮正在向左转向,其继续以微小角度右转,但其带来的影响可以忽略不计。至 0219 时 Z 轮开始向左小角度转向,可以推测到该轮的驾驶员此时发现了 M 轮的向左行动,并以向左转向予以配合,欲以增大CPA。很显然,在构成紧迫局面后,Z 轮仍然没有按照要求履行让路船的义务,立即、大幅度地采取避让行动。

根据调查,M 轮在 0216 时,船长开始令水手"左舵 10,航向 130°（原航向 149°）",随后下令"航向 125°""航向 115°",不论其向左转向的原因是在预定的转向点转向,还是为了避让,均违反了《规则》第十七条 1 款 2 项的规定。同时,该轮在 0216 转向时,仅仅用探照灯警示来船,而没有鸣放相应的操纵与警告信号,也违反了《规则》第三十四条 4 款的规定。

正是 Z 轮没有立即采取大幅度的避让行动以及 M 轮采取错误的转向行动,加速了紧迫危险的形成。

（4）紧迫危险形成后

0219 时 35 秒,两轮相距约 1 n mile,紧迫危险已形成。此时,Z 轮开始右转,并将船首朝向 M 轮,但 M 轮没有察觉到 Z 轮的右转,约 0219 时 48 秒,M 轮船长仍令水手向左调整航向,约 0220 时 09 秒,船长令水手"左舵 10°"。约 0220 时 39 秒,两轮相距约 0.6 n mile,船长才发现 Z 轮右转并船首向前,急令"右满舵"。0220 时 42 秒,Z 轮又开始大幅度向左转向。0220 时 51 秒时,M 轮船长发现 Z 轮又开始快速左转,急令水手"左满舵",但船舶在惯性作用下继续向右偏转,船长又急令水手右满舵。最后两轮在 0222 时发生碰撞。从上述情况可以看出,在紧迫危险形成后,没有按照《规则》第八条 5 款采取最有助于避碰的行动,最终因两船的避让行动不协调,导致最终发生碰撞。

（5）瞭望、安全航速和判断碰撞危险

根据调查,Z 轮未保持正规的瞭望,错误地估计了局面,违反了《规则》第五条、第七条的相关规定。而 Z 轮未正确使用雷达,未对探测到的物标进行雷达标绘或相当的系统观测,违反了《规则》第五条、第七条 2 款和 3 款的规定。此外,M 轮以 17 kn 多的速度在警戒区内航行,违反了《规则》第六条的规定。

（6）其他过失和问题

根据调查，两船存在的过失和问题还包括：

①Z 轮在通过定线制水域时，既不按规定从端部驶进并沿船舶总流向行驶，也不按规定在穿越时尽量成直角穿越，违反了《规则》第十条 2 款（3）项和 3 款的规定。

②M 轮在开航前没有对雷达进行正确设置，导致雷达碰撞报警失效。

③虽然 M 船长或二副均在驾驶台瞭望，但 M 轮二副一直未对船长的错误行动予以提醒，也没有将在雷达上观测到的相关情况报告给船长，说明该轮驾驶台资源管理方面存在缺陷。

④Z 轮配员不足和租借船员适任证书。调查发现，大副魏××和轮机长郑××两人自 2013 年初起租借证书给该船，事故当时该轮仍缺少大副。

⑤调查发现，Z 轮的管理公司，在公司安全管理体系运行中，存在很大的缺陷，而 M 轮的管理公司，虽然安全管理体系运行管理较为正常，但也存在一定的不足。

3. 事故原因及责任认定

根据前述的调查和分析，海事调查机关最后认定：Z 轮作为让路船，小角度转向避让造成紧迫局面；M 轮作为直航船，未采取安全航速航行，向左转向加速紧迫危险形成；两船疏忽瞭望，避让措施不协调，是事故发生的直接原因。比较双方过失程度和事故的因果关系，其中，Z 轮作为让路船采取小角度向右避让，造成紧迫局面，构成事故的重要原因，应负事故主要责任；M 轮采取向左避让行动，加速紧迫危险形成，也是构成事故的重要原因，应负事故次要责任。

4. 对相关责任人和责任单位的处理建议

海事调查机关，根据有关法律法规和相关规定，对照该起事故相关责任单位及责任人未履行安全生产有关法定职责及其后果的严重性，建议对事故相关责任人员和单位提出如下处理意见：

（1）Z 轮船长，对碰撞事故的发生和船舶管理混乱负有直接责任，鉴于其在事故中死亡，不再追究责任。

（2）郑××、魏××出租船员证书，建议按程序吊销上述两人的船员适任证书。

（3）M 轮船长，未使用安全航速航行，未保持正规瞭望，对碰撞事故的发生负有责任，建议按程序予以行政处罚并将其过失通报给俄罗斯主管机关。

（4）Z 轮船舶管理公司法人代表、总经理，对 Z 轮疏于管理，未能有效发现并解决公司存在的安全生产问题，对公司安全生产管理严重缺位负有全面管理责任，对事故的发生负有重要的责任，其行为涉嫌构成重大责任事故罪，建议移交司法机关处理。

（5）Z 轮登记所有人、经营人法人代表（该轮实际为刘××个人拥有 100% 所有权），变相出让经营资质，其行为涉嫌构成重大责任事故罪，建议移交司法机关处理。

（6）Z 轮管理公司未落实安全管理责任，建议海事管理机构按程序进行附加审核。

（7）Z 轮登记所有人公司未切实履行企业安全生产主体责任，变相出让经营资质，建议由有关主管部门依法进行处理。

5. 对典型交叉相遇局面碰撞原因的评述

上述案例是交叉相遇局面中发生碰撞事故的典型案例。根据对交叉相遇局面碰撞事故的统计和分析，发生碰撞的主要原因包括：（1）相遇两船未保持正规瞭望，特别是让路船疏忽瞭望，以致形成紧迫局面，最后导致碰撞事故发生；（2）让路船没有及时、及早采取大幅度的行动,宽裕地让清他船;(3)会遇双方误将小角度交叉判断为对遇局面,又互相观望,错过避碰良机;(4)直航船一味强调直航,不顾《规则》其他要求,例如鸣放有关警告信号等;(5)直航船在发觉让路船显然未按照《规则》的要求采取行动时,在独自采取行动时,直航船本应避免对本船左舷的船采取向左转向的行动,但其没有这样做,最后导致两船的行动的不协调而形成紧迫危险;(6)在形成紧迫危险后,两船往往惊慌失措,未能采取最有助于避碰的行动,最后导致碰撞的发生。

为避免发生类似的事故,在交叉相遇局面中,除两船均应保持正规瞭望、正确判断碰撞危险外,应当特别注意如下各点:

(1)让路船在采取让路行动时,应当做到"早、大、宽、清",同时如果当时环境许可,还应避免横越他船前方。

(2)当直航船一经发觉规定的让路船显然没有遵照本规则条款采取适当行动时,按照《规则》的要求和良好船艺的要求,为了促使让路船立即采取避让行动,在直航船独自采取操纵行动前,应当鸣放相应的警告信号,引起让路船的注意,并在采取行动时,应当充分注意到其独自采取的避碰行动应尽可能与让路船可能采取的行动协调一致。为此,直航船在独自采取操纵行动时,应当注意如下几点:①在采取行动之前,应鸣放至少5声短而急的声号,并可以用5次短而急的闪光信号予以补充,以表示无法理解他船的意图和行动、怀疑他船是否采取足够的避让行动;还可以通过 VHF 呼叫他船,争取与他船建立通信联系。②严密注视他船进一步的动态,并做好随时操纵的准备,如改用手操舵、命令主机备车,必要时请船长上驾驶台。③在独自采取行动时,其行动应当是大幅度的并尽可能迅速完成,如转向,其幅度应当至少30°;如采用减速,可先停车然后再微速前进;在采取操纵行动的同时,应鸣放相应的操纵声号和/或显示操纵号灯。④独自采取行动时,避免对在本船左舷的船采取向左转向。

(3)当两船接近到单凭让路船的行动已不能避免碰撞时,说明此时紧迫局面已经形成,紧迫危险正在形成。此时,无论是作为让路船还是直航船,均应当立即采取最有助于避碰的行动。若此时,任何一船对他船的行动有任何不确定时,最有助于避免碰撞的行动应当是立即停车、倒车把船停住。

此外,上述案例中,海事调查机关对相关责任人的处理建议,也值得广大船员和管理人员吸取相应的教训并引以为戒。

(五)能见度不良情况下的典型碰撞案例分析

1. 能见度不良时典型碰撞案例一①

"新日6"轮(该轮船长135.10 m,以下简称 X 轮)与"鲁胶渔60968"船(以下简称 J 船)的碰撞事故发生在渔船较为密集的水域,当时能见度为 1.5 ~ 2 n mile。

2016 年 2 月 24 日 0925 时,X 轮空载从安徽铜陵港出发,驶往青岛港。2 月 26 日 2330 时许,二副到驾驶台接班,值班水手随后到达驾驶台,值班双方进行了交接。驾驶台航行设备工作正常,两台雷达正常开启,右侧雷达船首向上、真运动、偏心显示,量程 3 n mile,左侧雷达量程 6 n mile,二副以观测右侧雷达为主。航行灯开启并正常显示,船舶使用自动舵航行。27 日 0030 时,船位:35°34.3′N,120°58.9′E,航向330°,航速9.8 kn,两船距离3.3 n mile。二副发现

---

① 本起碰撞案例摘自中华人民共和国海事局《青岛"2·27""新日6"轮与"鲁胶渔60968"轮碰撞事故调查报告》

渔船 J 船在其左前方。0034 时许,船位:35°34.8′N,120°58.6′E,航向 334°,航速 10.3 kn,两船距离约 2 n mile。两船已经进入紧迫局面。0038 时许,船位:35°35.5′N,120°58.2′E,航向331°,航速 9.8 kn,两船距离 0.7 n mile。此时两船已经陷入船舶紧迫碰撞危险之中,二副命令水手左舵 20 向左避让。至船首向 297°时,二副下令水手把定 297°并将车钟由"前进 4"拉到"前进 2"位置。之后,水手提醒二副渔船越来越近,二副又下令右满舵,并将车钟拉到"倒退4"位置。0040 时许,两船碰撞。X 轮球鼻艏右侧与 J 船左舷后侧生活区部位发生碰撞,碰撞位置:35°35.8′N,120°57.9′E。

　　2 月 26 日 1830 时许,J 船与其他三艘渔船结伴出发,驶往 143 渔区进行捕鱼和收集渔获作业。上述四条渔船离开胶州湾定向定速后,按相对固定队形向预定海域航行,J 船为领头船,"鲁崂渔 60077" 船紧随其后,相距约 2 n mile。27 日 0030 时许,船位:35°36.9′N,120°56.5′E,航向 134°,航速 9.4 kn,两船距离 3.3 n mile。0034 时许,船位:35°36.5′N,120°57.1′E,航向 136°,航速 9.7 kn,两船距离约 2 n mile。0038 时许,船位:35°36.1′N,120°57.7′E,航向 136°,航速 9.4 kn,两船距离 0.7 n mile。此时两船已经陷入船舶紧迫碰撞危险之中。据"鲁崂渔 60077"船船长陈述,在碰撞事故发生前,其观察到 J 船进行了向右转向。0040 时许,X 轮球鼻艏右侧与 J 船左舷后侧生活区部位发生碰撞,并导致 J 船沉没,碰撞位置:35°35.8′N,120°57.9′E。

　　两船的碰撞态势示意图如图 5-6 所示。

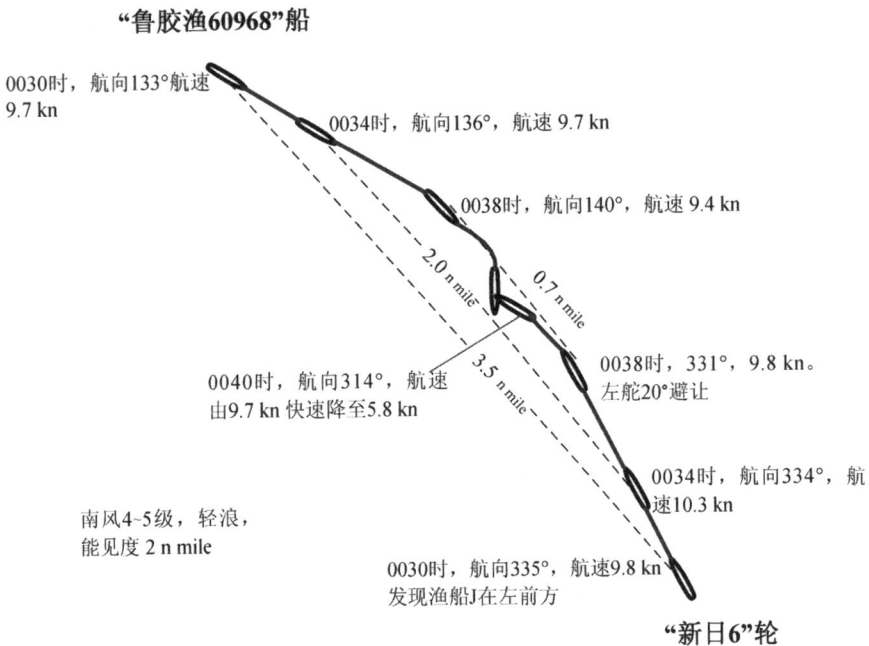

图 5-6　"新日 6"轮与"鲁胶渔 60968"船碰撞态势示意图

　　海事调查机关通过调查认定两船的过失如下:

　　X 轮的过失:

　　(1) X 轮航行于能见度不良附近水域,值班二副没有保持正规瞭望,虽然通过雷达发现对方,却没有进行雷达标绘或类似操作,在两船方位没有明显变化,且最近会遇距离缩短的情况下,没能对两船的会遇局面和业已形成的碰撞危险做出充分的估计和正确判断。该二副的行为违背了《规则》第五条,第七条 1、2 款和第十九条 3 款的规定。

(2)该轮在雾区附近或雾中航行时,二副没有充分考虑当时的能见度情况,仍维持海上定速航行,其行为违背了《规则》第六条和第十九条 2 款的规定。

(3)该轮二副没有运用良好船艺,未做到谨慎驾驶船舶、未及早使用手操舵和通知船长上驾驶台,在能见度不良时未鸣放声号,其行为违背了《规则》第八条 1 款、第十九条和第三十五条的规定。

(4)该轮二副没有及早采取避让行动,直到两船陷入紧迫碰撞危险局面,两船相距约 0.7 n mile 后,才采取向左转向避让行动,在未核实避让行动有效性的情况下,又盲目采取把定、右满舵的错误行动,其行为违背了《规则》第十九条 4 款和第八条 4 款的规定。

(5)从 AIS 数据看,两船碰撞前,该轮速度没有发生明显变化,据此推定:当两船不能避免碰撞的情况时,该轮没有及时采取有效的减速、停车或倒车避让措施。其行为违背了《规则》第八条 5 款和第十九条 5 款的规定。

J 船的过失:

(1)根据 J 船直到碰撞前约 2 min 才采取向右转向避让措施的事实推断,该船未保持正规瞭望,在判断碰撞危险方面存在和 X 轮相同的过失,其行为违反了《规则》第五条、第七条 1 款和第十九条 3 款的规定。

(2)根据 AIS 记录数据显示,该船在雾中航行速度约 9.7 kn。据此可以推定:该船违反了《规则》第六条和第十九条 2 款的规定。

(3)X 轮值班人员称:事发前没有听到对方鸣放声号。在 VHF 中呼叫对方,也没有听到其应答。由于当事渔民全部死亡或失踪,目前没有证据显示 J 船在上述方面已经遵守了《规则》相关规定。

(4)AIS 数据表明,该船没有及早采取避让行动,直到两船相距约 0.7 n mile 后,才采取向右转向避让行动,其行为违背了《规则》第八条 1 款和 4 款的规定。

(5)从 AIS 数据看,两船碰撞前,该船运动速度没有发生明显变化。据此推定:当两船不能避免碰撞的情况时,该船也没有采取有效的减速、停车或倒车避让措施,其行为违背了《规则》第八条 5 款和第十九条 5 款的规定。

最后,海事调查处理机关认定 X 轮承担主要责任,J 船承担次要责任。

2. 能见度不良时典型碰撞案例二①

2007 年 5 月 12 日 0308 时左右,从烟台开往大连的圣文森特籍集装箱船"JIN SHENG"轮(船长 113.0 m,总吨位 4 822,以下简称 J 轮)和从营口开往韩国 DANGZIN 港的韩国籍杂货船"GOLDEN ROSE"轮(船长 105.6 m,总吨位 3 849,以下简称 G 轮)在 38°14.41′N,121°42.17′E 处发生碰撞,事故造成 G 轮沉没,船上 16 名船员 6 人死亡、10 人失踪。事故发生时天气状况微风、轻浪、浓雾,能见距离为 50 ~ 60 m。碰撞过程如图 5-7 所示(图中数据为海事调查机关最终认定的数据)。

5 月 11 日 2335 时,J 轮驶离烟台港。5 月 12 日 0005 时,该轮定速、自动舵航行,航向

---

① 本起碰撞案例摘自中华人民共和国海事局《"JIN SHENG"轮与"GOLDEN ROSE"轮碰撞事故调查报告》

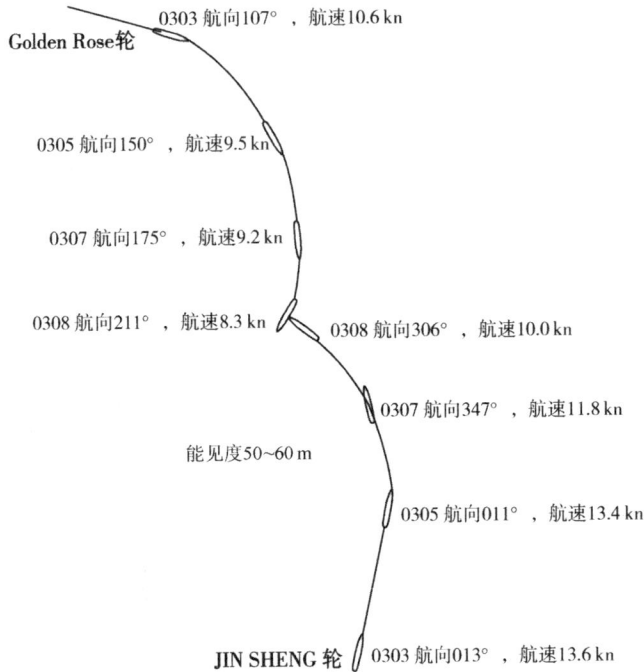

图 5-7 "JIN SHENG"轮与"GOLDEN ROSE"轮碰撞过程示意图

016°,航速约 13 kn。驾驶台两台雷达中一台具备 ARPA 功能的雷达开启,量程 6 n mile,相对运动偏心显示模式,VHF 两部,一部开启,16 频道守听。AIS、GPS、陀螺罗经、NAVTEX 等其他助航设备,都处于工作状态。0010 时,船长离开驾驶台,由二副和一名水手当班,当时能见距离约 5 n mile。0100 时,起雾,能见距离约 0.5 n mile,二副没有鸣放雾笛声号,也未通知船长。之后能见度继续下降。0230 时,船位 38°06.23′N,121°39.75′E,航向 015°,航速 13.3 kn。二副通过雷达发现左舷约 40°有一来船回波,AIS 显示船名为 G 轮,两船实际相距约 11.29 n mile。二副经观测发现来船的相对方位没有明显变化。0300 时,船位 38°12.82′N,121°42.05′E,航向 015°,航速 13.6 kn,G 轮位于其左舷约 50°,两船实际相距约 2.52 n mile。二副到海图室标绘整点船位。根据二副陈述,当时能见距离约 50 m。0303 时,船位 38°13.61′N,121°42.31′E,航向 013°,航速 13.6 kn,两船相距约 1.5 n mile,二副将雷达量程从 6 n mile 切换到了 3 n mile。根据二副陈述,碰撞前采取了紧急停车措施,并自行使用自动舵左转向(触摸式自动转向)。0305 时,船位38°13.91′N,121°42.39′E,航向 010°,航速 13.6 kn,两船相距 0.98 n mile,船舶继续左转向。0307 时,船位 38°14.33′N,121°42.36′E,航向 336°,航速 10.6 kn,继续左转向,两船相距约 0.22 n mile。0308 时 30 秒,船位 38°14.41′N,121°42.17′E,航向 306°,航速 10 kn,J 轮与 G 轮发生碰撞。

5 月 11 日 0840 时,G 轮离开营口鲅鱼圈港驶往韩国 DANGZIN 港。由于 G 轮在碰撞中沉没,16 名船员 6 人死亡、10 人失踪,已无法取得该轮船员在事故过程中的避碰行动和相关情况。基于该轮的 AIS 信息、水下录像资料,分析该轮的航行动态如下:0230 时,船位 38°16.85′N,121°34.69′E,航向 107°,航速 10.8 kn。0300 时,船位 38°15.21′N,121°41.2′E,航向 108°,航速 10.7 kn。0303 时,船位 38°15.0′N,121°41.9′E,航速 10.6 kn,两船相距

1.5 n mile,此时该轮开始显示向右转向。0305 时,船位 38°14.85′N,121°42.15′E,航向 152°,航速 9.8 kn。0307 时,船位 38°14.54′N,121°42.20′E,航向 177°,航速 9.4 kn。0308 时,G 轮与 J 轮发生碰撞,船位 38°14.42′N,121°42.15′E,航向 234°,航速 7.6 kn。约 0310 时,G 轮的 AIS 信号消失。另据水下录像照片显示:G 轮的车钟手柄处在停车或"微倒"挡、转速表的指针处在"倒车"(约 30 r/min)位置、舵角显示器指针处在接近"右满舵"位置。经分析该轮在船舶碰撞前,除采取了右转向外,可能还采取了停车或倒车措施。

海事调查机关经调查分析认为,5 月 12 日 0242 时,两船已处于具有碰撞危险的雾中会遇态势,本起事故发生在能见度不良的水域,因而适用《规则》第十九条和 STCW 78/95 公约的相关规定。海事主管机关认定双方的过失如下:

J 轮的过失:

(1)该轮航行于能见度不良水域时,值班二副没有保持正规瞭望,虽然在雷达上发现对方,却没有进行远近距离扫描以及雷达标绘或类似操作,在两船相对方位没有明显变化,且最近会遇距离缩短的情况下,没能对两船之间业已形成的碰撞危险做出正确判断,甚至离开驾驶台去海图室定位。该轮在保持正规瞭望、判断碰撞危险方面存在严重过失。该二副的行为违背了《规则》第五条和第七条的规定。

(2)该轮雾中航行时,二副没有充分考虑当时的能见度情况,仍以海上定速航行,其行为违反了《规则》第六条的规定和第十九条 2 款规定。

(3)该轮雾中航行时,没有注意运用良好船艺,未做到谨慎驾驶船舶、备车航行、使用手操舵避碰、VHF 呼叫和通知船长上驾驶台,其行为违背了 STCW 78/95 公约有关航行值班规定、海员通常做法和《规则》第八条、第十九条和第三十五条的规定。

(4)该轮二副没有及早采取避碰行动,直到两船形成紧迫局面,相距 0.98 n mile 后,才采取避碰行动,其行为违背了《规则》第八条 1 款以及第十九条 4 款的规定。

(5)发现业已与正横前的来船不能避免紧迫局面的情况下,该轮未将航速减到能维持其航向的最小速度或把船完全停住,却采取了盲目向左转向的行动,其行为违背了《规则》第十九条 5 款的规定。

G 轮过失:

(1)鉴于该轮全部船员已经死亡或失踪,调查组无法对该轮是否保持正规瞭望做出直接的评论。但 AIS 资料表明,该轮在碰撞前 5 min(两船距离 1.5 n mile)之时,才显示采取向右转向的避碰行动,因此,可以推定:该轮没有保持正规瞭望,在判断碰撞危险方面存在同样的过失。其行为违反了《规则》第五条和第七条的规定。

(2)从 AIS 记录来看,在 0303 时之前,该轮雾中航行的速度为 10.6 kn,因此,可以认定:该轮违背了《规则》第六条和第十九条 2 款的规定。

(3)据 J 轮船员陈述,没有听到对方鸣放声号,也未在 VHF 上听到该轮的呼叫。因 G 轮船员全部死亡或失踪,没有证据显示 G 轮在上述方面已遵守或违反《规则》相关规定。

(4)AIS 资料表明,该轮没有及早采取避碰行动,直至两船相距 1.5 n mile 时才采取向右转向。其行为违背了《规则》第八条 1 款以及第十九条 4 款的规定。

(5)发现业已与正横前的来船不能避免紧迫局面的情况下,该轮虽然采取了"微倒车、右满舵"避碰措施,但未能将航速减到能维持其航向的最小速度或把船完全停住。其行为违背了《规则》第十九条 5 款的规定。

碰撞事故分析结论：

（1）两船雾中航行时，未能按照《规则》规定保持正规瞭望、采用安全航速航行、正确判断两船之间业已形成的碰撞危险并及早采取避免碰撞的行动是导致两船碰撞的主要原因。

（2）在两船的碰撞紧迫局面形成之后，两船避碰措施不当，是导致碰撞的次要原因。J轮盲目左转向行为的过失程度较G轮右转向的过失程度更大。

3. 能见度不良情况下碰撞案例分析

通过分析船舶在能见度不良时的碰撞案例，可以总结出在能见度不良时发生碰撞事故的主要原因如下：

（1）疏忽瞭望。碰撞事故原因分析表明，大多数碰撞船舶存在瞭望的疏忽，包括瞭望人员的数量不足、瞭望人员的位置不合适，如未加派瞭头；未使用适合当时环境和情况的一切可用手段保持正规瞭望，如有的船舶在能见度不良时仅仅保持雷达瞭望而未保持视觉瞭望，又如有的船舶未正确使用雷达或者没有对探测到的物标进行系统观察等；未正确使用VHF保持信息的有效沟通；未对船舶周围的环境和情况做出充分的估计，例如未对本船的船位进行核实等。

（2）未以适合当时环境和情况的安全航速行驶。有关的统计表明，在能见度不良情况下违反《规则》有关安全航速规定的事故占全部事故的70%多，主要表现为在能见度不良的情况下仍然以高速行驶，没有及时备车、减速，以至于不能对碰撞危险做出及时的判断以及不能在适合当时环境和情况的距离以内把船停住等。

（3）未对碰撞危险做出充分的估计和判断，未按照《规则》及早地采取大幅度的避碰行动，或者避碰行动迟缓，错过最佳的避碰时机。在很多碰撞事故中，由于瞭望的疏忽以至于发现来船太晚，或者没有对发现的来船进行雷达标绘或与其相当的系统观察从而正确判断碰撞危险，导致在采取避碰行动前两船已经构成紧迫局面甚至紧迫危险；或者所采取的行动违反《规则》第八条的规定，没有做到"早、大、宽、清"，以至于所采取的行动不能被他船用视觉或雷达观察所发现，从而导致两船的避碰行动不协调。

（4）两船的避碰行动不协调。两船的避碰行动不协调是导致碰撞事故的重要原因之一，主要表现为船舶在没有准确判断当时环境和情况以及碰撞态势的情况下盲目采取行动，或者违反《规则》第十九条4款的规定，对正横前的来船采取向左转向，从而与来船的避碰行动不协调而导致碰撞。

（5）未能及时减速、停船。这主要表现为在两船形成紧迫局面时，船舶未能按照《规则》第十九条5款的规定及时将航速降低到能够维持其舵效的速度并在必要时将船完全停住。

（6）未按照《规则》的要求鸣放雾号，以至于不能被他船通过听觉瞭望所发现。

（7）未能对周围环境和情况的突然变化保持应有的戒备。例如对能见度突然变差缺乏戒备，对他船违背或者背离《规则》采取行动缺乏戒备，以至于在关键时刻惊慌失措，盲目采取行动，最终导致碰撞的发生。

二、典型火灾事故案例分析

本小节将结合YE CHI轮火灾事故[①]，对典型火灾事故的调查进行解析和分析。

---

① 本案例摘自交通运输部海事局《中国上海8·3 YE CHI轮火灾事故安全调查报告》，鉴于该报告为海上安全调查报告，故该调查报告以及本书编辑整理的内容均不得用于民事、行政、刑事判例和责任追究。

（一）事故简介和调查概况

1. 事故简介

中国香港籍油船 YE CHI 轮于 2015 年 08 月 03 日 1140 时,从上海金山石化 5 号码头开航,装载柴油 29 354.368 t,开航时船舶前后吃水均为 9.4 m,驶往新加坡。同日 1540 时左右,该轮在上海港金山航道(30°30.58′N,121°51.80′E)水域出口航行时,船员在苏伊士运河间搬运"雷达"杀虫气雾剂罐时,因杀虫气雾剂罐甩落而燃爆导致苏伊士运河间发生火灾,火灾发生后 7 min 左右,风油切断装置动作,全船风油切断,船舶失电、失去动力,失控漂航。经过船员以及后来赶到的岸上消防人员的灭火,火灾被扑灭。事故造成船舶部分生活区舱室及设备烧毁损坏,1 人死亡、4 名船员受伤,构成《IMO 事故调查规则》规定的非常严重事故等级。

2. 调查概况

事故发生后,交通运输部海事局依据《1974 年 SOLAS 公约》第Ⅰ章 21 条、第Ⅺ-1 章 6 条及《涉外海上事故或事件安全调查管理规定》的规定,组成调查组开展了事故的安全调查。本次调查为海上安全调查,旨在提高水上交通安全管理水平,防止类似事故再次发生,不对事故责任进行指责。

调查取证工作包括调取 YE CHI 轮航行轨迹 VHF 通话记录,收集当事船舶相关资料复印件,调查询问事故船舶有关船员、所有人、船舶委托管理公司,现场勘查等。

（二）事故调查解析

1. 信息和资料收集

与其他海上事故一样,在调查中需要收集的一般性信息和资料包括:事故发生的时间、地点;当事船舶的基本情况;事故造成的后果;船舶航次情况,如船舶载货情况、船载油水情况、船舶吃水等;事故发生时的天气、海况等自然环境情况以及船舶通航环境情况;搜救情况;船舶所有人、经营人、管理人的情况等。

2. 勘查现场

（1）总体勘查现场

2015 年 8 月 5 日,海事调查人员与上海公安消防部门对该轮失火现场进行了现场勘查。总体勘查现场表明:整个火势主要在苏伊士运河间内燃烧,走廊及相邻附近舱室被高温炙烤及燃烧。苏伊士运河间位于船舶生活区底层(主甲板层)左侧第一间,朝向船首方向,隔开走廊对面是病房间,该层生活区无船员居住,苏伊士运河间上层(二层)是货控室。

（2）对火灾各个部位分别勘查并搜集物证

在总体勘查的基础上,调查人员和公安消防部门对火灾燃烧以及受影响的各个部位,包括苏伊士运河间、病房间、与苏伊士运河间相邻配电间、与配电间相邻船员活动室、二层的货控室等,进行了分别勘查,并收集相关的物证。在苏伊士运河间,现场勘验人员找到了怀疑事故源"雷达"杀虫气雾剂罐。

3. 初步确定火灾可能原因并查证

（1）初步确定可能的原因

鉴于该油船有惰气系统,货油操作在全封闭情况下进行,而且生活区与货物区中间有一干隔舱隔绝,基本排除可燃油气集聚引起爆燃。而本起事故的起火点在苏伊士运河间,且在火灾现场找到十多个"雷达"杀虫气雾剂罐。因此，火灾的原因很可能是由于"雷达"杀虫气雾剂罐的爆燃引起。

（2）调查"雷达"杀虫气雾剂罐的性质和存放情况

经调查，"雷达"杀虫气雾剂的溶剂是煤油，为易燃液体；推进剂是丙丁烷，是易燃气体。该杀虫剂说明书显示，应存放在阴凉干燥处，温度不能超过 50 ℃，并标注为易燃品。

同时通过对船舶和公司相关人员调查，"雷达"杀虫气雾剂从 7 月 31 日公司将物料送船至 8 月 3 日事故发生间隔 3 天，在苏伊士运河间内存放时间较长。而这些天上海当地气温高达 38 ℃，苏伊士运河间内室温更高。在高温环境中存放时间较长，未妥善处置对"雷达"杀虫气雾剂的安全存放有较大负面影响。

上述调查进一步印证了"雷达"杀虫气雾剂罐可能因高温爆燃的情况。

（3）询问调查事故现场人员

本起事故中 4 名受伤人员均在苏伊士运河间现场，因此，可以通过对这 4 名受伤船员的询问调查，获得有关事故更多的相关情况：

①事故当时苏伊士运河间室温情况。有以下因素导致苏伊士运河间内温度较高：一是由于船舶生活区底层没有船员居住，为了提高生活区其他处所的空调效果，生活区底层各个房间的空调出风口被关闭或调小；二是生活区底层与机舱位置靠近，机舱的温度较高；三是船舶靠泊及开航当天上海的气温较高，达到 38 ℃。

②事发现场情况。事故发生前，4 名受伤船员与木匠均在苏伊士运河间内，准备将暂时存放在苏伊士运河间内的物料整理搬运到物料间内，其中一名水手抬起一个物料箱时，抬的位置较高超过胸部，这时物料箱内的"雷达"杀虫剂接二连三地掉出来；当"雷达"杀虫剂掉到地板上时发生了爆燃，随即房间内起火，房间内的 4 名船员分别逃出房间，但均已受伤（主要为烧伤）；他们逃出房间后发现木匠倒在走廊的地板上昏迷不醒，就将木匠抬到生活区外面的甲板上的阴凉处，并进行救护，但当救护直升机抵达现场后，急救人员发现木匠已经失去生命体征。

4. 确定火灾事故起火原因

公安消防部门勘验后分析认为，本起事故应为由于高温的存放环境致使"雷达"杀虫气雾剂罐内的易燃气体膨胀，罐内压力升高，又受到掉落到地板上的撞击力作用，引起了气罐的爆燃。事故现场船员叙述的事故发生经过及原因与公安消防部门的勘验结果相吻合。因此，火灾的原因可以确定为"雷达"杀虫气雾剂罐的爆燃引起。

（三）事故原因分析

本次调查为海上安全调查，不仅要找出事故发生的直接原因（起火原因），而且还要找出事故中的人为因素、促成因素和其他安全风险，以便提出相应的安全建议，预防类似事故的发生。

1. 不安全行为（差错）

木匠取走"雷达"杀虫气雾剂罐物料箱内其他物料后没有对该物料箱妥善封存，在高温环境中水手盲目搬运致使部分"雷达"杀虫气雾剂罐掉落，罐体受撞击引发罐中易燃液体爆燃，是引发本起火灾事故的不安全行为。

2. 不安全行为的前提条件

（1）对易燃品的认识不足

船舶尤其是物料管理部门人员缺乏对危险品性质的物料的足够重视，将其视同普通物料搬运、存放、使用,致使船员在搬运易燃易爆的"雷达"杀虫气雾剂罐时未足以重视其危险性。与此同时,也正是因为缺乏对易燃品的认识,导致船舶把"雷达"杀虫气雾剂罐与普通物料存放于同一场所,且场所受高温环境影响,致使"雷达"杀虫气雾剂罐危险性进一步提高。

(2)对易燃品的管理不完善

船舶管理人员缺乏对易燃易爆物料危险性的认识,将其等同于一般物料,没有给予特别关注和保存,以至于船员在搬运这类危险物料时没有足够的重视。

公司体系文件《SH21 船用危险物品管理须知》中,危险品的定义未规范、细化,对生活用罐装气雾剂缺乏认识,在搬运、保管制度规定上未予以明确,重视度不够。

由于甲板部的物料间位于船首,本次送船物料均在船尾生活区,将物料从船尾搬运至船首需很大的工作量,船舶靠泊期间有的船员离船上岸,在船船员数量减少,无法完成搬运工作,因此大副决定将物料先搬入苏伊士运河间临时存放,开航后再处理,导致"雷达"杀虫气雾剂罐在苏伊士运河间的高温环境下存放了 3 天时间,不符合"雷达"杀虫气雾剂罐说明书"存放在阴凉干燥处,温度不能超过 50 ℃"的规定。这是导致本起事故发生的船舶管理方面的因素。

(3)环境因素(物理环境)

事故当时处于夏季,船舶靠泊期间气温达到38 ℃,为了提高船舶生活区的空调效果,又由于生活区底层没有船员居住,因此船员将生活区底层各个房间的空调出风口关闭或调小,导致生活区底层各房间的温度较高,而且生活区底层下面是机舱,机舱的温度较高,因此生活区底层各房间的温度偏高,而苏伊士运河间处于生活区底层,较高的室温形成了不利的环境因素。

3.组织因素

(1)物料供应

物料供应商在将物料装箱时没有对易燃易爆物品进行特别标注,或将易燃易爆物品单独装箱,交接只考虑数量、质量,没有相关安全措施的防范和布置,而是将"雷达"杀虫气雾剂罐与其他物料混在一起装箱,埋下了事故隐患。

公司体系文件《ST09 船舶备件、专用工具和物料的管理操作方案》中,船舶沿用习惯做法,没有对供应商做具体规定。

(2)公司管理

公司对于物料管理的制度中,没有明确、细分对易燃易爆的诸如"雷达"杀虫气雾剂罐等罐装生活用品危险物做特别规定。在人员培训的课程大纲中,虽然有危险物品方面管理、使用的培训,但缺少对船员日常生活用品方面易爆易燃性的培训。

(四)安全管理建议

针对事故原因和调查发现的问题,海事调查处理机关对公司及船舶提出如下安全管理建议:

(1)YE CHI 轮火灾事故是因易燃易爆物料存放、搬运不妥引起的,这在夏季持续高温季节是比较典型的案例,建议船舶及公司以此案例为戒,公司应督促船舶加强易燃易爆物料的存放、使用管理,对易燃易爆的物料做特别标示和管理。

(2)建议公司对此次事故认真分析查找深层次原因,修改和完善相关公司体系文件;有针对性地加强人员的培训,提高人员安全意识;并将此案例通报所管理的船舶,避免同类事故再次发生。

（3）在本次事故中，YE CHI 轮船员有效组织了灭火行动，防止了火灾的进一步扩大，船舶平时应急训练和演习的效果以及机器设备的保养状况得到了实战考验，建议公司继续督促公司所管理船舶的应急训练和演习，并进行适当的检查指导，进一步提高船员应对紧急情况的能力。

三、典型搁浅事故案例分析

本小节将结合 SAE BYOL 轮触礁事故①，对典型触礁搁浅事故的调查进行分析。

（一）事故简介和调查概况

1. 事故简介

2013 年 12 月 29 日约 0830 时，柬埔寨籍杂货船 SAE BYOL 轮（以下简称 S 轮）空载自中国盘锦驶往朝鲜南浦途中，在辽宁省旅顺海猫岛附近触礁搁浅。事故未造成人员伤亡，但导致 S 轮全损，直接经济损失约为 120 万美元，构成《IMO 事故调查规则》规定的"非常严重"事故等级。

2. 调查概况

事故发生后，交通运输部海事局依据《1974 年 SOLAS 公约》第 Ⅰ 章 21 条、第 Ⅺ-1 章 6 条及《涉外海上事故或事件安全调查管理规定》的规定，组成调查组开展了事故的安全调查。本次调查为海上安全调查，旨在提高水上交通安全管理水平，防止类似事故再次发生，不对事故责任进行指责。

调查取证工作包括：S 轮船员及相关证人陈述；S 轮 AIS 航迹数据；该船舶及船公司安全管理体系活动记录、说明；S 轮检验发证机构提供的相关材料；事发水域当时水文、气象资料等。

（二）事故调查解析

1. 信息和资料收集

与其他海上事故一样，在调查中需要收集的一般性信息和资料包括：事故发生的时间、地点；当事船舶的基本情况；事故造成的后果；船舶航次情况，如船舶载货情况、船载油水情况、船舶吃水等；事故发生时的天气、海况等自然环境情况以及船舶通航环境情况；搜救情况；船员配备情况以及船舶所有人、经营人、管理人的情况等。

2. 证据搜集

（1）需要搜集的证据分析

鉴于本次事故为触礁搁浅事故，因此在搜集证据方面，应着重如下证据的搜集：航行计划的详细资料或有关航行计划的证据；船位情况，尤其是最后一个准确船位及确定方法、随后可获得船位的机会；当时的潮汐、天气和海流的情况；正在使用雷达的距离挡及工作记录；航行所依据的海图、航行指南是否进行改正，有关航行通告是否有相关的警告；若使用的为电子海图，电子海图是否符合相关的规范要求，船舶值班人员对电子海图的使用是否经过了相应的专门培训；船舶是否利用测深仪对水域进行了测深，如有则测深的时间和方法等；触礁或搁浅前船

---

① 本案例摘自交通运输部海事局《中国大连 12·29 SAE BYOL 轮触礁事故安全调查报告》，鉴于该报告为海上安全调查报告，故该调查报告以及本书编辑整理的内容均不得用于民事、行政、刑事判例和责任追究。

舶的吃水,该吃水是怎么确定的? 触礁或搁浅位置以及礁石或浅滩的情况等;触礁或搁浅前船舶的主机、舵机是否有故障;触礁或搁浅所造成的损失情况;触礁或搁浅后船舶所采取的措施以及船舶的运动情况;救助情况等。

(2)实际调查取证情况

①船舶、船员情况

根据调查,S 轮为 1988 年建造的柬埔寨籍散货船,总长 90.43 m,型吃水 5.7 m,船舶所有人为中国大连锦洋航运有限公司,船舶管理人为香港华威船务有限公司。事故航次该轮法定要求配备的船舶检验证书齐备有效。

事故航次该轮实际配员 15 人,船长、大副、轮机长和大管轮提供了柬埔寨政府的签注证明,但该轮二副未能提供船旗国政府主管机关签发的签注证明,该轮电报员(事故当时负责操舵)未能提供值班水手适任证书。

②天气、海况和通航环境情况

根据调查,事发当时海面能见度良好,偏西风 8 级,大浪,落潮,潮高约 147 cm。事发水域位于辽宁旅顺海猫岛以西约 0.7 n mile 处。根据中版旅顺新港及附近海图(图号 10112,1:30 000大比例尺海图)标识,该位置有一座干出礁,礁顶干出高度为 2.4 m。中版黄海北部及渤海海图(小比例尺海图)上则没有对该干出礁进行标识。

③海图配备情况

根据调查,该轮设备安全证书 Form E 显示,船舶应配备纸质海图,且不适用 ECDIS 使用要求。该轮配备的是英版海图,未发现配有旅顺附近的大比例尺沿岸航行图。此外,船上还有一套原船配置的电子海图系统(以下简称 ECS)。该 ECS 被用作本船的主要导航设备,但实际上该轮驾驶员中无人接受过该系统的使用培训,也无人了解 ECS 的使用限制。而且最晚自 2011 年起,电子航海图(以下简称 ENC)就未进行过海图改正或升级。

④航次计划和执行情况

根据调查,事故航次于 2013 年 12 月 28 日 1200 时驶离中国盘锦港,目的港朝鲜南浦港,离港时首吃水约 1 m,尾吃水约 4 m。该轮二副根据英版小比例尺海图制订了航次计划,并已将各转向点输入 ECS。根据航次计划,该轮在进入老铁山水道报告线前的航向应为 192°。

但在该航次计划执行中,因该轮航行途中遭遇大风浪,改变了计划航线。29 日约 0100时,船长通知二副,如风浪太大可改向旅顺方向近岸航行。虽然二副值班期间未改变计划航线,但大副值班期间于 0653 时改变航向至 150°,贴近旅顺近岸近距离航行。调查中,根据该轮的 AIS 轨迹,S 轮改变计划航向后,该轮不仅靠近旅顺沿岸航行,而且几乎是正对着海猫岛航行。

调查表明,该轮及船员均无该海域航行经验,对当地通航情况并不熟悉。船长在同意改变计划航线时,未要求二副重新制订或修改航次计划;而大副在改变计划航线前,没有对预计航线上的通航风险进行识别、分析和评估,也没有对航线附近的碍航物进行标记;船长在接班后,也没有对本班航行区域概况进行研究,对航线附近的碍航物应有的戒备不足。

⑤船舶定位和 AIS 航迹分析

调查表明,船长在 0700 时与大副交接班,知道本船已转向至 150°。船长陈述,航行时主要依靠 ECS 导航、定位,大约每小时定位一次,最后 1 次定位时间是 0800 时。当时,该轮距离海猫岛约 3 n mile。船长已在 ENC 上看到海猫岛,但未意识到海猫岛附近的浅滩或礁石等碍航物;船长判断本船会自海猫岛西侧水域驶过,但未经实际测算、核查驶过海猫岛时与海猫岛之间的最小横距。

通过对 S 轮 AIS 数据进行分析,S 轮自 0800 时最后一次定位一直到发生触礁事故,该轮在事发前无明显的减速和转向行动,船舶以 9 kn 的航速直接触礁并搁浅于礁石上。

⑥船舶和船公司 SMS 运行情况

调查人员通过走访船公司、查阅 SMS 文件及相关体系运行记录,发现 S 轮所属管理公司的体系文件中未明确 ECS 的使用限制;S 轮的驾驶员包括船长均未接受 ECS 使用培训,也不了解 ECS 的使用限制,却一直以来依赖 ECS 设备航行。

事发时,船长既负责航行值班,也是唯一的瞭望人员,此外只有 1 名未持有值班水手证书的电报员负责操舵。船长在安排值班瞭望人员时,未充分考虑到当班人员资格的限制,以及在陌生水域近岸近距离航行的风险,值班瞭望人员的安排无法满足船舶安全航行值班的要求。

⑦事故后采取的措施和救助情况

调查表明,约 0830 时,该轮航速 9 kn、航向 150°,伴随着巨响,直接触碰并搁浅在海猫岛西侧的干出礁上。触礁后,该轮机舱迅速大量进水。船长采用右满舵和左满舵试图脱浅,但无明显效果,随后主机停车。经检查发现,船体在船员生活区位置坐礁,船员生活区前方约 10 m 的船体已发生隆起、折断迹象,船尾已浸没在海水里。约 0910 时,船长下达弃船命令,船员撤离到救生筏上。1145 时,北海第一救助飞行队直升机抵达现场,成功救助全部船员。12 月 30日,该轮船体发生折断,船首沉没,船尾仍坐在礁石上。

⑧事故损失情况

事故未造成人员伤亡,但导致 S 轮全损,船舶保险价值为 120 万美元。

3. 事故原因分析

根据前述对相关证据的认定和分析,可以看出本次事故是由于 S 轮驾驶员在船舶变更计划航线后,未重新制订并评估新航线附近水域的风险,船舶航线过于贴近岛礁水域且未能引起必要的警觉,未及早识别和标识浅滩水域航行的风险,盲目依赖 ECS 定位、导航和航行所导致的船舶触礁事故。显然,本次事故是一起典型的人为因素造成的事故。

在对人为因素造成的事故原因分析中,可以采用 SHEL 模式建立事故链,从各个角度来分析此起事故发生的原因及消除事故隐患、完善安全管理措施的分析方法。SHEL 模式,是指事故的发生主要与软件(S)、硬件(H)、环境(E)以及人(L)有关。就海上交通事故而言,硬件指船舶和设备,软件指与船舶的管理相关的程序与须知等。上述四方面因素的共同作用形成了事故链。

本次事故的调查报告,正是按照 IMO 第 A.884(21)号决议附录一中提出的 IMO/ILO 关于调查人为因素的程序进行的,在搜集事故资料和证据的基础上,确定事件次序,识别不安全行为或决定以及不安全条件,然后针对每一不安全行为或决策,识别其差错类型或违反形式,最后识别潜在因素和鉴别潜在的安全问题,并制定安全行动。具体如下:

(1)人为因素

①该轮船长考虑到近岸航行可降低大风浪影响,指示值班驾驶员可视情况改变计划航线,却没有要求驾驶员重新评估航线修改后的安全风险和指导审定修改航次计划。船长没有充分考虑到船舶改向后将在以往不熟悉的海域近岸航行的风险,且缺少相应的大比例尺海图,说明该船长的行为缺少应有的谨慎,对近岸水域航行风险戒备不足。

②大副在改变计划航线前,应核查并确信新航线是安全的,并应将计划航线、航线附近的碍航物标绘在纸质大比例尺海图上。然而事实上,大副只是将航线调整为150°,却没有设定下一转向点,也没有对新航线十分接近甚至是正对着海猫岛的风险引起警觉。

③船长在接班时已经知晓计划航线已改变,理应首先核查新航线的安全风险,至少应对他本人值班期间所航经水域情况进行核查,但显然他没有这样做,因为他连本船经过海猫岛时的横距是多少都不清楚。事实上,船长根本就没有注意到海猫岛西侧约 0.7 n mile 处水域的一座干出礁。

④船长在航行值班时,主要依靠 ECS 进行船舶导航和定位。但是,该船的 ECS 未得到船检的认可,并非是船旗国政府主管机关认可的 ECDIS,不能完全实现法规要求的航线设计和航线监控功能;而且,该 ECS 自 2011 年以来,未进行过 ENC 海图小改正和升级。事发时船长在使用 ECS 导航时,没有在 ENC 上设置更改后的计划航线和转向点,也没有设置偏航报警和碍航物距离报警,甚至可能没有将 ENC 调整到适当的比例尺,否则船长理应能够发现海猫岛西侧的干出礁。正是由于船长对 ECS 的过分依赖和不正当的使用,没有发现船舶逼近的危险,直接导致了船舶触礁事故的发生。

(2)管理因素

①S 轮缺乏有效的驾驶台资源管理。从已经发生的事实分析,船长、大副均缺乏积极的工作态度和责任心,没有完成修改航次计划和检查新航线的本职工作,可能的原因是他们认为下一航行班的驾驶员应对此负责。而该轮船长不仅没有做好自己的本职工作,而且在船舶管理上存在明显的过失,如船长同意变更计划航线的指令不明确,放任和默许使用 ECS 进行船舶导航和定位的行为,航行值班时未安排足够且适任的值班人员以确保航行安全,允许非持证和未持有效证件的船员参与航行值班等。

②S 轮管理公司对 S 轮的岸基支持和安全管理不到位。公司未能为船舶配备足够、合格的持证船员;公司体系文件未对船舶 ECS 的配置和使用进行规定,未向驾驶员提供 ECS 的操作和使用培训;公司对船员依赖 ECS 航行的行为未能及时发现和制止,未根据船舶经营航线配备足够的纸质海图资料等。

(3)与事故相关的其他安全事项

随着航海技术的发展,ECDIS 已有逐步取代纸质海图的趋势,对于不适用 ECDIS 的船舶,很多也配备了功能略逊的 ECS。电子助航设备的使用,在方便船舶驾驶员进行航线设计、航线监控的同时,也存在着因驾驶员过分依赖或不当使用而导致事故的风险。任何非标准的 ECDIS,以及 ECS 只能作为航行参考使用。

船舶所有人和管理人有责任和义务确保本公司使用 ECDIS 导航和航行的船舶的驾驶员持有 STCW 公约所要求的 ECDIS 操作员培训证书;有责任和义务向本公司使用 ECDIS、ECS 辅助导航和航行的船舶的驾驶员提供相关操作培训,使其明确设备使用限制。

(三)从典型触礁搁浅事故中应当吸取的教训

分析和总结上述案例以及其他相关搁浅事故,导致搁浅或触礁的主要原因包括:

(1)航次准备工作不到位。主要表现为没有配备齐全能够确保所航经水域航行安全的大比例尺海图、航海出版物,或者没有将海图、航海出版物等改正到最新等。

(2)航次计划不到位。主要表现为在航线设计中未充分考虑所航经水域附近的浅滩、礁石等障碍物情况或者计划航线距离这些障碍物过近;未识别或标注航经浅滩、礁石等附近水域的风险；未核算航次的船舶吃水、船舶的摇摆导致的吃水增加、船体下沉量等因素等。

（3）未及时定位并保持船舶行驶在计划航线上。船舶在航行中，受风、流、浪等外界因素的影响，或者为了避让的需要，可能产生偏离计划航线的情况，如船舶未及时定位并纠正航线，就可能导致船舶严重偏离计划航线而引发搁浅、触礁等事故。

（4）没有保持正规瞭望，对各种可能遇到的特殊情况保持戒备方面存在疏忽。例如，在保持视觉、雷达瞭望方面存在疏忽；过分依赖一种定位手段，而没有对船位进行核实；没有对船舶可能偏离计划航线的情况或者卫星定位中卫星信号暂时中断等特殊情况保持足够的戒备等。

（5）在驾驶台资源管理上存在疏忽或不足。例如：在交接班中，未交接清楚本船的船位、航速、航向和可能遭遇危险物的情况等；未对所驶的航向、航速、船位及水域情况进行核对；值班驾驶员、船长、值班水手未及时提醒相关的事项等。

（6）未配备符合标准的 ECDIS 或电子航海图 ECS，而船员又对 ECDIS 或电子航海图 ECS 的使用及限制不了解、不熟悉。随着航海技术的发展，ECDIS 已有逐步取代纸质海图的趋势，对于不适用 ECDIS 的船舶，很多也配备了功能略逊的 ECS。但是，如果使用 ECDIS 导航和航行，其所配置的 ECDIS 必须按 IMO 的有关性能标准进行型式认可，任何非标准的 ECDIS 以及 ECS 只能作为航行参考使用。如船员对 ECDIS 或电子航海图 ECS 的使用及限制不了解、不熟悉或者过分依赖，则有可能导致事故的发生。船舶所有人和管理人有责任和义务确保使用 ECDIS 导航和航行的船舶的驾驶员持有 STCW 公约所要求的 ECDIS 操作员培训证书；有责任和义务向使用 EC-DIS、ECS 辅助导航和航行的船舶的驾驶员提供相关操作培训，使其明确设备使用限制。

船舶船长、驾驶员应当从相关的事故中吸取相应的教训，防止类似事故的发生。

思考题

1. 从事故预防的角度出发，在碰撞事故的调查中，如何找出船舶在会遇过程中各方的过失？

2. 船舶在狭水道和宽敞水域中追越，容易发生碰撞事故的情形主要有哪些？如何吸取相关的经验和教训？

3. 根据相关的案例分析，对遇局面中容易发生碰撞的原因是什么？如何吸取相关的经验和教训？

4. 根据相关的案例分析，在交叉相遇局面中，让路船和直航船各自应当如何采取行动，以避免发生碰撞？

5. 能见度不良情况下容易发生碰撞的主要原因有哪些？如何从相关的碰撞案例分析中吸取教训？

6. 船舶发生火灾、爆炸事故的可能原因有哪些？在船舶营运中，从公司管理、船舶管理的角度，如何防止火灾、爆炸事故的发生？船员在日常工作、生活中，如何预防火灾、爆炸事故的发生？

7. 船舶发生搁浅、触礁事故的主要原因可能有哪些？在实践中如何预防此类事故的发生？

8. 在前述的"MOL MOTIVATOR"轮与"中兴2"轮碰撞事故中，海事管理机构对相关责任人进行了行政处罚，并将涉嫌构成犯罪的嫌疑人移送司法机关处理，作为公司管理人员、船长和船员，应当从该起事故中吸取哪些教训？

第三节　典型海上污染事故案例分析

一、典型操作性污染事故案例分析

(一)事故概况①

200×年×月 7 日 1005 时,烟台海事局通航处接到烟台边防检查站值班战士报告:烟台港东港池 15#、16#泊位附近发现大面积的黑色溢油。烟台海事局在接到油污报告后,立即组织专业溢油清除力量,迅速开展对溢油的围控和清除工作,同时立即对溢油污染事件展开调查。

(二)事故调查解析

本起事故为目击者报告的油污事故,但并不清楚污染物的来源,因此调查中的调查重点应当是污染物的来源。为避免相关证据的消失,烟台海事局在接到报告后,第一时间对现场进行了勘查,初步确定嫌疑船舶。随后调查人员对嫌疑船舶开展了证书文书检查、证据搜集、嫌疑溢油源采样、机舱勘验和当事人的调查取证;对目击证人进行调查;对现场进行勘验及水下探摸;对溢油与机舱油污水样品进行化验鉴定等一系列工作。最后,对相关的证据进行分析,认定违法排放船舶。在调查确定污染范围、所造成的损害的基础上,依据相关的法律、法规,对违法排放船舶进行了相应的处罚。

具体分析如下。

1.勘查油污现场和清污行动同时展开

烟台海事局在 1005 时接到 15#、16#泊位处发现大面积黑色溢油的报告后,在 1020 时,先期调查人员抵达现场,对溢油现场进行了勘验。经勘验初步认定停靠 15#泊位的 A 轮和停靠 16#泊位的 S 轮存在重大嫌疑。随后,调查人员对上述两艘嫌疑船舶展开了全面调查,包括获取两艘船舶的相关资料和调查取证等。

为及时控制和清除溢油污染,保护附近水域的海洋环境、水产养殖、渔业及旅游资源,烟台海事局在进行事故调查的同时立即组织专业溢油清除力量,迅速开展了溢油围控和清除工作。在×月 7 日、8 日两天时间内,清污人员利用撇油器、吸油毡等设备回收污油水约 3 t,之后清污人员向海面喷洒消油剂消除污油油膜,至 8 日晚,基本上控制了港区溢油。随后两天,清污人员对受污的码头岸壁进行了清洗。至此,本次溢油清除工作全面结束。

2.勘查船舶现场和询问当事人、证人等

(1)勘查嫌疑船舶现场,并获得物证

根据对油污现场的勘查,大面积黑色溢油在 15#、16#泊位附近,而当时 A 轮停靠在 15#泊位卸货,S 轮停靠在 16#泊位卸货,且水面油污主要集中在 A 轮内档、S 轮内档及船尾附近水域。因此,初步认定 A 轮和 S 轮有肇事嫌疑。

---

① 该案例为一实际案例,因该事故的调查报告和责任认定书未对外公开,本书将事故具体日期和船名等相关情况隐去。

在初步确定嫌疑船后，调查人员立即对 A 轮和 S 轮进行了勘查，通过对上述两轮在甲板上的燃油输油管线、阀门等勘查，未发现溢油痕迹；同时，勘查还表明，两船外档水域及外舷船壳清洁无污油。这说明，如果为该两船排放污油，污油只能从两船的内档舷侧排污口排出。随后，调查人员对两船的机舱及排污管系进行了勘查。勘查表明，两船机舱排污口均在船舶左舷，说明污油只能从船舶左舷排出。但是事发时，A 轮左舷靠泊，而 S 轮右舷靠泊。同时，对两轮的机舱舱底水勘查发现，A 轮机舱舱底水液面有明显的下降痕迹，同时发现该轮舱底压载水、消防泵的共用通海阀有使用过的痕迹，而该轮无法对此做出合理的解释。调查人员同时按照规定的程序，分别从 A 轮和 S 轮舱底水中取样，采集污油水中的油样共 12 份，同时采集海面油污的油样。

调查人员勘查附着在该两船船壳上的污油痕迹发现，S 轮右舷船体自下而上附着污油，直至该轮空载水线处；A 轮船壳上的污油出现在该轮船艉部而该轮左舷船体上所附着的污油带不明显。

（2）询问当事人和证人

调查人员调查询问了 A 轮和 S 轮的船长、轮机长和相关的机舱值班人员，并做了相应的询问笔录，但两船船员均否认排放了污油水。同时 A 轮船长称，在 × 月 7 日 0845 时，其发现在 S 轮右舷艉部水域有黑色污油，且在 × 月 8 日发现其后方的 S 轮右舷船体有较大面积的油污带，而其本船左舷船体较清洁，因而不是其本船排放污油。

调查人员通过对报告油污事件的边防战士询问调查，边防战士表示，0900 时 A 轮船艉部内档水域有黑色油污，且是漂向 S 轮。

（3）获取事故当日天气、海况信息

调查人员调取事故当时的天气实况和水文信息表明，当天东南风 5～6 级，海面中涌、中浪；当地的潮汐为半日潮，0200 时—1000 时涨潮，1000 时—1600 时落潮，涨潮时港池内的水流方向为沿岸逆时针流动。

3. 对采集到的污油样本进行检验

调查机关在采集机舱舱底水及现场海面污油样本后，委托检验机构对样本进行了化验鉴定。鉴定结果表明，海面溢油样品与 A 轮的舱底污油样品的荧光光谱油指纹特性一致，但与 S 轮的不一致。

4. 确定排放污油水肇事船

根据在调查过程中获得的书证、物证、当事人和证人的陈述、检验结论和勘验笔录，调查组经过认真分析，最后认定 A 轮是排放污油水的肇事船，而排除了 S 轮排放污油水的嫌疑。

（1）勘查表明，该两船外档水域及外舷船壳清洁无污油。这说明，如果为该两船排放污油，污油只能从两船的内档舷侧排污口排出。勘查还表明，两船机舱排污口均在船舶左舷，说明污油只能从船舶左舷排出。但是事发时，A 轮左舷靠泊，而 S 轮右舷靠泊。因此，可以初步推定污油只能是从 A 轮左舷排污口排出；同时可以初步排除 S 轮排放污油水。

（2）A 轮机舱舱底水液面有明显的下降痕迹，同时发现该轮舱底压载水、消防泵的共用通海阀有使用过的痕迹，而该轮无法对此做出合理的解释。同时，在调查中发现，A 轮的油类记录簿与实际测量不一致，该轮在港期间修理过主机机缸，并将产生的油污水排入机舱污水舱内，但在油类记录簿中未做任何记录。因此，该轮的油类记录簿等有关记录不可采信。对 S 轮的勘查表明,该轮机舱舱底水液面无明显的下降痕迹,该轮机舱清洁,油污水排出阀已上锁,油类记录簿与实际测量一致。因此,可以基本排除该轮肇事嫌疑。

(3)边防战士证实,0900 时 A 轮艉部内档水域有黑色油污,且是漂向 S 轮。而事发时,A 轮船首向东北,S 轮船首向西南。东南风相对两船是吹拢风,风对船舶内档水域的溢油影响甚微。涨潮时港池内的水流方向为沿岸逆时针,即自 A 轮流向 S 轮。因水流对海面溢油的影响远远大于风的影响,综合风流影响,可以认定污油是从 A 轮漂向 S 轮,与边防战士的证词吻合,如图 5-8 所示。

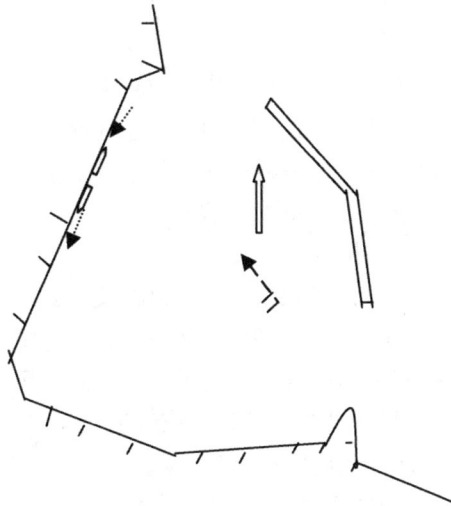

图 5-8　风、流对污油漂移的影响分析

(4)虽然 A 轮船长称,在×月 7 日 0845 时,其发现在 S 轮右舷艉部水域有黑色污油,且在×月 8 日发现其后方的 S 轮右舷船体有较大面积的油污带,而其本船左舷船体较清洁,因而不是其本船排放污油。但根据目击证人的证词和前述的相关分析,自×月 7 日 0900 时发生油污时起,污油向 S 轮右舷漂去,在此阶段 S 轮正在卸货,船体正在浮起,故 S 轮右舷船体自最初污油附着处至该轮空载时吃水线处,自下而上附着污油,存在较大的油污带符合事实。同时,A 轮在此阶段正在卸艏部舱室货物,船尾部吃水变化很小,污油出现在该轮艉部,因此,其左舷船体污油带不明显。因此,A 轮船长的陈述,并不能说明 A 轮没有排放污油而是 S 轮排放了污油。

(5)鉴定结论,即海面溢油鉴别报告书。鉴定结果表明,海面溢油样品与 A 轮的舱底污油样品的荧光光谱油指纹特性一致,但与 S 轮的不一致。

上述证据与证据之间、证据和事实之间能够相互印证,组成完整的证据链。因此,可以认定 A 轮存在排放污油的事实,而排除 S 轮排放污油的嫌疑。

5.确定事故原因和损害情况

根据前述的调查情况和对排放污油水船舶的排查,可以认定本次油污事故的原因为 A 轮违法排放污油水。

调查组通过调查认定,本次违法排污事故共排放污油水约 0.5 t,造成烟台港东港池 15#、16#及其附近水域严重污染,受污染面积约 800 m^2。

（三）事故处理

鉴于 A 轮违法排放机舱污油水，造成烟台港东港池水域污染，且在事发后该轮未按规定向海事管理机构报告，也未按规定采取有效措施清除溢油，违反了《海洋环境保护法》第七十三条 1 款、4 款和第七十四条的规定，海事管理机构依法给予 A 轮罚款人民币 12 万元的行政处罚，同时责令该轮支付全部清污费用，并赔偿污染所造成的损害。

（四）事故中应当吸取的教训

本起事故为一起典型的违法排放污油水所造成的操作性污染事故，通过对该案例的分析，船舶和船员应当从该起事故中吸取相应的教训。

1. 严格遵守《海洋环境保护法》等相关法律、法规的规定，严禁违法排放污染物

根据《海洋环境保护法》第六十二条的相关规定，船舶向海洋排放的船舶垃圾、生活污水、含油污水、含有毒有害物质污水、废气等污染物以及压载水，应当符合法律、行政法规、中华人民共和国缔结或者参加的国际条约以及相关标准的要求，对不符合排放标准的污染物应当排入港口接收设施或者由船舶污染物接收单位接收。

根据《海洋环境保护法》第六十二条、第九十条的相关规定，向海域排放该法禁止排放的污染物或者其他物质的，可以处 3 万元以上 20 万元以下的罚款；不按照该法规定向海洋排放污染物，或者超过标准、总量控制指标排放污染物的，可以处 2 万元以上 10 万元以下的罚款；对严重污染海洋环境、破坏海洋生态，构成犯罪的，依法追究刑事责任。

只要有船舶违法排放造成海洋环境污染事故，海事管理机构就可以通过搜集相关证据，利用现代化检测、检验等手段，最终确定违法排放船舶。因此，船长和船员切不可抱有侥幸心理，违法排放。

2. 船舶污染物的处置，应当在相应的记录簿内如实记录

《海洋环境保护法》《防治船舶污染海洋环境管理条例》均对船舶污染物的处置记录做出了明确的规定，每一船舶必须严格执行，如实记录油类记录簿、垃圾记录簿等。

《防治船舶污染海洋环境管理条例》第五十九条规定，船舶未按照规定在船舶上留存船舶污染物处置记录，或者船舶污染物处置记录与船舶运行过程中产生的污染物数量不符合的，可以由海事管理机构处 2 万元以上 10 万元以下的罚款。

3. 发生或发现船舶污染事故后应当立即报告就近的海事管理机构

按照《海洋环境保护法》《防治船舶污染海洋环境管理条例》和《海上船舶污染事故调查处理规定》的相关规定，发现船舶及其有关水上交通事故、作业活动造成或者可能造成海洋环境污染的单位和个人，应当立即将有关情况向就近的海事管理机构报告；发生污染事故的船舶、有关作业单位，应当在采取应急措施的同时及时、妥善地保存相关事故信息，立即向就近的海事管理机构报告。

船舶及个人及时报告污染事故，不仅有利于海事管理机构及时启动相关的应急预案，及时清除污染物，消除或减轻污染事故造成的损害，而且也有利于查明污染物的来源和污染事故的原因。

4.船舶的所有人、经营人或者管理人应当建立健全安全营运和防治船舶污染管理体系,并保证每一船舶严格执行船舶安全管理体系

船舶的所有人、经营人或者管理人不仅应当建立健全安全营运和防治船舶污染管理体系,而且必须督促每一船舶、船长和船员严格运行该体系,并严格执行该船舶的安全管理体系。通过对安全管理体系的内部审核和对有关操作记录的核查,及早发现违法、违规行为和不安全因素,并及时予以纠正。

二、典型事故性污染事故案例分析

(一)事故概况①

200×年×月22日,T轮在进入Q港过程中因船壳破损发生原油泄漏(第一次泄漏事故);后该轮在靠泊后的卸货过程中又因船尾绞缆机刹车故障,造成卸油的输油臂脱落导致第二次原油泄漏,该轮两次事故共造成约25 t原油泄漏入海。事故发生后,海事管理机构立即启动了溢油应急预案,及时组织开展了清污抢险行动,避免了溢油事故的进一步扩大,减轻了事故对海洋环境的污染损害,同时对该事故进行了调查和处理。

(二)事故经过

T轮装载26万吨原油开往Q港卸货,200×年×月22日0040时抵达Q港海域锚泊A点,0450时引航员登船,0630时在Q港港内锚地下锚。1430时起锚准备进港,1500时引航员登船并航行进港准备靠泊Q港62#泊位。

×月22日1430时,中国籍L轮向Q港VTS中心报告称在Q港某主航道附近发现东西长约1 n mile的油带。与此同时,T轮的引航员也报告在T岛附近发现有油带,在该轮的继续航行中,又发现在象咀附近海面也有油带。

同日1430时,T轮大副在起锚时发现船首和船舶右舷有片状少量油花,便报告了船长,但T轮船长认为不是本船所致。1630时,船长确认是本船船首右一舱发生了溢油,但当时未向海事管理机构报告,也未采取任何海上清污行动,而是继续向港内航行准备靠泊。约在1700时,船长为减少右一舱溢油,在未告知任何人的情况下,离开驾驶台到货控室,将右一舱的货油向中四舱进行驳油。该轮靠泊前,由于担心对港口造成更大污染,船长在船舶主机正常的情况下告诉引航员主机失去动力,要求返回锚地锚泊,但引航员根据本单位的指示仍将该船舶于1830时左右靠妥码头。

当日1955时,该轮在泊位进行了船岸安全检查,各项手续完备之后,为了减少右一舱的溢油,开始了右一舱和其他货舱的卸油操作。同日约2030时,船舶因船尾绞缆机刹车故障而造成尾部横移离开泊位,导致4号、3号、2号和1号输油臂先后脱落。险情发生后,船舶采取了应急停泵和关阀措施,但仍造成了部分原油溢出。

(三)事故应急反应情况

×月22日1430时,Q港VTS中心接到发现海上溢油的报告后,立即通知海上巡查执法支队派巡逻船前往巡查。1600时,巡逻船在现场发现了油带,及时报告VTS,并采取了初步的清污行动。1646时,Q港海事管理机构在确认T轮发生漏油事故的准确信息后,立即启动了船

---

① 该案例为一实际案例,因该事故的调查报告未对外公开,本书将事故具体日期和船名等相关情况隐去。

舶污染事故应急预案,通知海上巡查执法支队和清污公司等相关单位派船赶赴油污现场开展清污抢险行动。在考虑到超大型油船船壳破损发生溢油可能导致更大的溢油风险后,启动了更高层级的油污应急计划和预案,调动了全地区的溢油应急力量并通知部分应急单位待命,同时报告了交通运输海事局和当地政府。

在T轮驶往码头过程中,油污应急现场指挥部派出了三艘清污船尾随该轮清污,同时派出其他船舶在海上查找油污和现场清污。1830时,在T轮靠妥后,现场指挥部立即派船在该轮四周布放了围油栏,围控正在泄漏的原油。为了查找溢油源,便于采取有效的补救措施,在做出泄漏原因和位置的初步分析后,及时组织了水下探摸,但受船舶第二次溢油的影响,探摸工作被迫停止。

2030时,当该轮卸货期间发生原油泄漏入海后,现场指挥部紧急调遣船舶在该轮周围加布了第二道围油栏,并进一步调集清污船舶和设施,对海上油污进行了集中清除。经过一夜的紧急行动,码头周围的溢油基本上得到清除。至23日早晨,海事执法人员对其周围岸线巡视发现,除附近部分岸线受到轻微污染外,没有发现严重污染的情况。

为了清除周围海域可能存在的油污,现场指挥部继续派出飞机、船舶进行巡查和清污,至23日的1720时,该轮所造成的两次海面溢油基本清除。此次行动共调用清污船20艘,飞机2架次,出动清污人员400余人,各种车辆50余台,使用吸油毡约30 t,消油剂约20 t,围油栏2 800 m,回收油垃圾约86 t,油污水约400 t。

（四）事故调查情况

200×年×月22日,为了调查该轮第一次溢油事故的原因,调查人员在船舶靠妥泊位后立即登船开展了事故调查工作,但因随后发生了第二次溢油事故,调查工作被迫中断。随后,两次事故合并进行调查。

1.第一次溢油事故的调查

（1）溢油原因

根据现场勘查,第一次溢油事故发生的直接原因是该轮右一货油舱船壳板破损导致货油溢出。经检验查明,裂缝位于主甲板下13 m的97号肋骨处的右一货油舱船壳板上,为一个长约7 mm的裂缝,其原因是船壳板内部凹陷腐蚀所致。

（2）溢油数量

×月22日1430时L轮向VTS中心的报告是此次溢油事故的第一次报告。另外,通过调查,当时该海域没有其他海上溢油事故发生,也未有陆源污染事故发生,可以推定当时现场的溢油来自于T轮。当然,为进一步确认所报告的溢油污染来自T轮,还可以利用污染水域的油样和T轮右一舱所载原油的油样进行油样的荧光光谱油指纹特性鉴定。

为确认该轮在Q港港内锚地溢油的最早时间,调查人员采用"溢油漂移模拟系统"进行分析,初步认定该轮在锚地的原油泄漏时间约在0700时,即该轮在抛锚时就开始溢油,至最后右一舱破损部位停止溢油时,通过该部位溢油的持续时间至少在24 h以上。

按照MARPOL 73/78关于溢油量的计算方法,参照专业评估公司的测算,通过破损部位的溢油速率为0.30 m³/h。据此,最终认定该轮因船体裂缝导致溢油量约为7 t。

2. 第二次溢油事故的调查

(1)溢油原因

根据调查,第二次溢油事故发生的直接原因是该轮船尾绞缆机刹车故障,船尾系缆发生滑动;当时正值落潮,流速 2 kn,流向 160°,相对船舶为开流;风向南风,风力 5 级,相对船舶吹拢风;在风流作用下,船舶尾部发生横向向外漂移,拉开了输油臂,造成输油臂脱落,导致货油从货油管处喷出。

(2)溢油数量

在对第二次溢油事故的调查过程中,该轮船长提交了关于溢油量为 17 m³ 的声明,Q 港货油接收单位也提交了溢油量为 21 m³ 的报告。

经调查认为,此次事故尽管采取了应急停泵和关阀措施,但仍造成了部分原油溢出。当时卸货压力为 3 kg/cm²,速率达 3 000 m³/h,输油臂脱落导致溢油的持续时间约为 2 min,通过计算输油臂内溢出的油量、停泵前排出的油量和停泵后从船舶管道溢出的油量,可得出总的溢油量。考虑到事发后船岸采取了相应的回收行动,计算了溢油的回收量(包括接油池存油量、甲板存油量和通过紧急入舱口回收到污油水舱的量),最终计算出第二次溢油事故的原油入海量约为 20 m³,计 18 t。

3. 事故造成的损害

针对该轮连续发生的两次溢油事故,海事管理机构依法组织了清污抢险行动,召集 13 家清污单位,共出动清污船 20 艘、飞机 2 架次、清污人员 400 余人、各种车辆 50 余台,使用吸油毡约 30 t、消油剂约 20 t、围油栏 2 800 m,回收处理油垃圾约 86 t 以及油污水约 400 t,由此产生的清污费用约千万元。

由于清污行动及时有效,最大限度地减少了溢油污染损害,但海事管理机构仍然接到了附近海域几家养殖单位的污染损害报告,具体损害数额不在本书中披露。

(五)事故处理情况

海事管理机构在查明相关事实,确定相关当事人责任的基础上,对该轮进行了行政处罚。

针对第一次溢油事故,该轮存在如下三项违法行为:其一,该轮由于船体出现破损导致原油泄漏污染了海洋环境;其二,该轮在确认本船发生溢油的情况下,没有向海事管理机构报告;其三,该轮未采取清污行动。针对以上三项违法行为,海事管理机构依据《海洋环境保护法》的相关规定,分别给予该轮罚款人民币 20 万元、5 万元和 5 万元的处罚,合计罚款人民币 30 万元。

针对第二次溢油事故,该轮在卸货期间原油泄漏入海发生溢油事故造成海域污染。依据《海洋环境保护法》的相关规定,给予了该轮罚款人民币 20 万元的行政处罚。

(六)从事故中应当吸取的教训

本起事故为一起典型的事故性船舶污染事故,通过对该案例的分析,船舶和船员应当从该起事故中吸取相应的教训。

1. 确保船舶结构与设备能够防止或者减轻所载货物对海洋环境的污染

尽管上述案例中的第一次溢油事故是发生在被强制淘汰前的单壳油船上的重大油污事故,在目前已经失去了普遍性,但从该起事故的原因看,仍然可以归于该轮存在的船舶缺陷。

《海洋环境保护法》《防治船舶污染海洋环境管理条例》均规定,载运具有污染危害性货物的船舶,其结构、设备、器材应当符合国家有关防治船舶污染海洋环境的技术规范以及中华人民共和国缔结或者参加的国际条约的要求。

因此,为防止类似事故的发生,除了船舶所有人、经营人、管理人应当采取相应的措施保证船舶结构与设备能够防止或者减轻所载货物对海洋环境的污染外,在船舶的日常营运中,船长和船员应当加强对船舶结构、设备和器材的检查,尤其是对油舱、输油管线、输油阀门等的检查,及早发现船舶结构、设备和器材存在的缺陷,并及时纠正。

2. 真正落实 ISM 体系的相关要求,加强对船舶的安全管理

在本案例的第二次溢油事故中,尽管该轮在靠泊卸货期间受风流影响较大,但发生第二次溢油事故的直接原因是船上绞缆机刹车故障,并且该轮在卸货开始后不久就已经发生过货油管漏气的故障,这些现象说明该轮在船舶维护保养上不到位,船舶管理上存在很大过失。如果该轮在开始卸货前的船岸联合检查中或者在例行的抵港卸货前的检查中能及早发现绞缆机故障,就可以有效地预防第二次溢油事故的发生。

因此,为了防止类似事故的发生,无论是船公司还是船舶,均应当真正落实 ISM 体系的相关要求,加强对船舶的安全管理。

3. 防止船舶发生碰撞、触礁、搁浅、火灾或者爆炸等引起事故造成海洋环境污染

除上述船舶缺陷造成的污染事故外,在实践中,更多的事故性污染事故是由于船舶碰撞、触礁、搁浅、火灾或者爆炸、沉没等事故造成的。因此,为了避免此类事故性污染事故的发生,船舶应当严格遵守海上交通安全法律、法规的规定,防止因碰撞、触礁、搁浅、火灾或者爆炸等引起海难事故。

4. 发生或发现船舶污染事故后应当立即报告就近的海事管理机构

如本章第一节所述,按照《海洋环境保护法》《防治船舶污染海洋环境管理条例》和《海上船舶污染事故调查处理规定》的相关规定,发生或发现船舶污染事故后应当立即报告就近的海事管理机构。

在上述事故案例中,L 轮和 T 轮的引航员及时报告了其发现的污染事故,值得肯定;但是,T 轮的船长在已经确认本船发生溢油事故的情况下,仍然隐瞒事故,不及时向海事管理机构报告,不仅违反了相关法律、法规的规定,而且也给采取清除污染的措施造成了拖延。

根据《防治船舶污染海洋环境管理条例》第六十八条的规定,船舶发生污染事故,迟报、漏报,对船舶处 5 万元以上 25 万元以下的罚款;对直接负责的主管人员和其他直接责任人员,处 1 万元以上 5 万元以下的罚款,直接负责的主管人员和其他直接责任人员属于船员的,并给予暂扣适任证书或者其他有关证件 3～6 个月的处罚。瞒报、谎报事故的,处罚力度更甚。

5. 船舶发生污染事故后,应当立即采取清除污染的措施

船舶发生污染事故后,应当立即启动污染事故应急预案,采取清除、防止和减轻污染的措施。若没有及时采取相应的清除污染的措施,将被追究相应的责任。根据《防治船舶污染海洋环境管理条例》第六十七条的规定,船舶发生污染事故未立即启动应急预案的,对船舶处 2 万元以上 10 万元以下的罚款;对直接负责的主管人员和其他直接责任人员,处 1 万元以上 2 万元以下的罚款。直接负责的主管人员和其他直接责任人员属于船员的,并给予暂扣适任证书或者其他有关证件 1～3 个月的处罚。

6. 加强对污染应急计划的演练

在上述案例事故调查中发现,在发生第二次溢油事故时,船员表现出了惊慌失措、无所适从的现象,实际的应急反应操作中也出现了职责不清、沟通不足、行动缓慢等问题。为了避免此类问题的存在,以保证在发生污染事故时能够立即按照油污应急计划采取应急行动,应当加强对污染应急计划的演练。

7. 船舶发生污染事故,造成严重污染海洋环境、破坏海洋生态而构成犯罪的,将被依法追究刑事责任

上述案例中,T 轮船长在已经确认本船发生溢油事故的情况下,仍然隐瞒事故,不及时向海事管理机构报告、也不立即采取清污行动,与其对违法行为后果的严重性认识不足有极大的关系,致使其抱有很大的侥幸心理。事实上,根据《海洋环境保护法》《防治船舶污染海洋环境管理条例》的相关规定,对违反法律、法规造成污染事故的责任人,除被处以罚款以及扣留或吊销适任证书等证件的行政处罚外,对造成严重污染海洋环境、破坏海洋生态而构成犯罪的责任人,将被依法追究刑事责任,船长、船员应当对此有足够的清醒认识。

思考题

1. 船舶如何预防操作性污染事件的发生?作为船长、船员应当如何加强防污染的管理?

2. 从 T 轮在 Q 港的事故性污染事故中,公司、船舶和船长、船员应当吸取哪些教训?

附录

海船船员（船长和高级船员）适任证书知识更新培训大纲（2016版）

培训内容	学时	甲板部	轮机部
1 国际海事公约			
1.1 国际海事公约基础知识	0.5		
1.1.1 国际海事公约体系和立法程序		√	√
1.1.2 国际海事公约制定原则和理论		√	√
1.2 国际海上人命安全公约（SOLAS）	1		
1.2.1 SOLAS 公约的发展历程及主要框架		√	√
1.2.2 SOLAS 公约最近 3 年的修订内容：MSC.365（93）、MSC.366（93）、MSC.367（93）、MSC.368（93）、MSC.369（93）、MSC.372（93）、MSC.380（94）、MSC.385（94）、MSC.386（94）、MSC.391（95）、MSC.392（95）、MSC.394（95）、MSC.395（95）、MSC.402（96）、MSC.403（96）、MSC.404（96）、MSC.405（96）、MSC.406（96）		√	√
1.3 国际防止船舶造成污染公约（MARPOL）	1		
1.3.1 MARPOL 公约的发展历程及主要框架		√	√
1.3.2 MARPOL 公约最近 3 年的修订内容：MEPC.246（66）、MEPC.248（66）、MEPC.249（66）、MEPC.250（66）、MEPC.251（66）、MEPC.256（67）、MEPC.257（67）、MEPC.265（68）、MEPC.266（68）、MEPC.270（69）、MEPC.271（69）、MEPC.272（69）、MEPC.274（69）		√	√
1.4 海员培训、发证和值班标准国际公约（STCW）	1		
1.4.1 STCW 公约的发展历程及主要框架		√	√
1.4.2 STCW 公约最近 3 年的修订内容：MSC.373（93）、MSC.374（93）、MSC.396（95）、MSC.397（95）		√	√
1.5 海事劳工公约（MLC）	1		
1.5.1 MLC 的发展历程及主要框架		√	√

培训内容	学时	甲板部	轮机部
1.5.2 MLC最近3年的修订内容:2014年修正案(ILC.103)		√	√
1.6 其他相关国际海事公约最新进展简介	1		
1.6.1 国际载重线公约		√	√
1.6.2 国际船舶吨位丈量公约		√	√
1.6.3 国际船舶压载水及沉积物控制与管理公约		√	√
2 港口国监督检查(PSC)及船旗国监督检查(FSC)	4		
2.1 东京备忘录和巴黎备忘录		√	√
2.2 港口国监督检查程序		√	√
2.3 港口国监督检查的迎检、缺陷纠正要求及PSC申诉		√	√
2.4 船旗国监督检查流程		√	√
2.5 船旗国监督检查处置要求		√	√
3 国内法律法规			
3.1 船员管理类	1		
3.1.1 现有法律法规列表		√	√
3.1.2 考试发证类		√	√
3.1.3 船员权益保护类		√	√
3.2 船舶管理类	0.5		
3.2.1 现有法律法规列表		√	√
3.2.2 船舶规范类		√	√
3.2.3 船舶登记类		√	√
3.3 防污染类	1		
3.3.1 现有法律法规列表		√	√
3.3.2 我国排放控制区相关规定		√	√
4 船舶通信与导航			
4.1 全球海事遇险与安全系统(GMDSS)	2		
4.1.1 GMDSS通信系统新变化		√	
4.1.2 海上安全信息发布原则与接收设备		√	
4.1.3 GMDSS与e-Navigation		√	
4.1.4 其他		√	
4.2 船舶导航	1		
4.2.1 E航海发展战略与船舶导航		√	
4.2.2 新型船舶导航设备的介绍		√	
4.3 船体结构与设备	1		
4.3.1 船舶发展趋势		√	
4.3.2 船舶新设备		√	
5 海事调查与案例分析	8		
5.1 海事调查处理相关规定		√	

培训内容	学时	甲板部	轮机部
5.2 典型海上交通事故（碰撞、火灾、搁浅）分析		√	
5.3 典型海上污染事故分析		√	
6 轮机新技术概述			
6.1 节能新技术的应用	1		
6.1.1 与船体设计有关的节能新技术介绍			√
6.1.2 与动力机械有关的节能新技术介绍			√
6.2 压载水处理技术	2		
6.2.1 压载水处理装置基本类型介绍			√
6.2.2 典型压载水处理装置工作原理与系统介绍			√
6.3 柴油机废气排放控制技术	2		
6.3.1 柴油机系统减排技术介绍			√
6.3.2 柴油机尾气处理技术介绍			√
6.3.3 高压岸电系统组成与管理介绍			√
6.4 双燃料发动机	1		
6.4.1 双燃料发动机基本工作原理			√
6.5 绿色船舶	1		
6.5.1 绿色船舶技术要求			√
6.5.2 船舶能耗影响因素与管理技巧			√
6.6 智能船舶	1		
6.6.1 智能船舶基本要求			√
6.6.2 智能机舱基本要求与相关技术			√
7 典型案例分析	4		
7.1 因误操作导致人员伤害的案例分析			√
7.2 因管理与操作失误导致污染事故案例分析			√
7.3 机舱火灾事故案例分析			√
7.4 主机及其他辅机故障导致的机损事故案例分析			√
总计课时	24	24	
备注:沿海三等船员免除"1.国际海事公约"和"2.港口国检查"的培训			

参考文献

[1] 中华人民共和国海事局. 1978 年海员培训、发证和值班标准国际公约马尼拉修正案. 大连:大连海事大学出版社,2010.

[2] 张铎. 2006 年海事劳工公约. 大连:大连海事大学出版社,2013.

[3] 邢士占,饶滚金. 新版《海船船员适任考试和发证规则》主要调整内容评述. 航海教育研究,2012.

[4] 王玉洋,饶滚金,邵国余. 新版《海船船员适任考试和发证规则》主要修订内容解析. 大连:世界海运,2012.

[5] 中华人民共和国辽宁海事局. 海船船员管理政策法规文件汇编. 大连:大连海事大学出版社,2016.

[6] 王丽新. 我国大气环境污染现状及治理措施. 商品与质量:房地产研究,2014(1):456-456.

[7] 徐华. SOLAS 公约的百年变迁. 中国船检,2012(4):36-38.

[8] 刘正江. 百年 SOLAS 公约. 中国海事,2014(3):6-9.

[9] 交通部教育司. 国际海事条约简明教程. 北京:人民交通出版社,1997.

[10] 袁林新,王昊. 国际海事组织公约概览. 大连:大连海运学院出版社,1993.

[11] 中华人民共和国海事局. 危管与防污. 北京:人民交通出版社,2006.

[12] IMO. 2004 年国际船舶压载水及沉积物控制和管理公约. 伦敦:IMO,2004.

[13] 中华人民共和国海事局. 水上交通事故典型案例集. 北京:人民交通出版社,2013.

[14] 吴宛青. 船舶防污染技术. 大连:大连海事大学出版社,2009.

[15] 魏海军,张存有,田文国. 船舶动力装置管理及案例分析. 大连:大连海事大学出版社,2011.

[16] 中华人民共和国海事局. 危管与防污. 北京:人民交通出版社,2006.

[17] 陈放,张国强. GMDSS 通信设备与业务:2. 大连:大连海事大学出版社,2015.

[18] 交通运输部海事局. 中国海事航海保障"十三五发展规划:通信专项规划(征求意见稿),2016.

[19] 巩海方. 谈甚高频数字交换系统（VDES）. 中国海事, 2016（3）: 53-55.

[20] 徐航, 张格森. 浅析第五代海事卫星海上宽带通信系统的应用. 中国远洋航务, 2016（12）: 60-63.

[21] 马家法, 孙广. 船舶结构与设备. 大连: 大连海事大学出版社, 2000.

[22] 中国船级社. 钢质海船入级规范, 2006.

[23] 中国船级社.《钢质海船入级规范》修改通报, 2007.

[24] 张孔群. 船舶图解大词典. 大连: 大连海事大学出版社, 2003.

[25] 武生春, 薛满福. 船舶结构与设备. 北京: 人民交通出版社, 2008.

[26] 中华人民共和国海事局. 水上交通事故调查概论. 大连: 大连海事大学出版社, 2003.

[27] 中华人民共和国海事局. 海事调查官手册. 北京: 人民交通出版社, 2011.

[28] 中华人民共和国海事局. 水上交通事故调查处理指南. 北京: 人民交通出版社, 2002.

[29] 吴兆麟. 海事调查与分析. 大连: 大连海运学院出版社, 1993.

[30] 姜明安. 行政法与行政诉讼法. 北京: 北京大学出版社, 1999.

[31] 中华人民共和国海事局. 典型案例调查解析. 大连: 大连海事大学出版社, 2004.

[32] 吴兆麟, 赵月林. 船舶避碰与值班: 4. 大连: 大连海事大学出版社, 2014.

[33] 中华人民共和国海事局. 船舶油污染事故调查处理指南. 大连: 大连海事大学出版社, 2004.

[34] 杨立新. 侵权法论. 人民法院出版社, 2005.

[35] 史尚宽. 债法总论. 中国政法大学出版社, 2000.